高等院校旅游专业系列教材

现代旅游礼仪与沟通艺术

第二版

舒伯阳　邵晓晖　徐静　编著

南开大学出版社

天　津

图书在版编目(CIP)数据

现代旅游礼仪与沟通艺术／舒伯阳,邵晓晖,徐静编著．—2版．—天津：南开大学出版社,2013.9
高等院校旅游专业系列教材　ISBN 978-7-310-04300-2

Ⅰ.①现…　Ⅱ.①舒…②邵…③徐…　Ⅲ.①旅游业－礼仪②旅游业－人际关系学　Ⅳ.①F590②C912.1

中国版本图书馆 CIP 数据核字(2013)第 217024 号

版权所有　侵权必究

南开大学出版社出版发行
出版人：孙克强
地址：天津市南开区卫津路 94 号　邮政编码：300071
营销部电话：(022)23508339　23500755
营销部传真：(022)23508542　邮购部电话：(022)23502200

*

唐山天意印刷有限责任公司印刷
全国各地新华书店经销

*

2013 年 9 月第 2 版　　2013 年 9 月第 4 次印刷
230×170 毫米　16 开本　16.25 印张　296 千字
定价:28.00 元

如遇图书印装质量问题,请与本社营销部联系调换,电话:(022)23507125

前 言

礼仪是个人成熟的标志,当一个人开始自觉、恰当地使用礼貌礼仪时,就表明其自我意识与社会意识开始形成。荀子云:"不学礼无以立,人无礼则不生,事无礼则不成,国无礼则不宁。"

中国是一个有着五千年历史的文明古国,但是经过"十年动乱"和经济改革开放后"拜金主义"价值观的输入,中华民族的一些优良传统受到了冲击。今天社会上的种种不文明现象让我们深感不安,而一些经济上先富裕起来但素质并没有真正"富裕"起来的走出国门周游世界的部分中国游客的不文明行为让我们感到汗颜。在我们常常感叹目前中国与世界上发达国家之间文明程度差距的时候,是否真正意识到我们的确应该从最基本的礼貌礼仪开始做起呢?

礼仪是人类为维系社会正常生活而要求人们共同遵守的最起码的道德规范和行为准则,它是人们在长期共同生活和相互交往中逐渐形成的,并且以风俗、习惯和传统等方式固定下来。文明礼仪是我们学习、生活的根基,是我们事业成功的臂膀。对一个人来说,礼仪是一个人的思想道德水平、文化修养、交际能力的外在表现,对一个社会来说,礼仪是一个国家社会文明程度、道德风尚和生活习惯的反映。

旅游业是当今世界经济发展最快的产业之一,是我国第三产业中的支柱产业,成为我国绝大部分省市和地区的经济增长点和重要创汇行业。2008年北京举办的第29届奥林匹克运动会和2010年在上海举办的世界博览会,为中国旅游业的发展搭建了良好的平台。作为服务窗口行业,旅游业的健康发展除了凭借良好的宏观经济环境、丰富的旅游资源和特色的旅游产品之外,礼貌礼仪是塑造其和谐客我关系的重要因素之一。因此,作为旅游从业人员,重礼、知礼、学礼、用礼,是实现旅游业优质服务、提高旅游服务行业的美誉度的重要前提。

但仅有礼貌礼仪是不够的,因为优雅得体的礼貌礼仪只是做好旅游服务、建立和谐客我关系的第一步,更重要的是在服务中进行和谐的沟通。在旅游服务中沟通无处不在,我们与客户之间的沟通、与同事之间的沟通、与上下级之间的沟通、与朋友之间的沟通……每一次沟通都需要我们用心去营造。我们坚信:世界上没有不能沟通的事情。只要我们怀着一颗友善的心去对待别人、对待社会，那么人性魅力将会在沟通中得到锤炼。沟通是一门"艺术"，2005年，美国一家咨询公司曾进行了一项调查，在谈到世界五百强企业家成功的因素时，300位成功的企业管理者中有85％的人认为，自己的成功是因为沟通与人际关系的能力超人一筹，这种出色的沟通能力主要表现为善于表达自己的一些理念、思维善于沟通，善于协调，善于说服，从而让别人心甘情愿地来帮助自己。而只有15％的人归功于他的专业知识和运作技巧。可见，沟通在人们的职业生涯中发挥着很重要的作用。在旅游行业中，无论是从事服务工作，还是做管理工作，都要频繁地接触各种各样的人，这就不可避免地遇到大量的人际关系方面的沟通协调问题。而旅游服务人员提高沟通能力是其进行有效人际沟通的一个重要前提，也是其提高旅游业服务水平的一个重要方式。著名沟通专家戴尔·卡内基说："将自己的热忱与经验融入谈话中是打动人的速简方法，与人沟通的诀窍就是，谈论让别人最愉悦的事情。"

旅游管理专业教学是为旅游业一线培养应用型人才的教育。为切实落实服务社会的宗旨，教科书的编写就必须结合学生的实际情况，在理论应用的基础上，以结合企业实际需求为依据来设定教学内容和教学方法。本书的编写就是为了强化旅游专业的服务意识，规范学生的职业礼仪，训练学生的服务礼仪技巧。本书在编写过程中力求突出以下三个特点。

1. 理论清晰。上篇理论素养篇，主要从基础概念的角度阐述了礼仪的基本常识以及人际沟通的基本原理和沟通中的常见问题。

2. 针对性强。中篇旅游实用礼仪篇，主要选取旅游业内的支柱性行业，以行业的实际工作为依据，以学生为主体，汇编旅游服务过程中的实际礼仪应用。

3. 联系实际。下篇沟通艺术篇，从技巧的角度论述旅游人际沟通中应该具备的技能，针对不同的沟通对象应该注意的问题。

本书融旅游礼仪与沟通艺术为一体，将旅游服务过程中最重要的礼仪服务方式和在旅游服务过程中最常遇到的人际关系问题巧妙地联系起来，并放在旅游行业的框架中，突出旅游行业的礼仪沟通特点，并结合我国传统礼仪特点和人际关系的特色，力图为旅游从业人员支招献策。本书精选了大量来自旅游企业一线的真实案例和生活、职场中的实用知识技巧，语言生动活泼，理论条理清晰，案例"浅入深出"，具有很强的实用性和可读性。本书既可供旅游院校旅游专业的教学使用，也可作为旅游企业的员工培训教材和旅游者进行旅游活动前的自学读本。

本书由中南财经政法大学舒伯阳教授统稿，在编写的过程中，参考了国内外学者的研究成果，以及旅游学科现有的最新相关资料。曾多次听取有关专家、业内人士的意见,谨在此表示感谢！但限于时间和知识水平以及本书的创新性,本书编写中的疏漏和失误在所难免,真诚期望同行先知及读者提出建议和赐教指正,期待我们共同的努力让旅游服务与沟通这门艺术不断臻于完善。

编　者

中南财经政法大学

2013 年 7 月

目 录

上篇 理论素养篇

第一章 礼仪的原理常识 ······ 3
第一节 礼仪概述 ······ 4
第二节 礼仪的发展历程 ······ 9
第三节 个人礼仪修养 ······ 15

第二章 现代交往礼仪 ······ 19
第一节 基本礼仪 ······ 19
第二节 生活礼仪 ······ 28
第三节 公共礼仪 ······ 32

第三章 人际沟通原理概述 ······ 37
第一节 人际沟通概述 ······ 37
第二节 沟通环节分析 ······ 51
第三节 沟通视窗原理及运用 ······ 59
第四节 有效沟通的3A原则 ······ 64
第五节 沟通中的常见问题及解决 ······ 67

中篇 旅游实用礼仪篇

第四章 旅游从业者的"三仪" ······ 75
第一节 仪容仪表 ······ 75
第二节 仪态规范 ······ 81
第三节 服饰礼仪 ······ 93

第四节　美容与化妆 …………………………………………… 96

第五章　旅游从业者的行为与素质 …………………………………… 100
　　　第一节　称呼与介绍 …………………………………………… 100
　　　第二节　会客与拜访 …………………………………………… 102
　　　第三节　沟通礼节 ……………………………………………… 105
　　　第四节　基本素质 ……………………………………………… 106

第六章　旅游从业者的礼貌用语 ……………………………………… 109
　　　第一节　旅游服务礼貌用语的特点 …………………………… 109
　　　第二节　旅游服务礼貌用语的运用 …………………………… 111
　　　第三节　旅游服务中的"十字"文明用语 …………………… 115
　　　第四节　旅游服务人员的口才培养 …………………………… 119

第七章　实用旅游服务接待礼仪 ……………………………………… 123
　　　第一节　饭店服务中的接待礼仪 ……………………………… 123
　　　第二节　旅行社接待中的公关沟通礼仪 ……………………… 133
　　　第三节　旅游景区的服务接待礼仪 …………………………… 135
　　　第四节　旅游商务活动常用礼仪 ……………………………… 138

下篇　沟通艺术篇

第八章　旅游活动中的人际沟通 ……………………………………… 145
　　　第一节　旅游人际沟通的特点和功能 ………………………… 146
　　　第二节　旅游人际沟通的影响因素 …………………………… 155
　　　第三节　旅游人际沟通的障碍 ………………………………… 160

第九章　人际交往中的沟通技巧 ……………………………………… 169
　　　第一节　学会倾听 ……………………………………………… 169
　　　第二节　善用语言 ……………………………………………… 189
　　　第三节　有效说服 ……………………………………………… 200
　　　第四节　用好体态语 …………………………………………… 213

第十章 旅游业中的实用沟通艺术……………………………… 221

    第一节 与顾客相处的艺术……………………………………… 221

    第二节 与同行协作的艺术……………………………………… 228

    第三节 解决服务投诉的艺术…………………………………… 236

    第四节 服务沟通中的角色问题………………………………… 243

参考文献………………………………………………………………… 249

上篇　理论素养篇

上篇　細胞衰老篇

第一章　礼仪的原理常识

本章目标
- 掌握礼仪的概念
- 了解礼仪的起源发展
- 熟悉礼仪的功能、原则
- 掌握文明礼貌养成的基本途径

本章重点
- 礼仪的特征、原则与功能
- 礼仪与个人修养的形成

在日常的社会生活中，人们需要相互交往来表达自己的思想和情感，而交往又受到一定的礼仪规范的制约。社会生活中时时处处都要讲究礼仪，讲究礼仪是一个社会文明与开化的象征，也是一个国家、民族进步与兴旺的标志。古人云："世治则礼详，世乱则礼简。"礼仪是对礼节和仪式的统称，它既有具体明确的操作要领，又有丰富的文化底蕴。为了切实把握各种礼仪规范，旅游接待人员和服务人员必须熟悉礼仪的含义、特征与功能，了解礼仪的发展起源，掌握我国的礼仪及其特点，增加礼仪方面的修养。

第一节　礼仪概述

一、礼仪的概念

中国素有"文明古国"、"礼仪之邦"的美称，纵观中国五千年的灿烂历史，"礼"是中国文化的根本特征和标志，是中国古代文化的核心。中国传统文化的核心人物、儒家学说的创始人孔子曰："不学礼，无以立。"儒家另一代表人物荀子也说过："人无礼则不生，事无礼则不成，国无礼则不宁。"就连法国的孟德斯鸠也说:"中国人的生活完全以礼为指南。"

今天,礼仪在人们的生活和工作中的作用同样重大,礼仪可以使人与人之间相互尊重、沟通感情、以礼相待、调节关系、加深友谊,促进文明。

(一)礼仪的内涵

我国的礼仪文化历史悠久,内容丰富。要理解"礼仪"含义,先要弄清"礼"、"礼貌"、"礼节"、"仪式"等相关概念的含义。

1. 礼、礼貌、礼节、仪式

(1)礼

"礼"字源于古代人类的祭祀活动。礼的繁体字为"禮"。《辞海》对礼的解释为:① 本谓敬神,引申为表示敬意的通称;② 为表敬意或表隆重而举行的仪式;③ 泛指奴隶社会或封建社会贵族等级制的社会规范和道德规范。《中国礼仪大辞典》中,礼定义为"特定的民族、人群或国家基于客观历史传统而形成的价值观念、道德规范以及与之相适应的典章制度和行为方式"。

由此可见,礼仪的含义非常丰富,我们可以理解为:礼是规定社会行为的法则、规范、仪式的总称。

(2)礼貌

礼貌是人们在交往过程中相互表示敬意和友好的行为准则和精神风貌,是一个人在待人接物时的外在表现。它通过仪表及言谈举止来表示对交往对象的尊重。它反映了时代的风尚与道德水准,体现了人们的文化层次和文明程度。

礼貌包括礼貌行动和礼貌语言两个部分。礼貌行动是一种无声的语言,如微笑、点头、欠身、鞠躬、握手、双手合十、拥抱、亲吻等;礼貌语言是一种有声的行动,如使用"请您指教"、"欢迎光临"等敬语;"对不起,打扰您了"、"请稍候"、"这边请"等雅语;"我能为您做点什么吗"、"服务不周,请多指教"等谦语。

(3)礼节

人们在日常生活中,特别是在交际场合,礼节是相互问候、致意、祝愿、慰问以及给予必要协助与照料的常用形式。

礼节是礼貌的具体表现,具有形式化的特点,主要指日常生活中的个体礼貌行为。在社会交往活动中,人与人之间的相互尊敬,大都通过不同的礼节形式来表达。礼节的具体表现形式很多,如中国古代的作揖、跪拜,当今世界各国通行的点头、握手,南亚诸国的双手合十,欧美国家的拥抱、亲吻,少数国家和地区的吻手、吻脚、拍肚皮、碰鼻子等。

礼貌和礼节之间的关系是相辅相成的。有礼貌而不懂礼节,容易失礼。对旅游从业人员来说,要熟知各国、各民族的礼节,要了解各民族的风俗习惯,以避免在实际工作中出现不该发生的错误。礼节往往是本国或本民族对接待服务对象表示尊敬、善意和友好的行为,对一个人来说,是其心灵美的外在表现。如餐厅的引座员在接待客人时,要主动微笑问候客人:"小姐(先生),您好!""请问,一共几位?您预订过吗?"在服务过程中,餐厅服务员倒茶、上菜、斟酒、递毛巾等应遵循先主宾后主人、先女宾后男宾等礼遇顺序进行。

(4)仪式

在古代,仪式这个词也有取法、仪态或者指测定历日的法式制度的意思,现在多指典礼的秩序形式。在中国古代,仪式的应用范围很广。凡是重大的活动,如帝王上朝、官员升堂或出行,以及祭祀鬼神、庆祝节日等,都要举行各种仪式。人们通过仪式,可以表达一定的思想、情感或愿望。例如,上朝或出行仪式是帝王或官员希望通过这种仪式来显示其威风;祭祀鬼神仪式是人们通过这种仪式向鬼神表达敬意。近年来,仪式的应用范围逐渐缩小,主要应用于重大的庆祝活动以及国际交往等;人与人之间交往的形式也趋向简单、灵活和实用。这是人与人之间关系趋向平等的体现,也是社会进步和文明的体现。

2.礼仪

礼仪包括"礼"和"仪"两部分。"礼",即礼貌、礼节;"仪"即"仪表"、"仪态"、"仪式"、"仪容"。礼仪是对礼节、仪式的统称。

礼仪是指人们在各种社会的具体交往中,为了相互尊重,在仪容、仪表、仪态、仪式、言谈举止等方面约定俗成的、共同认可的规范和程序。

从广义的角度看,它泛指人们在社会交往中的行为规范和交际艺术。

从狭义的角度看,礼仪通常是指在较大或隆重的正式场合,为表示敬意、尊重、重视等所举行的合乎社交规范和道德规范的仪式。

礼仪的内容丰富,其内涵的跨度和差异也比较大。在中国古代社会,礼仪既包含一般的行为规范,又涵盖政治、法律制度。近代以来,礼仪与国家的政治体制、法律典章等逐步分离,范围逐渐缩小。到了现代,礼仪则指人们在社会交往中共同遵循的行为准则和规范,是表示礼貌、敬重礼节和仪式的统称。为了叙述的方便,我们根据古今礼仪内容的差异,将中国古代的礼仪称为"传统礼仪",而将新中国成立后形成和发展的礼仪称为"现代礼仪"。

(二)礼仪的特征

1.规范性

礼仪是人们在社会实践中,特别是人际交往的实践中所形成的惯常行为模式。

礼仪属于作用相对较弱的行为规范。如:一方施礼的情况下,另一方必须作出相应的反应,否则即被视为无礼,因为施礼本身就是相互尊重、有礼貌的表现。正所谓"礼尚往来,往而不来,非礼也;来而不往,亦非礼也"(《礼记·曲礼上》)。这在国际交往中尤其要注意,因为以礼相待是国际交往的准则。

2. 继承性

礼仪的形成和完善是历史发展的产物,任何国家的现代礼仪都是本国古代礼仪的继承和发展。礼仪经历不同的发展阶段,经过不同时期的"过滤",逐渐形成相对固定的内容,而且一旦形成,通常会世代相传、经久不衰。礼仪的继承性是批判地继承,任何礼仪的形成与发展都不是食古不化、全盘沿用,而是取其精华、去其糟粕地继承发展。

3. 差异性

礼仪作为一种行为准则和规范,它是约定俗成的。但在具体运用时,由于文化传统、风俗习惯与宗教信仰的不同以及时间、空间或对象的差别,存在着很大的差异。主要表现在以下几个方面。

(1)同一种礼仪内容由于时间、空间的差别,有着不同的表现形式。例如,我国古代的跪拜礼现在就已被鞠躬或握手礼所代替。

(2)同一种礼仪形式,在不同国家、地区或民族间有着不同的意义。例如,中国人点头表示同意,摇头表示不同意;而在保加利亚,摇头表示同意,点头表示不同意。

(3)同一种礼节,在不同场合、对不同的对象也有细微的差别。如握手,若是初识,手别握得太紧,特别是男士与女士握手,一般轻轻握一下就松开,不宜太久,否则有失礼之嫌;而男士遇到久别重逢的挚友,则可尽情地握,甚至把手握疼也不算失礼。

因此,人们在社交活动中,应多了解对方的礼仪习惯,以促进社会交往的成功。

4. 多样性

礼仪是一种行为规范,它涉及社会生活的方方面面。社会生活的内容是异常丰富复杂的,每一位社会成员都要扮演多重社会角色:一个人在家庭中可能是丈夫、是父亲,而到了单位可能是领导,去商店购物又成为顾客,到电影院又是观众,等等。不同场合有不同的人际关系,因而也就产生了各种不同的礼仪要求。家庭生活中有夫妻之礼、父子之礼;社会交往中有各种社交礼仪;学校生活中有师生之礼、同学之礼;各种职业也都有自己的职业礼仪。

因此,不论是在内容上还是形式上,礼仪都是丰富多样的。

5. 社会性

随着我国改革开放政策的实施,旅游业和商贸业的不断发展,同国外交往日益增多。我国正在稳步地走向世界,而世界也在渴望更多地了解中国。

当今世界,各国尽管社会制度不同,但都倡导文明礼貌。在人际交往中,都以不同方式,注重礼仪,讲究礼节。毫无疑问,这在很大程度上已成为一个国家或民族文明程度的重要标志,也是衡量人们有无教养和道德水准高低的尺度。

现代社会,越是竞争激烈,越是要靠礼貌谦和来协调关系。企业要正常运行和获取最大利润,必须与社会各方面建立良好的人际关系和业缘关系,力争外部环境的和谐和内部环境的统一。

二、礼仪的基本原则

在学习和运用礼仪的过程中,应掌握一些具有普遍性、共同性、指导性的礼仪规律,这些规律也称为礼仪的原则。美国学者布吉尼教授提出了人际交往3A原则(Accept—Appreciate—Admire)。

(一)接受他人(Accept)

1. 平等

礼仪面前人人平等。礼仪作为一种社会规范,任何人都有平等使用的权利。礼仪的使用范围不能因身份、地位、收入、职业等的不同而不同。在交际场合,任何人都应一视同仁地平等对待对方,都应按礼仪要求尊重对方,不能厚此薄彼、区别对待。

2. 自觉

礼仪规范是需要人们自觉遵守的。这种遵守礼仪的"自觉",来源于在教育和社会舆论的影响下形成的理念和价值观,它是牢固的礼仪意识和优秀的礼仪品质的表现。这种遵守礼仪的"自觉",要求人们时时处处讲文明,讲礼貌,重视社会公德,遵守公共秩序,注意各种"小节"。例如:在影剧院应禁食有瓜果皮核类食品,否则既破坏公共环境,又影响他人观赏节目;买票、上车应自觉排队,强行插队是缺乏教养的表现。

(二)重视对方(Appreciate)

1. 真诚

在人际交往中应以礼相待,真诚待人,做到真心实意,避免表里不一。如果把礼仪比作一朵鲜花的话,那真诚就犹如花蕊。英国的社会学家卡斯利博士认为,大多数人选择朋友时都是以对方是否出于真诚而决定的。当然,要获得对方的真诚,首先要真诚待人。

2. 守信

守信指与人交往时要守信用,要"言必行,行必果"。答应别人办的事,一定要竭力办好。如果办不到或暂时有困难达不到对方的要求,不能胡乱允诺,以致失信于人。遵守时间也是守信的一个方面。

(三)赞美他人(Admire)

1. 理解

在社会交往中,不仅要以礼待人,而且要善解人意、宽以待人。人与人之间如果缺乏理解,就难以沟通感情。一般地说,交往双方的心理总会存在一定距离,这种差异会在交往者之间产生思想隔阂,甚至使关系僵化。要想缩小这种心理差异,就要学会懂得别人的思想与态度。在理解别人的时候能换位思考,尽量设身处地地站在他人的角度去考虑问题。只有让他人体会到你是真正理解他时,才会结成深层次的相互信赖的关系。

2. 宽容

"金无足赤,人无完人"。在人际交往中,人与人之间可能会因文化层次、风俗习惯、职业、年龄等原因,一方产生失礼行为,冒犯了对方。这种情况下,失礼方应主动道歉,对方应以宽容的态度谅解,避免心存怨恨、过后报复的现象。礼仪的宽容要求人们在交际中严于律己、宽以待人。

3. 赞美

赞美是一种卓有成效的交往艺术。在人际交往中,善于发现对方的优点,然后予以赞美,这是一种积极的暗示。因为,在赞美他人时,你看到了他人的长处,发现了他人的优点,说明他人的长处、优点也进入了你的心灵,这本身就是一种积极的暗示。同时,你赞美他人时,他人必定高兴,给你一个笑容,这就促进了交往的和谐发展。所以赞美他人是一种很好的人际交往手段,也是礼仪在人际交往中的运用。

三、礼仪的功能

(一)沟通和人际润滑

古人曾说:"世事洞明皆学问,人情练达即文章",其实讲的就是交际的重要性。"礼"不仅有着协调各类人际关系的作用,而且还定位了人们的社会角色,并通过道德关系,以礼貌礼仪规范明确了人们的社会义务与责任。运用礼仪,除了可以使个人在交际活动中充满自信、胸有成竹、处变不惊之外,还能够帮助人们规范彼此的交际活动,更有效、更好地向交往对象表达自己的尊重、敬佩、友好与善意,增进彼此之间的了解与信任。

(二)教育和优质服务

礼仪会潜移默化地影响和教育人们按要求去做,同时通过社会舆论纠正人们的不良习惯和失礼行为。人们对礼仪的追求,会使社会形成良好的文明风气。礼仪的宗旨是尊敬他人,"尊敬宾客"是旅游行业的服务理念,也是旅游职业人员在为宾客服务时必须牢记的。礼仪意识和礼貌待客是旅游职业人员必须具备的基本素质。

第二节 礼仪的发展历程

一、历史视角中的礼仪演进

(一)古代礼仪的形成渊源

根据人类学、历史学的研究,人类礼仪的产生主要源于两个方面。

1. 源于原始的宗教祭祀

从繁体的"禮"字的结构来说,左边是"示"字,意为祭祀敬神,右边是祭物,表示把盛满祭物的祭具摆放在祭台上,献给神灵以求福佑。这是因为原始社会的人们对自然现象的敬畏和崇拜。同时,对梦幻的无法解释,产生了"灵魂不死"的观念,进而产生对祖先的崇拜。对两者的崇拜,主要是以祭祀的方式表现。在他们祭祀天地神明和祖先的过程中,原始的"礼仪"就产生了。

2. 源于人际关系和习俗

人类为了生存和发展与自然界抗争的同时,人与人、部落与部落、国与国之间的关系也亟待解决。在群体生活中,男女有别、老少各异,扶老爱幼、爱护弱小即是一种天然人伦秩序。维护群体生活的自然人伦秩序是礼仪产生的最原始的动力。在此基础上,礼仪扩大到人际关系的其他方面。另外,礼仪是在社会生活中共同认定而形成的,所以礼仪是约定俗成的。

(二)古代礼仪的发展进化

伴随着人类社会的产生和发展,礼仪也经历了一个由无到有、由低级到高级的不断变革的漫长历史。不同阶段的礼仪有着十分显著的特征。

1. 古代礼仪

(1)原始社会的礼仪

原始社会,即公元前21世纪的夏朝产生之前是我国古代礼仪的起源时期。此时期是生产力低下、人际关系简单、礼仪简朴的时期。人们对大自然的崇拜、图腾崇拜、祭天敬神成为礼仪的主要内容。这一时期原始的政治礼仪、祭祀礼仪、婚姻礼仪等已有了雏形,但还不具有阶级性。

(2)奴隶社会的礼仪

奴隶社会,即约在公元前21世纪到公元前771年的夏、商、西周三代是我国古代礼仪的形成时期。中国历史上第一部记载"礼"的书籍——《周礼》出现于西周时期。人们通常认为，传世的《周礼》和《仪礼》是周公的遗典，它们与其释文《礼记》，成为后世称道的"三礼"。《礼记》是我国一部重要的礼仪学古典专著。此阶段的礼仪是为了维护奴隶主的尊严和权威、调整统治阶级内部关系，是麻醉和统治人民的工具。如周代的"三礼"全面系统地反映了周代的礼仪制度。奴隶社会的尊君成为礼仪的核心。

（3）封建社会的礼仪

封建社会即春秋战国至清末时期，是中国古代礼仪经历变革、强化和逐步衰落的时期。春秋战国时期（公元前771年—公元前221年），三代之礼在许多场合废而不行。学术界百家争鸣，以孔子、孟子为代表的儒家学者系统地阐述了礼仪，第一次在理论上全面而深刻地论述了礼仪规范。其中，《论语》中就记有孔子平时谨慎守礼、遵守社会公德和社会秩序的表现，他要求人们做到"非礼勿视，非礼勿听，非礼勿言，非礼勿动"。孟子曾说："无恻隐之心，非人也；无羞恶之心，非人也；无辞让之心，非人也；无是非之心，非人也。"

从秦汉到清末（公元前221年—公元1911年）。这一时期的重要特点是尊君抑臣、尊夫抑妇、尊父抑子、尊神抑人。封建社会中的"三纲五常"、"三从四德"的礼仪规范逐渐渗入人们的思想意识，指导和规范人们的言行，成为人们思想和行为的准则。以"君权神授"为礼仪核心，所以"天不变，道亦不变"。封建礼仪集政治、法律、道德于一身，是统治阶级最重要的统治工具。同时也为调整封建社会人们的相互关系、为中华民族形成具有特色的伦理道德准则提供标准，在历史上发挥了重要作用。

知识链接 1-1

"三礼"即《周礼》、《仪礼》、《礼记》，是我国礼仪的经典之作。标志着礼仪已达到系统、完备的阶段，并由原始祭祖的形式跨入全面制约人行为的领域。"道"指"三纲五常"。"三纲"即君为臣纲，父为子纲，夫为妇纲；"五常"即仁、义、礼、智、信。女子遵"三从四德"，"三从"即从父、从夫、从子；"四德"即德（女子无才便是德）、容（容貌）、言（谈吐要文雅）、工（要做得一手好女工活）。

2. 近代礼仪

中国进入半殖民地半封建社会后，礼仪也发生了巨大的变化，西方文明冲击了中国的传统伦理道德，但由于中国传统文化的博大精深，资本主义礼仪规范也只能部分被国人所接受。这一时期，中国传统礼仪和资本主义礼仪在一定范围和层次上融合，形成了中西合璧的礼仪大杂烩。资本主义礼仪为中国传统礼仪注入了生机，简化了中国传统礼仪的繁文缛节，客观上促进了世界各国礼仪道德文化之间的交流。

3. 现代礼仪

新中国成立后,新型社会关系和人际关系的确定,标志着我国礼仪进入了一个崭新的历史时期——现代礼仪阶段。人民当家做了主人,由此建立起平等、亲密的同志关系和新的礼仪风范,反映了社会主义社会的道德风尚和时代风貌。

现代礼仪是对中国传统礼仪和西方礼仪的扬弃。在建设现代礼仪的过程中,必须正确对待,即对中国的传统礼仪要"剔除其封建性的糟粕,吸收其民主性的精华";对外国的礼仪中"凡属我们用得着的东西都应该吸收"。我们既要继承和发扬优良的传统礼仪,如敬老尊长、尊师重教、讲究礼让、待人以诚、维护民族尊严等;也要吸收世界先进、文明的礼仪,特别是目前通行的国际礼仪中的一些长处,为我所用。

(三)少数民族的礼仪习俗特征

1. 朴实的从善之心

我国是一个多民族的国家,56个民族共同构成了一朵璀璨的东方之花。在这灿烂的民族文化中,淳朴善良是我国少数民族自古的美德。如我国壮族人民信仰多神,崇拜祖先,唐宋后,佛教、道教先后传入壮族地区,建立了寺庙。近代,基督教、天主教也传入壮族地区,这些宗教都是以从善为核心的。蒙古族早期信仰萨满教,元代以后都改信藏传佛教;藏族人民一向信奉佛教;维吾尔族多信奉伊斯兰教。这些都显示出少数民族人民朴实的性格和从善的美德。

2. 殷勤的待客之道

我国少数民族都是热情好客的。很多旅游者到秀丽的少数民族聚居地游览,都会被他们热情的招待所感染。例如,款待行路人是蒙古族的传统美德,蒙古族待客也很讲究礼节和规矩,敬献哈达是蒙古族人向贵宾表示敬意的礼仪。而藏族人民热情豪爽,通常也献哈达表示对客人的尊重。此外,维吾尔族、彝族、傣族等各族人民都有着与众不同的待客之道。

3. 缤纷的服饰礼仪

由于各少数民族文化的差异,在民族服饰上也呈现出缤纷各异的景象。壮族人民传统的壮锦,图案精美、织工精细;蒙古族男女老幼都爱穿长袍,个性豪放;藏服具有悠久的历史,肥腰、长袖、大襟是基典型的结构;维吾尔族的人民都爱戴四楞绣花帽,等等。在接待客人的时候,不同民族的人们都会盛装打扮,以最庄重的形式来表达对客人的尊敬。

二、现代社会中的礼仪表现

(一)我国传统节庆礼俗

1.我国主要的传统节日

(1)春节

"爆竹声中一岁除,春风送暖入屠苏",如此欢快的诗句描述的就是我们中华民族的一个最重要、最隆重、最热闹的古老传统节日——春节。它历史悠久,起源于殷商时期年头岁尾的祭神祭祖活动。农历正月初一是春节,俗称"过年"。古代的春节叫"元日"、"元旦"、"新年"。

春节是个亲人团聚的节日,过年的前夕叫除夕或团圆年。我国北方地区多有吃饺子的习惯,象征团圆。漫长的历史岁月使年俗活动内容变得异常丰富多彩,守岁达旦,喜贴春联,敲锣打鼓,张灯结彩,送旧迎新的活动热闹非凡。

(2)元宵节

每逢农历正月十五,黑龙江木兰县的百姓就会唱起古老的民谣"放鞭炮,挂花灯,正月十五去滚冰,滚去忧愁与烦恼,滚来幸福与喜庆",这是在庆祝我国传统的元宵节,它又称"上元"、"上元节"。观灯、猜灯谜、吃元宵等都是我国民间的传统庆祝方式。燃灯是元宵节自汉代以来传承的习俗;"猜灯谜"出现在宋朝;元宵吃汤圆约起始于宋,它象征着家庭像月圆一样团圆,寄托了人们美好的愿望。随着时间的推移,不少地方节庆时还增加了耍龙灯、耍狮子、踩高跷、划旱船等活动。

(3)清明节

"清明时节雨纷纷,路上行人欲断魂",这句脍炙人口的诗描述的就是我国传统清明节的景象。清明节又称"鬼节",它是农历二十四节气中的一个,一般在每年4月5日。清明节起始于唐代,最突出的习俗是扫墓祭祖,还有一重要的习俗是插戴柳枝,以驱鬼避邪。此外,还有诸如射柳、打秋千等传统活动。

(4)端午节

时至今日,吃粽子、赛龙舟、挂艾叶、饮雄黄酒仍是庆祝端午节的方式。端午节是我国民间三大节日(春节、端午、中秋)之一,它在每年的农历五月初五,又称"重五节"。按照一般的说法,端午节源自纪念屈原的活动。另一种说法是,端午节是一个旨在避邪的节日。

(5)中秋节

起源于商代的中秋节是每年农历的八月十五。它的主要活动都是围绕着"月"进行的,月亮圆满,象征团圆。在周代,每逢中秋夜都要举行迎寒和祭月活动。到唐初,中秋节已成为了固定的节日,宋朝开始盛行,到明清,中秋节已与元旦齐名。

中秋节的庆祝活动,主要以祭月和拜月为主。此外,许多地方还有烧斗香、放天灯、走月亮、舞火龙等习俗。关于中秋节还有"嫦娥奔月"、"吴刚伐桂"、"玉兔捣药"的民间传说。今日,人们设宴赏月,把酒问天,庆祝美好的生活,和家人"千里共婵娟"。

(6)重阳节

"独在异乡为异客,每逢佳节倍思亲。遥知兄弟登高处,遍插茱萸少一人。"每年农历九月初九便是诗中所写的重阳节。古代在此日有登高之俗,因此又称"登高节"。重阳登高,还要吃花糕;重阳节还有插茱萸的风俗,此外还要赏菊、饮菊花茶。

2.少数民族主要的传统节日

(1)歌墟节

歌墟节是壮族民间传统的歌舞节日,流行于广西、云南等地。一般在每年农历的正月十五、三月初五、四月初八、五月二十等日举行。据说此节是为了纪念刘三姐而兴起的。节日期间有抢花炮、舞龙舞凤、演壮戏等各种活动。同时,还举办各种庙会。"歌墟节"还被视为青年的"情人节"。

(2)火把节

火把节是彝、白、纳西、哈尼、拉祜等彝语民族传统节日,流行于云南、四川、贵州等地。各地的节期不一样,庆祝的内容和方式也有所不同。一般而言,各家门前树火把,人们汇集广场,点燃火把,并用松香扑撒火把,男女都着盛装在篝火旁载歌载舞。

(3)泼水节

泼水节又称"浴佛节",是傣、阿昌、布朗、德昂等民族的传统节日,一般在傣历六月中旬,距今已有七百多年历史。节日期间,家家户户贴剪纸,街道上搭牌坊。人们则穿上盛装去佛寺听佛爷诵经,然后到寺外互相泼水以示祝福。

(4)雪顿节

这是西藏的传统节日之一,也称为"藏戏节"。它在17世纪之前是一种纯宗教活动。17世纪中叶,清朝正式册封五世达赖和四世班禅,西藏"政教合一"的制度得到加强。根据五世达赖的旨意,"雪顿"活动增加了在罗布林卡演出藏戏的内容,并允许百姓入园看戏。此后,便形成了一套固定的节日仪式,逐渐形成一年一度的群众性节日。

(二)我国现代节庆活动

1.元旦

元旦指公历纪年的岁首第一天,即每年的1月1日。1949年9月27日,中国人民政治协商会第一届全体会议决定,中华人民共和国纪年采用公元纪年法,正式将阳历1月1日定为新年,称为"元旦"。

节庆日机关单位要装饰门面,挂彩旗、彩灯,张贴"欢庆元旦"等横幅于大门上,内部可举办内容各异、参与人士不同的茶话会,有的还举办迎新年舞会,人们之间可互赠贺卡。

2. 妇女节

妇女节为每年的3月8日,它源于美国芝加哥女工示威游行。1911年纪念第一个"三八节"时,德、奥、瑞典、丹麦等国的妇女都举行了示威游行,从此,"三八节"流行于世界。我国于1949年12月正式规定阳历3月8日为妇女节,这一天可以为妇女放假半天。

妇女节期间,各单位为妇女组织各类娱乐活动以表庆贺和慰问,同时还举办"三八红旗手"等各类评选表彰活动。

3. 植树节

随着世界环境的日益恶化和全球变暖,树木对于改善人类环境来说,起着不可比拟的作用。我国于1979年以法律形式确定3月12日为我国的植树节。每年的3月12日前后,我国各地都要进行植树造林活动。

4. 劳动节

劳动节为每年的5月1日。我国于1949年12月正式规定5月1日为法定劳动节,并全国放假3天。由于近年来,节日期间大量客流造成运输紧张,我国已调整了节日放假时间,"五一节"只放一天假。

节日期间,人们举行各种以歌颂劳动和劳模为主旋律的文艺晚会等活动,并表彰对国家和社会作出突出贡献的劳动者。

5. 儿童节

儿童是祖国的幼苗,是国家未来的栋梁。每年的6月1日为儿童节,是为了悼念全世界所有在法西斯侵略战争中死难的儿童,而建立的一个国际性的纪念节日。我国于1949年12月23日规定"六一"为中国儿童的节日,并规定13岁以下少年儿童放假1天。

节日期间,各地方、学校、幼儿园都举行各种适合儿童的游艺活动,庆祝方式有演节目、做游戏等,各电视台、电台也播放许多丰富多彩的儿童节目。

6. 教师节

教师是一个神圣的职业。新中国成立后,于1985年1月21日决定9月10日为教师节。节日期间,各地都举行一系列慰问教师、为教师和学校办实事等活动,全国教育战线的各单位还举行各种游艺活动表示庆祝。

7.国庆节

每年的 10 月 1 日是为了纪念中华人民共和国成立的节日。1949 年 12 月 23 日国家规定,每年国庆节放假 3 天。国庆节是全中国人民的盛大节日。节日期间,各单位装饰门面、挂彩旗、彩灯及"欢度国庆"的横幅,在清晨要举行升国旗仪式,进行爱国主义教育。各地还举行各种庆祝活动,如召开表彰会、座谈会、茶话会,举办文艺活动等。电视台一般有专门的国庆晚会。逢大庆,国家还要在天安门广场举行大型阅兵式等庆祝活动。

第三节　个人礼仪修养

　　修养,指一个人在道德、学识、技艺等方面通过刻苦学习、自我磨炼和不断熏陶,从而逐渐使自己具有某些素质和能力或者达到一定的境界。

　　礼仪修养,指人们按照一定的礼仪规范要求自己,结合自己的实际情况,在礼仪品质、意识等方面进行的自我锻炼和自我修养。

　　从个人修养的角度来讲,礼仪是一个人的内在修养和素质的外在表现。礼仪即教养、素质体现于对交往礼节的认知和应用。从道德的角度,礼仪是为人处世的行为规范或标准做法、行为准则。从交际的角度,礼仪是在人际交往中适用的一种艺术,也可以说是一种交际方式。从审美的角度来讲,礼仪是一种形式美,它是人的心灵美的必然外化。

　　提升个人礼仪修养需要从礼仪的构成三要素入手。风貌之礼:相互敬意及得体的气度与风范,如仪容、仪表、仪态等气质。言行之礼:表示敬重、祝颂,迎来送往时惯用的语言和行为的规矩和形式。仪式之礼:指较大或隆重场合为表示敬重表现出来的合乎礼貌礼节的规则和形式。

　　因此,需强化提高以下个人修养。

一、道德文化修养

1.思想道德修养

　　我们先从案例着手:新加坡前总理李光耀当年在新加坡提出搞全国性礼貌运动,很多人不赞成,认为由国家发起并主持这种活动无太大必要。但政府坚持不懈地开展了多年礼貌运动。现在礼貌变成了服务,礼貌带来了收益。新加坡如今已成为各国旅游者理想的旅游胜地。

　　由此案例我们可以看出,道德修养的培养是一个循序渐进的过程,个人要自觉地通过艰苦磨炼，陶冶情操，形成自己的一种独特的素质。个人提高了道德修养，整个社会也会向文明社会迈出巨大的一步。

2. 知识文化修养

现代社会科学文化发展很快，要适应社会的发展，就要广泛涉猎，具备一定水平的知识文化修养，这对于人际交往大有益处。一般讲文明、懂礼貌、有教养的人大多是科学文化知识丰富的人。随着我国对外交往的日渐增多，我们有必要注意学习、领会各国的礼仪风俗，以有利于实践，久之就能使自己的礼貌修养达到新的高度。

经典案例1-1

到家的服务

一位纽约商人在周五住进曼谷东方饭店，发现饭店把他安排在二楼靠近楼梯的地方，因为基于宗教的原因，他不能在周五乘电梯。曼谷东方饭店员工的服务可谓到家了，连客人的宗教习惯也一清二楚，这位商人日后成了该店的常客。

分析：信奉基督教的人，一般都视"星期五"为不吉利的日子。因为基督教传说耶稣被钉死的这一天是星期五。又说星期五是亚当、夏娃违背上帝禁令偷吃了伊甸园禁果，犯了原罪，被赶出天堂的一天，同时也是他们死亡的日子。如果不幸的象征"13"日与不吉利的"星期五"碰巧在同一天时，这一天被称为"黑色星期五"。因此，逢星期五许多人不出门、不会客。许多舰船不出航、新船不下水。

二、审美能力修养

有很多人，看过不少书，知识丰富，语言基础也不错，但人们仍旧不喜欢和他们交往。为什么呢？问题可能出现在形象气质上。形象气质，代表着一个人的审美观和艺术修养。

1. 审美能力

审美能力，是人对美的欣赏、品位、创造的能力。审美素养是人的审美能力的重要体现，是一个人综合素质的集中体现。人的素质的提高是社会进步的象征，而人的素质的提高其中一个标志就是人格的提升，尤其指人的道德修养与审美素养的提升。

要提升审美能力和素养，可以从培养审美情感、形成健康的审美趣味着手。审美情感是主体对客观对象的反映，是对象是否符合主体需要的一种心理反应，是主体与客观对象间的共鸣。审美情感是审美活动的基础，如果没有审美情感，就不可能进行真正的审美欣赏和审美创造活动。健康的审美思想、审美观念，能够培养健康的审美趣味。提高辨别美丑的能力有助于我们对各种美的形态——社会美、自然美、艺术美、形式美等的欣赏和创造，促进身心健康，全面发展。在健康审美观的指导下,在审美实践中锻炼提高。美是由人类所创造,同时也是由人类所欣赏。当你在欣赏美的时候,你就创造了新的意象,获得了美感。这种美感应用于新的欣赏实践活动中时,对美的理解和感受就会得到深化。

2.艺术修养

高尚的爱好、喜欢看书、能够心境如水以及健康的身心,都是获得良好气质的关键要素。音乐、绘画、舞蹈、体育等能给人从里到外的滋养。无论从事什么样的职业,培养一种高尚的爱好,受益终身。形象,对营造良好的沟通气氛很重要,在旅游行业尤为重要。试想一下,你对那些穿着整洁、修饰得体的人,比不修边幅、形象邋遢的人,是否会有更多亲切、愉快的交谈?因此,要对个人进行高标准的要求,提高自身审美能力。

三、人格行为修养

1.人格魅力

拥有魅力在无形中已建立了你的竞争优势,有魅力的人往往能做到更有效地协调人际关系,增强影响力。你可能会被一个才华横溢的人所吸引,也有可能会被一个妙语连珠的人折服,但你更可能会对一个性情温和、充满宽容与友爱之心的人留下深刻的印象。所以,构建一个人的魅力的最核心因素不仅仅是天赋和才华,更重要的是一个人的性格、一个人的个性,即一个人的人格魅力。

2.行为矫正

威廉·詹姆斯说:"人希望自己所处的状况更好,却不想去实现。因为,他们被旧我束缚着。"别人通过你的行为、你的说话方式、你的做事方式、你的面部表情,才能给你一个评判,才能使他们心中形成一个印象。因此只有通过行动才能改变自身。通过很多小的行动、通过人格的训练、通过对自我行为的反思与调整,你就可以创造新的自我,使自己变得更富有魅力。

本章小结

本章重点介绍了礼的基本概念,礼的起源与发展,礼仪的特征、原则和功能,个人礼仪修养等。中华民族历来就有讲礼貌、懂礼节、重礼仪的传统美德和习俗。在全社会范围内讲礼仪,推行礼仪规范,对进一步提高中华民族的素质有着极为重要的作用。

经典案例 1-2

某五星级饭店内,两位外国游客入住后看到饭店客房内有足疗中心赠送的现金消费券,于是便一起来到了二楼的足疗中心,准备体验一下。

前台小吴看到两位外国客人走了进来,很想热情迎上,无奈紧张之下不知英文怎么表达,就张口结舌地愣在那里。另一位服务员小王迎上去,用英语跟两位客人打了招呼,因为看到一位女客人穿着比较暴露的低胸开口的衣服,小王就觉得直接这样盯着客人看是不礼貌的,所以便将视线转移开去,低着头询问客人的需求,与客人一问一答地交流起来。

看到客人手中拿着饭店赠送的现金券,小王就耐心地向客人解释了该券的使用方法和范围,并给他们推荐了一些相关的消费项目。在等待客人作决定之际,小王抬起头看了一眼,发现两位客人都在摇头,而且表情似乎有点错愕和迷惑。他不敢多看,赶紧又转向别处。最终,这两位客人并未选择在这里消费,而是转回房间了。

问题

1. 在本案例中,小吴和小王在服务过程中有哪些不妥之处?
2. 在与客人打交道的过程中,哪些礼貌礼节是需要我们格外注意的?
3. 如果你是小王,你会在服务现场如何表现和应对?

经典案例 1-3

在一家涉外宾馆的中餐厅里,正是中午时分,用餐的客人很多,服务员忙碌地在餐台间穿梭着。

有一桌的客人中有好几位外宾,其中一位外宾在用完餐后,顺手将自己用过的一双精美的景泰蓝食筷放入随身带的皮包里。服务员小王在一旁将此景看在眼里,不动声色地转入后堂,不一会儿,捧着一只绣有精致花案的绸面小匣,走到这位外宾身边说:"先生,您好!我们发现您在用餐时,对我国传统的工艺品——景泰蓝食筷表现出极大的兴趣,简直爱不释手。为了表达我们对您如此欣赏中国工艺品的感谢,餐厅经理决定将您用过的这双景泰蓝食筷赠送给您,这是与之配套的锦盒,请笑纳!"

这位外宾见此状,听此言,自然明白自己刚才的举动已被服务员尽收眼底,颇为惭愧。只好解释说,自己多喝了一点,无意间误将食筷放入了包中,感谢之余,更执意表示希望能出钱买下这双景泰蓝食筷,作为此行的纪念。餐厅经理亦顺水推舟,按最优惠的价格入账。

聪明的服务员既没有让餐厅受损失,也没有令客人难堪,圆满地解决了事情,并收到了良好的交际效果。

问题

1. 你认为服务员小王在处理"景泰蓝食筷事件"中体现出了哪些礼仪修养?
2. 从本案例中,你了解到在与客人交往中我们应该遵循哪些原则?

第二章 现代交往礼仪

本章目标
- 了解现代交往中的基本礼仪
- 了解生活中的基本礼仪
- 了解公共场所礼仪

本章重点
- 熟悉各种礼仪的使用场合、方式和技巧
- 在实践中能正确运用各种礼仪

目前,礼仪通用分类方式有两类五分支法,即行业礼仪与交往礼仪两大类,政务、商务、服务、社交、涉外礼仪五分支。但自从有了人类礼仪,每个人都不可回避,主要体现在个人现代交往中的基本礼仪、生活中的基本礼仪和公共场所基本礼仪的运用。

第一节 基本礼仪

一、介绍礼仪

介绍,就是自己主动沟通或通过第三者从中沟通,使双方建立关系的社交形式。

现代人要生存、发展,就需要与他人进行必要的沟通,以寻求理解、帮助和支持。介绍是人际交往中与他人进行沟通、增进了解、建立联系的一种最基本、最常规的方式,是人与人进行相互沟通的出发点。在社交场合,如能正确地利用介绍,不仅可以扩大自己的交际圈,广交朋友,而且有助于自我展示、自我宣传,在交往中消除误会,减少麻烦。

(一)自我介绍

在社交活动中,如欲结识某些人或某个人,而又无人引荐,如有可能,即可向对方自报家门,自己将自己介绍给对方。如果有介绍人在场,自我介绍则被视为不礼貌的。

1. 自我介绍的时机

应当何时进行自我介绍?这是最关键而往往被人忽视的问题。在下面场合,有必要进行适当的自我介绍:应聘求职时;应试求学时;在社交场合;与不相识者相处时;在社交场合,有不相识者表现出对自己感兴趣时;在社交场合,有不相识者要求自己做自我介绍时;在公共聚会上,与身边的陌生人组成交际圈时;在公共聚会上,打算介入陌生人组成的交际圈时;交往对象因为健忘而记不清自己,或担心这种情况可能出现时;有求于人,而对方对自己不甚了解,或一无所知时;拜访熟人遇到不相识者挡驾,或是对方不在,而需要请不相识者代为转告时;前往陌生单位,进行业务联系时;在出差、旅行途中,与他人不期而遇,并且有必要与之建立临时接触时。

2. 自我介绍的方式

我们先来看一个有趣的例子——"巧妙的开场白"。一次,建筑学家梁思成做关于古建筑维修问题的学术报告。演讲开始,他说:"我是个'无齿之徒'。"满堂为之愕然,以为是"无耻之徒"。这时,梁思成说:"我的牙齿没有了,后来在美国装上这副假牙,因为上了年纪,所以不是纯白色的,略带点黄,因此看不出是假牙,这就叫做'整旧如旧'。我们修理古建筑也要这样,不能焕然一新。"

自我介绍有以下几种形式。

(1)应酬式。适用于某些公共场合和一般性的社交场合,这种自我介绍最为简洁,往往只要报出自己的姓名就可以了。

(2)礼仪式。适用于讲座、报告、演出、庆典、仪式等一些正规而隆重的场合。包括姓名、单位、职务等,同时还应加入一些适当的谦辞、敬辞。

(3)工作式。适用于工作场合,包括姓名、供职单位及其部门、职务或从事的具体工作等。

(4)交流式。适用于社交活动中,希望与交往对象进一步交流与沟通。大体应包括介绍者的姓名、工作、籍贯、学历、兴趣及与交往对象的某些熟人的关系。

(5)问答式。适用于应试、应聘和公务交往。问答式的自我介绍,应该是有问必答,别人问什么就答什么。

要抓住时机,在适当的场合进行自我介绍。最好在对方有空闲,而且情绪较好,又有兴趣时,这样既不会打扰别人,又会给对方留下深刻的印象。

(二)为他人做介绍

多人互相介绍的场合,介绍的次序问题要重视,一般有以下几个原则:一要先把客人介绍给主人;二是客人如果多于一人就按尊卑次序介绍;三是如果有女士在场且职务很高,可以考虑先介绍女士;四是客方介绍完毕再介绍主方;五是如果客方人数众多,只要介绍领导和主要人物即可;六是主客中有夫妇一起出席的要一起介绍;七是有个人和团队同时出席,应该先介绍个人。

(三)语言运用

1. 注意时间

要抓住时机,在适当的场合进行自我介绍,对方有空闲,而且情绪较好,又有兴趣时,这样就不会打扰对方。自我介绍时还要简洁,尽可能地节省时间,以半分钟左右为佳。为了节省时间,做自我介绍时,还可利用名片、介绍信加以辅助。

2. 讲究态度

进行介绍,态度一定要自然、亲切、随和。应落落大方,彬彬有礼。既不能唯唯诺诺,又不能虚张声势,轻浮夸张。语气要自然,语速要正常,语音要清晰。

3. 真实诚恳

进行介绍要实事求是,真实可信,不可自吹自擂,夸大其辞。

二、称谓礼仪

称谓(即称呼)指的是人们在日常交往应酬之中所采用的彼此之间的称谓语。在人际交往中,选择正确、适当的称呼,反映着自身的教养、对对方尊敬的程度,甚至还体现着双方关系发展所达到的程度,因此不能随便乱用称呼。

(一)常用称呼

选择称呼要入乡随俗合乎常规,要照顾被称呼者的个人习惯。在工作岗位上,人们彼此之间的称呼是有其特殊性的,要庄重、正式、规范。

1. 职务性称呼

以交往对象的职务相称,以示身份有别、敬意有加。有三种情况:称职务、在职务前加上姓氏、在职务前加上姓名(适用于极其正式的场合)。职务较多时,称谓就高不就低。

2. 职称性称呼

对于具有职称者,尤其是具有高级、中级职称者,在工作中直接以其职称相称。称职称时可以只称职称、在职称前加上姓氏、在职称前加上姓名(适用于十分正式的场合)。

3. 行业性称呼

在工作中,有时可按行业进行称呼。对于从事某些特定行业的人,可直接称呼对方的职业，如（老师、医生、会计、律师等）；也可以在职业前加上姓氏、姓名。

4. 性别性称呼

对于从事商业、服务性行业的人，一般约定俗成地按性别的不同分别称呼"小姐"、"女士"或"先生"。"小姐"是称未婚女性，"女士"是称已婚女性。

5. 姓名性称呼

在工作岗位上称呼姓名，一般限于同事、熟人之间。

(二)注意事项

1. 公共场合

在公共场合的称呼是因环境而定的。例如在宾馆——先生；校园——同学；候车室——大哥，大姐；菜市场——伙计；饭店——服务员；农村——老乡。为了过渡，前面可加"这位"两字。男的叫他"帅哥"，女的叫她"美女"，恭维的话，大家都爱听。当然，对方不能太丑，否则就变成讽刺了，会取得相反的效果。

2. 称呼的对象

语言是人们交际的工具，一定要注意交际的对象。用称呼要注意对象，这是从使用的角度说的，而更重要的是要注意称呼的内涵，细心辨别称呼的语体色彩、感情色彩。

称呼还有感情色彩的问题，有尊称，表示敬意；有爱称，显得亲昵。人称令尊、令堂就是尊称，有的父母叫自己的孩子小宝宝、宝贝儿，这就是爱称。称呼具有感情色彩当然不限于父母、儿女之间，平常人的称呼也有亲疏之分。

3. 东西方文化的差异

我国素称礼仪之邦，其重视礼节程度不亚于欧美任何一国。但是由于中西风俗习惯有很大的差异，如果我们对此不了解，在与英美人进行交往时，就会引起对方的误会，产生不必要的误解。这里把英美人在称呼上的礼节习惯介绍给大家，以便于大家的英语学习和同外国朋友的交往。

平时，我们常听到学生称呼他们的老师为"Teacher Wang"（王老师），即便对外籍教师也是如此称呼。其实这是不符合英美人习惯的。一般来说，英美人称呼中小学的男老师为"Sir"、女教师为"Miss"，如果是大学教师则为"Title ＋ surname or given name"，即"头衔＋姓氏"或者直接叫对方的名字。例如：Professor White, Dr. Green, 等等。另外，我们中国人称呼别人时常把对方的行政职务加上，如：王主任（Director Wang）、李科长（Section Li），等等，在英语中这些是不能与姓氏联用的。英美人称呼别人时一般分以下几种形式：①Formal situation（正式场合）——Title ＋ surname（头衔 ＋ 姓氏）；②Ordinary situation（一般场合）——Title ＋ surname or given name（头衔 ＋ 姓氏或直接叫名字）；③Informal situation / Close relationship（在非正式场合或关系比较密切)——Given name(直接叫对方的名字)。

4.服务接待称呼

进行服务接待过程中,在使用称呼时,一定要避免发生错误,以免失敬于人。常见的错误称呼有两种:一是误读,一般表现为念错被称呼者的姓名,比如"郇"、"查"、"盖"这些姓氏就极易弄错。要避免犯此错误,就一定要做好先期准备,必要时虚心请教;二是误会,主要指对被称呼人的年纪、辈分、婚否以及与其他人的关系作出了错误判断。比如,将未婚妇女称为"夫人",就属于误会。

三、会面礼仪

现代人工作节奏快,工作之余各类纷繁芜杂的交际应酬也日渐增多,而每一次与他人的会面都不是盲目的,无论是出于公务、结交朋友,还是其他愿望,人们总是怀着既定的目标与人交往。会面是人与人交往的一个重要机会,在为人们提供沟通、交谈的平台同时,也让彼此可以互相审视,在心里默默地作出喜欢或不喜欢的判断。与其日后花费时间精力弥补最初因为礼仪不当造成的裂隙,不如从相见的第一个微笑起,用恰当的言谈、得体的举止给对方留下美好和乐于交际的印象。

(一)握手礼仪

握手是很常用的一种礼节,许多国家都在使用,一般在相互见面、离别、祝贺、慰问等情况下使用。正是这简单的一握,蕴藏着丰富的信息,也蕴藏着复杂的礼仪细节。握手的过程能在不经意的举手投足之间,泄露你的礼仪修养。

1.握手的顺序

被介绍之后,最好不要立即主动伸手,握手时伸手的先后顺序遵循"尊者决定"的原则,由尊者先行伸手,对方予以响应。在公务场合,先后顺序主要取决于职位、身份,社交场合和休闲场合主要取决于年龄、性别和婚否。一般来说,握手的基本顺序是:主人与客人之间,客人抵达时主人应先伸手,客人告辞时由客人先伸手;年长者与年轻者之间,年长者应先伸手;身份、地位不同者之间,应由身份和地位高者先伸手;女士和男士之间,应由女士先伸手。多人同时握手时应顺序进行,或者由近及远,切忌交叉握手。

2.握手的方法

(1)握手时一般在距离对方约一米的地方站立,上身略微前倾,自然伸出右手,四指并拢,拇指张开,掌心向上或略微偏向左,手掌稍稍用力握住对方的手掌,握力适度,上下稍许晃动几下后松开。握手时要注视对方,面露笑容,以示真诚和热情,同时讲问候语或敬语。握手时,年轻者对年长者、职务低者对职务高者都应稍稍欠身相握。男士与女士握手时,一般只宜轻轻握女士手指部位。

(2)握手的时间一般为1至3秒。过紧或是只用手指漫不经心地接触都是不礼貌的。

(3)握手的力度要因人而异,把握分寸,既不能有气无力,也不能过分用力,以不轻不重、适度为好。

(4)如果手不干净时,应谢绝握手,同时必须解释并致歉。

知识链接 2-1

握手的禁忌

- 不要用左手与他人握手。
- 不要在握手时争先恐后。
- 不要在握手时戴着手套。
- 不要在握手时戴着墨镜。
- 不要在握手时将另外一只手插在衣袋里。
- 不要在握手时另外一只手依旧拿着东西而不肯放下。
- 不要在握手时面无表情,不置一词。
- 不要在握手时长篇大论。
- 不要在握手时仅仅握住对方的手指尖。
- 不要在握手时只递给对方一截冷冰冰的手指。
- 不要在握手时把对方的手拉过来、推过去。
- 不要以肮脏不洁或患有传染性疾病的手与他人相握。
- 不要在与人握手后,立即揩拭自己的手掌。
- 不要拒绝与他人握手。

(二)名片礼仪

1. 发送名片别贪早

选择适当的时候交换名片是名片交换礼节的第一步。

(1)除非对方要求,否则不要在年长的主管面前主动出示名片。

(2)对于陌生人或巧遇的人,不要在谈话中过早出示名片。因为这种热情一方面会打扰别人,另一方面有推销自己之嫌。

(3)不要在一群陌生人中到处传发自己的名片,会让人误以为你想推销什么物品,反而不受重视。在商业社交活动中尤其要有选择地提供名片,才不致使人以为你在替公司做宣传、拉业务。

(4)出席重大的社交活动,一定要记住带名片,交换名片时如果名片用完,可用干净的纸代替,在上面写下个人资料。

2. 递交名片忌随意

(1)递名片给他人时,要郑重其事,应该起身站立,走上前去,使用双手或者右手,将名片正面面对对方,交与对方。不要以手指夹着名片给人。

(2)切勿以左手递交名片,不要将名片背面递给对方或是颠倒着递给对方。

(3)如果是与多人交换名片,应讲究先后次序,或由近而远,或由尊而卑,一定要依次进行。切勿挑三拣四,采用"跳跃式",否则容易被人误认为厚此薄彼。

3.接受名片要恭敬

当他人要递名片给自己或交换名片时,应立即停止手上所做的一切事情。接受名片时应该双手捧接,或以右手接过。接过名片后,当即要用半分钟左右的时间,从头至尾将其认真默读一遍,意在表示重视对方。看过名片后,应放入上衣口袋或者名片夹中。若接过他人的名片后在手头把玩,或随便放在桌上,或装入臀部后面的口袋,或交予他人,都是失礼行为。

职场交往中,不要小看了小小的名片,它可是人脉管理中重要的资源。友谊之花,须经年累月培养,要使用好自己的名片,让你的名片受到重视;管理好朋友的名片,让你的人脉得到扩展,从而使你的事业亨通。

(三)鞠躬礼仪

鞠躬也是表达敬意、尊重、感谢的常用礼节。鞠躬时应从心底发出对对方表示感谢、尊重的意念,从而体现于行动,给对方留下诚意、真实的印象。

1.鞠躬的深度视受礼对象和场合而定。一般问候、打招呼时施15度左右的鞠躬礼,迎客与送客分别行30度与45度的鞠躬礼,90度的大鞠躬常用于悔过、谢罪等特殊情况。

2.行鞠躬礼必须脱帽。用右手握住帽前檐中央将帽取下,左手下垂行礼,用立正姿势。男士在鞠躬时,双手放在裤线稍前的地方,女士则将双手在身前下端轻轻搭在一起。注意头和颈部要梗住,以腰为轴上体前倾,视线随着鞠躬自然下垂,礼后起身迅速还原。敬礼时要面带微笑,施礼后如欲与对方谈话,脱下的帽子不用戴上。

3.受礼者应以鞠躬礼还礼,若是长辈、女士和上级,还礼可以不鞠躬,而用欠身、点头、微笑示意以示还礼。

鞠躬时以下六种错误做法要避免:只弯头的鞠躬;不看对方的鞠躬;头部左右晃动的鞠躬;双腿没有并齐的鞠躬;驼背式的鞠躬;可以看到后背的鞠躬。

经典案例2-1

背后的鞠躬

日本人讲礼貌,行鞠躬礼是司空见惯的。

一天,在日航大阪饭店繁忙的前厅里,一位行李员微笑并鞠躬问候一位手提皮箱的客人,并询问是否需要帮助提皮箱。这位客人拒绝了并头也没回径直朝电梯走去,那位行李员朝着那匆匆离去的背影深深地鞠了一躬,嘴里还不断地说:"欢迎！欢迎！"人们都困惑不解，这位行李员解释说:"如果此时那位客人突然回头，他会对我们的热情欢迎留下印象。同时，这也是给大堂里的其他客人看的，他们会想，'当我转过身去，饭店的员工肯定对我一样礼貌。'"

分析:这个例子可以使我们对日本人的鞠躬礼的作用有了进一步的了解，当面鞠躬热情问候为了礼貌服务，背后鞠躬虔诚备至为了树立良好的形象。这说明，在这些日本饭店，服务人员有着明确的公关意识。鞠躬也是公关，这对树立饭店良好形象，赢得宾客对饭店的好感，进而争取更多的客源能起到良好的作用。

四、信函礼仪

文字是人际沟通的基本手段之一。掌握各种文书的规范格式和写信要求，明确写作的语言表达和词语运用，能够很好地交流感情、传递信息、沟通联络。书信是人们生活中最为普通、最为古老的一种沟通方式。掌握书信的格式和要求，有助于更好地发挥书信的功能。

(一)信文及格式

信文由称谓、正文、敬语、落款及时间四部分组成。

1. 称谓

称谓应在第一行顶格写，后加冒号，以示尊敬。称谓应遵循长幼有序、礼貌待人的原则，选择得体的称呼。

2. 正文

正文是信函的主体。可根据对象和所述内容的不同，灵活地采用不同的文笔和风格。问候语要单独成行，以示礼貌。有"您好"、"近好"、"节日好"等。要先询问对方近况或谈与对方有关的情况，以表示对对方的重视和关切，然后回答对方的问题或谈自己的事情和打算，最后简短地写出自己的希望、意愿或再联系之事。

3. 敬语

敬语是写信人在书信结束时向对方表达祝愿、勉慰之情的短语。多用"此致"、"即颂"、"顺祝"等词紧接正文末尾。下一行顶格处，用"敬礼"、"安康"等词与前面呼应。

4. 落款及时间

在信文的最后，写上写信人的姓名和写信日期。署名应写在敬语后另起一行靠右位置。如果写给领导或不太熟悉的人，要署上全名以示庄重、严肃；如果写给亲朋好友，可只写名而不写姓；署名后面可酌情加启禀词，对长辈用"奉"、"拜上"，对同辈用"谨启"、"上"，对晚辈用"字"、"白"、"谕"等词。

(二)地址及格式

信封上应依次写上收信人的邮政编码、地址、姓名及寄信人的地址、姓名和邮政编码。邮政编码要填写在信封左上方的方格内,收信人的地址要写得详细无误,字迹工整清晰。收信人的姓名应写在信封的中间,字体要略大一些。在姓名后空二、三字处写上"同志"、"先生"、"女士"等称呼,后加"收"、"启"、"鉴"等字。寄信人地址、姓名要写在信封下方靠右的地方,并尽量写得详细周全一些。最后填写好寄信人的邮政编码。

五、馈赠礼仪

在经济日益发达的今天,人与人之间的距离逐渐缩短,接触面越来越广,一些迎来送往及喜庆宴贺的活动越来越多,彼此送礼的机会也随之增加。但如何挑选适宜的礼品,对每一个人都是费解的问题。懂得送礼技巧,不仅能达到大方得体的效果,还可增进彼此感情。

1. 馈赠

馈赠礼品,一般应注意以下几个问题。

第一,考虑与受礼者的关系,决定礼品的轻重。应本着"交浅礼薄,谊深礼重"的礼俗。

第二,选择礼品要认真、心诚,心存"敬重"之情,能够体现自己所倾注的时间、才智和努力。不能把自己很不喜欢的东西转送他人。

第三,馈赠礼品要考虑受礼者的情趣、爱好、年龄等因素,还要考虑一定的民俗禁忌。礼品最好是一件接受者想要但又未曾得到的东西,或有长久纪念价值或实用价值的礼物。

第四,送礼要考虑时机、场合。节日、纪念日或外出旅游归来带些物美价廉的纪念品、地方特产给友人等,都是送礼的好时机,在我国送礼不宜在人多的场合。

最后,还应考虑到礼品的包装。精美的包装,本身就意味着对受礼者的尊重。给外宾送礼物要谨慎选择,尊重不同国家的风俗习惯,坚持不送触犯外宾习俗的礼品;不送过于昂贵和过于廉价的物品;不送印有广告的物品;不送药品与补品;不送使异性产生误会的物品。

2. 受礼

一般情况下,接受礼品不需过分地推让,大方地、愉悦地接受礼物并适当对礼品表示赞赏,表示喜欢是对送礼者最好的回赠和安慰,拒绝是失礼的。但对于以贿赂为目的、带有浓厚的功利色彩的馈赠,有着不可告人的丑恶目的,这种馈赠是一种丑恶的社会现象,是败坏社会风气、腐蚀干部群众的腐败现象,我们应该坚决拒绝和抵制。

第二节 生活礼仪

一、饮食礼仪

出席、享用正式的宴席,并不是一件十分轻松容易的事情。宴席过程中的一举一动、一颦一笑都须掌握必要的礼仪分寸。因此,了解和掌握一些有关如何赴宴、如何使用餐具、如何取食进餐等方面的常规礼仪,对于我们在宴席上得体自如地表现自己、塑造良好形象是十分必要的。

1.应邀出席宴请活动,着装得体,按时赴约,入座应听从主人安排。如果是宴会,进入宴会厅之前,先了解自己的桌次座位,入座时注意桌上座位卡是否写着自己的名字,不可随意乱坐。如邻座是年长者或妇女,应主动协助他们先坐下。入座后坐姿要端正,不可用手托腮或将双臂肘放在桌上。坐时脚应踏在本人座位下,不可随意伸出,以免影响别人。不可玩弄桌上酒杯、盘碗、刀叉、汤匙等餐具,不要用餐巾或纸巾擦拭餐具,以免使人认为餐具不洁。

2.进餐时,正确使用餐具,文明进食并进行适当等距离交际。用餐过程中,如意外地将酒水、汤菜、果汁等溅到邻座的身上,应连声致歉,并谨慎地协助其擦干。如果邻座是异性,可将自己干净的手帕或餐巾递给对方,请他自己擦掉。

有人为自己夹菜时,一般不要拒绝。实在不要,可用手示意表示够了。千万不可将碗、碟用手捂住,或端起来藏于桌下、身后。

如果席间不得不打喷嚏、咳嗽时,应转身用手捂住口鼻,并向邻座表示歉意。在用餐过程中,不宜在众人面前张嘴用牙签剔牙,实在需要时,应用一只手将嘴挡住再剔。

筷子是在国内宴席上使用最多的餐具。在长期的生活实践中,中国人对筷子的使用也产生了许多禁忌,即筷子文化十五忌。

知识链接 2-2

筷子使用十五忌

疑筷:忌举筷不定,不知夹什么好。

脏筷:忌用筷子在盘里扒拉夹菜。

指筷:不能拿筷子指人。

抢筷:就是两个人同时夹菜,结果筷子撞在一起。

刺筷：就是夹不起来就用筷子当叉子，扎着夹。
横筷：这表示用餐完毕，客人和晚辈不能先横筷子。
吸筷：即使菜上有汤汁也不能嘬筷子。
泪筷：即夹菜时不利落，菜上挂汤淋了一桌。
别筷：不能拿筷子当刀使用，撕扯肉类菜。
供筷：忌讳筷子插在饭菜上。
拉筷：正嚼着的东西不能用筷子往外撕，或者当牙签。
粘筷：筷子上还粘着东西时不能夹别的菜。
连筷：同一道菜不能连夹3次以上。
斜筷：吃菜要注意吃自己面前的菜，不要吃得太远，不要斜着伸筷够菜。
分筷：摆筷子，不要分放在餐具左右，只有在吃绝交饭时才这样摆。

二、衣着礼仪

俗语道"人饰衣服马饰鞍"。服饰，在人们交往中的作用是不言而喻的，在公务活动中更是如此。公务活动中，男士正装主要是西装和制服（由某些机构特别制作、供特别人群穿用的统一的规范服饰，如军服、警服、税服、厂服、校服等）。女士正装分为西装（西装上衣配长裤、西装上衣配西装裙）、裙装（旗袍、套裙、连衣裙）、制服。

1. 男士穿着西装注意事项

（1）西服颜色应以灰、深蓝、黑色为主，以毛纺面料为宜。喜庆场合可穿白、红等色彩明快的西装。

（2）西装要合体，上衣应长过臀部，袖子刚过腕部，西裤应刚盖过脚面，达到皮鞋后跟。

（3）西装要配好衬衫。每套西装一般需有两三件衬衫搭配。

（4）西装款式不同，穿着方法也有差异。

（5）为保证西装不变形，上衣口袋只作为装饰；裤兜也不能装物，以保持裤型美观。上衣胸前口袋可饰以西装手帕。

（6）穿西装一定要穿皮鞋，且上油擦亮，不可穿布鞋、旅游鞋。

（7）穿西装要系领带。领带颜色要与衬衫相协调，通常选用以红、蓝、黄为主的花色领带。领带长度以稍长于腰带为宜。

知识链接 2-3

注意"三个三"

三色原则：全身服饰颜色不超过三个色系。

三一定律：鞋、皮带、公文包三色一致。

三大禁忌：忌穿西装不拆商标；忌穿西装配丝袜（一般选择色调与西装相近的棉袜，不穿白袜）；忌领带打法出错（多选用大三角结打法）。

2.女士公务场合着装注意事项

"五不"：不穿皮裙，尤其是黑皮裙；正式场合不光腿；不穿戳破的袜子；鞋袜不配套；不能"三截腿"。六忌：忌过于杂乱；忌过于鲜艳；忌过于暴露；忌过于透视；忌过于短小；忌过于紧身。

三、居住礼仪

居住礼仪通常是指一个人作为居民所应遵循的文明规范。居住礼仪的核心是互敬、互信、互助、互谅，邻里和睦相处。俗话说"远亲不如近邻"，融洽的邻里关系，不仅是社会团结安定的因素，也为自己创造了便利的条件。

现在人们大多居住楼房，邻里相距较近，房间比较集中，相互之间都有一定的影响。因此，住楼房的住户一定要注意，不要让自己的行为给别的住户带来不方便，不然会影响邻里关系。

1.注意不要制造大的噪声。

2.不要往楼下倒污水或扔脏物，以免污染下面住户晾晒的衣物及室外环境；放在阳台栏杆边沿的花盆或其他杂物应固定好，避免被风刮落或不慎碰落，造成伤害。

3.家庭娱乐要注意时间，夜深时将电视机、音响的音量调小一些，午休时段或深夜不要唱卡拉OK。

4.如果家里有事会影响邻居，要事先打个招呼，请求谅解担待。

5.住楼下确实容易受到影响、干扰，因而要有一些宽容的精神，尽量给楼上提供一些方便。住在一楼，尽量不要养鸡、养兔等，可以多种些花草。

四、行车礼仪

"宁停三分，不抢一秒"、"一慢二看三通过"此类警语，往往是因违反者众而设。如果大家都遵守交通规则，那我们的社会会更加文明礼貌。下面介绍一些行车的礼仪。

1.同方向行驶，本车想并线

打转向灯，从后视镜中看旁边车道的车，若看后车大灯远近光双闪，说明后车在礼让你加到他前面。当你并线后，要双闪两下表示对后车礼让的感谢。

2.同方向行驶，前面有车打灯并线

发现有车打灯要并过来，如果本车有能力礼让，远近光双闪，前车并入后会双闪两下，此时你应回应前车的礼貌，远近光切换一次。

3.本车需要左转

打左转向灯、等待,如果对面车辆远近光双闪,说明礼让你左转,此时本车应远近光切换一次表示感谢,然后迅速左转。

4.发现对面车辆需要左转

本车有能力礼让,远近光双闪,等车辆左转后继续行驶。

在欧洲,绿灯亮的时候,头车必须迅速加速以保证后面车辆的通行。在德国,任何车辆听到救护车的笛声都必须让行,尽力让出行车道。如果发生拥堵,最里道的车占用部分人行道也必须让道给救护车通行。以上做法值得借鉴。在我国,我们不缺乏相关法律规定,缺乏的是公民的意识。

五、送礼礼仪

送礼习俗各地不一,有的每到一处都携带礼物,有的应邀吃饭才赠送礼物,有的是应特殊情形才赠送礼物,如生日、结婚或结婚纪念、生子或满周岁、毕业等。不管习俗或是经济状况如何,我们对馈赠礼物之细节也应略懂一二。

1.送礼基本原则

(1)馈赠礼物是带有互惠性的。如你赠送他人,对方必也会回赠,因此送太昂贵的礼物给认识不深的朋友,有时会令他感到很难堪。回赠之礼物也不一定要等值,只要你用心替对方选择一件适当的礼物即可。

(2)赠送之礼物要切合实际,例如送烟斗给不吸烟的朋友是不适当的。

(3)购买的礼物,要将贴于其上的标价签去掉。

(4)除非是亲自送礼,否则应在礼物上书写赠送人之姓名或附上便条、名片。

2.送礼方式和场合

送什么礼、什么时候送及怎样送是经常困扰人们的问题。私人礼物很明显不可以用大众化来敷衍,许多礼物都会涉及风俗习惯和个人风格的问题。对这两方面都有所了解才会消除自己的疑虑和顾忌。

送礼时最重要的一点就是送出去的礼物要使人开心而不是让人窘迫,为了避免后者的发生,这里有一个基本的准则:在非正式的场合不要送奢侈的礼物给你的熟人和朋友。

六、运动礼仪

中国自古崇尚体育精神。体育精神在我国是有悠久历史可以追溯的,甚至早于古希腊的奥林匹克盛会。我国在春秋时就已有盛会"射礼",这种运动本身和它的仪式宣扬着一种人文精神。

现在东方的一些传统体育项目,如相扑、跆拳道等的一大特色就是,在赛前,双方要作揖或鞠躬等,相互致敬,比赛结束也是如此,显示了君子之争的风度。

很多人喜欢去健身房健身。现在许多健身器材很先进,因此在健身之前要仔细了解健身器材的用途,这样既不会让自己受伤,也不会损伤器材,影响他人使用。另外,在使用小型健身器材时,比如哑铃等,在用完之后一定要放回原处,方便别人使用。

第三节 公共礼仪

一、行路礼仪

一个人在日常工作、学习和社会生活中,离不开乘车走路。不论是上学读书、上街购物,还是出门访友、漫步散心,总是离不开走路。在这平常的"走路"中,同样包含着一系列的礼仪要求,同样需要注意讲求公德礼仪,遵守交通规范。

1. 要遵守行路规则

步行要走人行道,不走自行车道或机动车道。过马路要走人行横道。如果是路口,一定要等绿灯亮了,再看两边没车时才通过,即"一等,二看,三通行"。

2. 行人之间要互相礼让

马路上车水马龙,人来人往,比肩接踵,因此要提倡相互礼让,遇到老、弱、病、残、孕要照顾他们。在人群特别拥挤的地方,要有秩序地通过。

3. 路遇熟人要主动问候

走路遇到熟人,应主动打招呼或进行问候,不能视而不见,把头扭向一边,擦肩而过。如果在路上碰到久别重逢的朋友,想多交谈一会儿,应靠边站立,不要站在路当中或拥挤的地方,以免妨碍交通,增加不安全的因素。

4. 走路要目光直视,不要左顾右盼,东张西望

男性遇到不相识的女性,不要久久注视,甚至回头追视,显得缺少教养。

5. 走路时不要边走边吃东西

这样既不卫生,也不雅观。如确实是肚子饿或口渴了,也可以停下来,在路边找个适当的地方,吃完后再赶路;一边走路一边抽烟亦为不雅。走路时要注意爱护环境卫生,不要随地吐痰、乱扔废弃物。

二、交通礼仪

交通礼仪主要包括下列内容：一是参与交通时对其他交通参与人要始终保持敬重之情；二是要对良好的交通环境保持敬重之情；三是交通参与人在道路交通中的行为要合情、合理、合法。敬重源于修养，修养越好，行为也就越郑重，进而通过"交通礼仪"的形式展示当事人的交通道德。但我们看到，行人的违规，有很多时候只是为图一时的方便。因为相关法令对行人处罚甚少执行，使得行人遵守交通规则只能靠个人意识的觉醒来实践。

对于大多数民众而言，经常搭乘的是公共汽车等大众运输工具，这就对司乘人员提出更多的交通礼仪要求。科学规范的服务礼仪要求司乘人员能洞察他人需求；理解乘客心理；有丰富的表达方式和科学规范的常用服务动作；提高规劝能力和解决服务矛盾能力；搞好对特殊乘客的服务。

出租车司机文明礼仪状况向来是一个城市文明的晴雨表，必须予以高度重视。出租车司机要讲究和培养文明的风度。男性出租车司机要衣着整齐，注意使用礼貌、文明的语言。出租车内播放健康的音乐可以给人以良好的心情。不在车内抽烟、不向窗外吐痰和丢杂物、咳嗽时要面朝窗外或用手遮挡等，是出租车司机基本的礼仪风度。

培养交通礼仪行为、做交通礼节使者，并以此带动和影响家人和身边的朋友，创造更加有序、安全、畅通、和谐的交通氛围。

三、住宿礼仪

随着观念的转变，出去旅游的人越来越多，投宿旅馆应注意以下事项。

1. 应事先通过旅行社订妥房间。
2. 到达旅馆时，先到柜台办理住宿手续。填妥旅客登记卡，选妥房间，即可领取钥匙。
3. 无论在客厅、走道及房间，务必保持安静，不宜大声聊天或吵闹。
4. 电梯内不可以吸烟。
5. 切忌站在走廊上聊天，三五成群尤应避免。
6. 不得在旅馆内聚赌或嫖妓。
7. 旅馆一般于中午 12 时计日换算，如需逗留少许，应先与柜台讲明。
8. 切忌在外购置餐点返回旅馆房间进食，尤其使用酱油配料佐餐，容易污染地毯。
9. 在旅馆餐厅用餐，宜衣着整齐。

四、购物礼仪

1. 商场购物的礼仪要求

(1)浏览商品时,保持安静,不大声说笑。

(2)挑选物品时,轻拿轻放,看后放回原处;如果手有污渍,应避免触摸商品,尤其不可触摸食品。

(3)使用商场手推车时,注意停放位置,避免堵塞通道,用完应停放到指定位置。

(4)结账时,自觉排队。

2. 排队礼仪要求

(1)先来后到,依次排列,依序而行。

(2)保持间距,前后之间不应有身体上的接触,尤其在金融窗口、取款机等涉及个人隐私的场合,前后之间的距离应适当增大。

(3)不应插队,插队是无礼的表现。

3. 使用公共卫生间的礼仪要求

(1)进入公共卫生间时,如遇人多,应在卫生间门外排队等候。

(2)使用时关好小门。

(3)使用后冲水。

(4)便后洗手,湿手不应边走边甩。

一般情况下,母亲可以带男幼童一起上女厕,父亲不可以带女幼童上男厕。

五、公共场所礼仪

公共场所礼仪体现社会公德,是人类文明程度的体现。在社会交往中,良好的公共礼仪可以使人际之间形成良好的关系,为社会公众创造一个高质量的生活环境。公共场所礼仪的原则有以下几点。

1. 遵守秩序

公共礼仪维持了公共生活的最基本秩序,而公共秩序是社会公众的最低要求和需要,没有了秩序,公共的权利就无法保障,利益就要遭到损害。

2. 仪表整洁

讲究仪表和形体礼仪,是一种社会公德。仪表整洁,不仅是对自己的尊重,也是对他人的尊重。如果服装不洁,则会给人不愉快的感觉。

3. 讲究卫生

讲究卫生包括个人卫生和公共卫生两方面。这既是个人身体健康的需要,也是对社会环境应有的关心和责任。讲究个人卫生,要注意个人清洁卫生,每天洗脸刷牙,勤洗澡换衣。讲究公共卫生,不要随地吐痰,不乱扔果皮纸屑等。

4.尊老爱幼、礼让妇女

每个人都会变老,同样,每个人都有自己的幼年时期,老人和小孩在公共场所中都应该得到关心和照顾。

评价一位男士是否具有男子汉气质和绅士风度,其首要标准是,是否礼让妇女,是否遵循"女士优先"原则。女士优先原则,可以体现在男女交往的每一处场合。如:走路时,同行男士应走靠外一侧,女士则走贴近建筑物一侧。男士和女士一同上车时,男士应上前几步,为女士打开车门;下车时,男士应先下来,为女士拉开车门。

本章小结

本章主要介绍了现代交往中的基本礼仪:介绍、称谓、会面、信函、馈赠等礼仪。通过学习这些礼仪,可以让学生们认识到应该积极适应社会,自觉参与社会活动,改造、变革社会环境,促使社会发展进步,同时改造、发展和实现自我。一个人生活在社会上,要想让别人尊重自己,首先要学会尊重别人。掌握规范的社交礼仪,能为交往创造出和谐融洽的气氛,建立、保持、改善人际关系。

经典案例 2-2

王峰在大学读书时学习非常刻苦,成绩也非常优秀,几乎年年都拿特等奖学金,为此,同学们给他起了一个绰号"超人"。大学毕业后,王峰顺利地获取了在美国攻读硕士学位的机会,毕业后又顺利地进入了美国公司工作。一晃8年过去了,王峰已成为公司的部门经理。

今年国庆节,王峰带着妻子女儿回国探亲。一天,在大剧院观看音乐剧,刚刚落座,就发现有3个人向他们走来。其中一个边走边伸出手大声地叫:"喂!这不是'超人'吗"?你怎么回来了?"这时,王峰才认出说话的人正是他的高中同学贾征。贾征没考上大学,自己跑到南方去做生意,赚了些钱,如今回到上海注册公司当起了老板。今天正好陪着两位从香港来的生意伙伴一起来看音乐剧。这对生意伙伴是他交往多年的、年长的香港夫妇。

此时,王峰和贾征彼此都既高兴又激动。贾征大声寒暄之后,才想起了王峰身边还站着一位女士,就问王峰身边的女士是谁。王峰这才想起向贾征介绍自己的妻子。待王峰介绍完毕,贾征高兴地走上去,给了王峰妻子一个拥抱礼。这时贾征想起了他该向老同学介绍他的生意伙伴。大家相互介绍、握手、交换名片和简单的交谈后,就各自回到自己的座位上观看音乐剧了。

问题

1. 上述场合中的见面礼仪有无不符合礼仪的地方?
2. 在公共场合大喊大叫符合礼仪标准吗?
3. 初次见面拥抱合适吗?

第三章 人际沟通原理概述

本章目标
- 了解沟通的含义及模式
- 了解沟通的原则和类型
- 掌握有效沟通的环节、技巧

本章重点
- 掌握沟通视窗理论
- 能够解决实践中常见的有效沟通问题

在职场工作中,沟通是一件很重要的事。不管是对上司、属下、同仁、客户,或对各接洽商谈的单位,都需要更好的沟通技巧,这亦即所谓的"人际沟通"。每个人都希望被肯定、被赞美,而不喜欢被否定、被轻视。所以,即使双方意见不同,但必须做到异中求同、圆融沟通。中国人造字很有意思,想想"我"这个字,是哪两个字的组合呢?是"手"和"戈"。"我"字,竟然就是"每个人手上都拿着刀剑、武器",所以每个人都常做"自我防卫"姿态来保护自己。但是,在沟通时,人除了防卫自己之外,也要站在别人的立场来想,善用"同理心"。因此,我们需在工作中学习更好的沟通技巧,使人际关系更融洽。

第一节 人际沟通概述

一、沟通的内涵及模式

(一)沟通的内涵

1. 沟通的定义

对沟通的理解,古今中外的人们一直未停止研究。

"沟通是用任何方法彼此交换信息,即指一个人与另一个人之间用视觉、符

号、电话、电报、收音机、电视或其他工具为媒介,而交换信息的方法。"——《大英百科全书》

"沟通是意义的传递和理解。"——斯蒂芬·P.罗宾斯

"沟通可视为任何一种程序,借此程序,组织中的一成员,将其所决定意见或前提,传递给其他有关成员。"——西蒙

一般来讲,沟通就是发送者凭借一定渠道(亦称为媒介或通道),将信息发送给既定对象(接受者),并寻求反馈以达到相互理解的过程。具体包含以下意思:

(1)沟通是信息的传递;

(2)沟通还是信息的理解;

(3)有效沟通并不是沟通双方达成一致的意见,而是准确地理解信息的含义;

(4)沟通是一个双向、互动的反馈和理解过程。

2.沟通的层次

不论是服务奥运会(残奥会)选手、观众或与朋友交往,与客户谈判,每一个人都希望可以成为沟通的高手。而实际上,每个人受到天生的人格特质、家庭成长环境、学习教育情况和社会接触面等诸多因素的影响形成了有独立风格与方式的沟通习惯。根据沟通效果,可以基本分为以下四个层次现象。

(1)层次一:阻断与抗拒

这个层次现象的沟通是完全无效的。一般多见于情绪激动、应急、歇斯底里等情况。常听到的交流语言信号为"哼"、"你凭什么这么说"等等。

(2)层次二:"鸿沟"现象

这个层次现象的沟通信息的接受与传递,往往只是信息的发布与传达,效果完全取决于接受者的自我认识与重视程度。所谓"鸿沟"现象是指在沟通过程中,基本为单方交流,就像两个人站在天堑的两边,始终无法共同面对与平等交流,之间就像有一个天然的"鸿沟"。一般多见于领导训话、指令颁布等。常听到的语言信号为"哦"、"嗯"、"啊"等等。

(3)层次三:桥梁效应

这个层次现象的沟通信息的接受与传递,在互动过程中得到磨合以达到共识。所谓桥梁效应,是指经过互动与信息的碰撞与磨合,使双方可以逾越"鸿沟"形成共识,就像有一个可以用于双向交流的桥梁。常听到的语言信号为"你是什么感觉"、"说说你的看法"等等。

(4)层次四:及时回应

这个层次现象已经跳出了基本沟通,它是融合了对人最根本心理需求的体察与人性化的运用,是确实有效的沟通,也是沟通的艺术,使其变成一种享受而

不再是工作。常听到的语言信号为:"经过了我们的相互信任与讨论,我想我们已经达成了共识"。

(二)沟通的模式

1. 语言沟通

从骨牌上的模糊难辨的甲骨文,到钟鼎大篱上的金文,到竹简上的刻字,到由秦始皇统一度量衡后,中国文字逐渐发展形成的楷书、隶书、行书、草书,一直到今天屏幕上显示的黑体字、华云行楷/彩云等各式各样的语言符号,人类在语言表达方面探索了漫长的时间。一切都是为了更好的沟通。

语言是沟通的主要手段,沟通借语言而存在。鸟兽虫鱼,它们不识何为沟通,它们间的嘈杂吟叫不过是传递信息。沟通存在着感情的交流,或是喜悦,或是憎恶。离开语言这一载体,感情的交流便只能寄托在简单的眼神交流抑或是肢体动作当中。没有语言,便没有沟通。语言的沟通渠道见表3-1。

表3-1 语言的沟通渠道

口头语言	书面	图片
一对一(面对面)	信	幻灯片
小组会	用户电报	电影
讲话	出版物	电视/录像
电影	传真	投影
电视/录像	广告	照片/图表/曲线图/画片等
电话(一对一/联网)	计算机	与书面模式相关的媒介定量数据
无线电	报表	……
录像会议	电子邮件	
……	……	

知识链接3-1

语言沟通有多重要呢?罗杰·夏恩科在《界限外的色彩:打破所有规则,培养更机智的孩子》一书中的"如何培养更善于言辞的孩子"这一文章中写道:"我们以一个简单的前提开始:孩子越善于言辞,似乎越聪明。无论孩子决定一生做什么,口头能力将对他成功的程度具有巨大的影响。沟通清楚、反应迅速、讲故事有趣、雄辩的人有明显的优势。"

2. 非语言沟通

非语言交流(Nonverbal Communication)是以人体语言(非言语行为)作为载体,即通过人的眼神、表情、动作和空间距离、身体移动、(人体动作学)姿势、饰品服饰、珠宝、发型、文身等来进行人与人之间的信息交流。在人际交往中,非语言交流具有非常重要的地位,是人际沟通的重要形式之一。

在我们与别人交流时,我们不只是对他们所说的话作出反应,实际上我们也对他们的行为作出反应。例如，假如某个教授说他（她）对你关于某个问题的想法非常感兴趣。但是，你讲话时，却看到了他（她）止不住要打哈欠的神态。从那时起，教授表现的非语言部分肯定会影响你的行为表现。

在人们的日常互动中，非语言交流之多令人吃惊。心理学家经过一系列研究发现，在面对面的交流中，55％的情感内容是由非语言暗示的，比如面部表情、姿势、手势、体态、眼神等；38％的内容由声调表达，只有7％的内容是用语言说出来的。通常情况下，在两个人交谈时，语言对情境的社会意义的表达平均不到35％，剩下的65％的意义都是由非语言的方式表达的。

借助符号而不是语言所进行的沟通叫做非语言沟通（Nonverbal Communication）。身体外貌、衣着和个人财物，所有这些都可以成为非语言沟通形式。其中，两种最重要的非语言沟通形式是书面沟通和体态语沟通（包括动态或静态的体语和面部表情）。

(1) 书面沟通

书面沟通是以文字为媒体的信息传递，形式主要包括文件、报告、信件、书面合同等（口头沟通是以口语为媒体的信息传递，形式主要包括面对面交谈、电话、开会、讲座、讨论等）。书面沟通是一种比较经济的沟通方式，沟通的时间一般不长，沟通成本也比较低。这种沟通方式一般不受场地的限制，因此被我们广泛采用。这种方式一般在解决较简单的问题或发布信息时采用。在计算机信息系统普及应用的今天，我们很少采用纸质的方式进行沟通。

(2) 体态语沟通

面部表情（Facial Expressions）是如此直接地展示着情绪的变化，因而可能是非语言信息的最丰富的源泉。在与人交谈时，我们通过不断地观察对方的脸色，以了解他们对我们说话内容的反应。我们也试图恰当地控制自己的面部表情。但是，由于面部表情很难读懂，因此，要解释它们的意义通常也是很难的。

但也有证据表明，诸如恐惧、快乐、惊讶和气愤等情绪的表达方式是共同的。当研究者将这些表情的照片给现代文化中的人和与世隔绝的传统文化中的人看时，他们都能将每种表情的意义正确区分（埃克曼和弗里森，1971）。大家普遍认为，这类表情反映了一种天生的生物安排，也就是说，是自然具有的而不是后天培养的。正是由于这一原因，人们不必去学习。并且，事实上，这些表情在所有文化中都传达着同样的意义。

相比之下，在不同的文化中，动态体语（Gesture）（也就是通过身体或四肢的运动以表达某个意图、某种情绪或态度）所表达的意义是非常不同的。例如，在美国，上下点头意味着"是的"，而左右摇头则意味着"不"；但是，马来半岛的萨芒人把头向前伸表示"是的"，而马来西亚的矮小黑人则通过往下看以表明"不"。

对于埃塞俄比亚人而言,交手的姿势(把一个手腕交叉放在另一个手腕上,并同时按照相反的方向移动双手)意味着向一位妇女示爱;在以色列,这个动作曾经具有军事意义,而现在则意味着双手被"禁锢"或受了伤。在埃塞俄比亚,手袋式的动作(伸出手,摊开手掌,然后将五个手指聚在一起形成一个点)意味着乞讨食物;而在以色列,这是"慢一些,保持耐心"的标志(舍勒,1985)。

静态体语(Posture),即人们身体或四肢保持某种状态的姿势,也是体态语言的一种形式。与有意控制的面部表情和动态体语不同,人们通常没有考虑自己的静态体语。

因此,人们常常通过体态体语"暴露"出他们本来不打算泄露的信息。

知识链接 3-2

在工作中,或许你会花费心思去正确表达自己的观点,以至于造成与人沟通的困难,这经常是因为你表达的方式出了问题,而并不是你思维混乱的原因。通常,你也会很容易地发现某事没有得到很好的沟通,下面这些话你一定不会陌生。

- 如果你的意思正是这样,那又为何不这么说?
- 我希望你把话说明白点。
- 我不敢肯定自己该怎么做。
- 别开玩笑了,我希望能明白你的意思。
- 我实在没听明白。

通常这些话你根本不必说出口,可用皱眉或叹息的形式表达出来。由此可见,沟通的内容与结束的内容并非只可用语言来表达,有效的肢体语言更能表达你的真实情感。

二、沟通的原则及特点

(一)沟通的原则

1. 明确沟通目标

沟通是传播信息、交流情感、达成目标的一个过程。因此,每次的正式沟通,首先要想好此次沟通希望达到什么效果。比如,我们进行电话邀约沟通时,略作寒暄,与对方定好见面的时间、地点,邀请对方过来就可以了。别的都不需要讲,因为邀约他来是我们这次沟通的目的。

2. 重视每个细节

沟通时的很多小细节往往会影响到双方想要达到的目标。一些人常常会从他和对方的沟通中寻找蛛丝马迹,来判断对方的用意。他们很注意对方说什么和没说什么;他们也很在意对方的聆听能力,以及对方对共同达成目标的合作程度。如果对方疏忽了一些小细节,就会成为双方沟通的障碍。

3. 达成共同协议

在沟通过程中,你所要表达的意思要明确,让对方有一个准确的唯一的理解。一定不能模棱两可,否则,沟通过后,对方还要来推测你所讲的是什么意思,达不到沟通效果。当对方所表达的意思不清楚时,一定要有礼貌地进行询问,使对方表达得更准确,达到有效沟通。在此基础上,双方要达成一致的协议,为达到沟通的目标创造条件。

4. 应对环境变化

由于沟通个体的不同,以及外部客观环境的不断变化,在沟通的过程中,要注意这些主观因素和客观因素的变化问题,在遇到变化时,要及时调整沟通策略,在双方协商的基础上,达到沟通的最终目的。

(二)沟通的特点

1. 随时性

人际沟通借助语言和非语言两类符号,这两类符号往往被同时使用。沟通随时随地都会发生,我们所做的每一件事情都需要进行沟通。

2. 双向性

在人际沟通中,沟通双方都有各自的动机、目的和立场,都设想和判定自己发出的信息会得到什么样的回答。因此,沟通的双方都处于积极主动的状态,在沟通过程中发生的不是简单的信息运动,而是信息的积极交流和理解。

3. 情绪性

人际沟通是一种动态系统,沟通的双方都处于不断的相互作用中,刺激与反应互为因果,如乙的语言是对甲的语言的反应,同时也是对甲的刺激。

4. 互赖性

在人际沟通中,沟通的双方应有统一的或近似的编码系统和译码系统。这不仅指双方应有相同的词汇和语法体系,而且要对语义有相同的理解。语义在很大程度上依赖于沟通情境和社会背景。沟通场合以及沟通者的社会、政治、宗教、职业和地位等的差异都会对语义的理解产生影响。

三、人际沟通的类型

(一)口头信息沟通

1. 优点

口头信息沟通比书面沟通节省时间,可随时进行沟通,快捷、效率高。在口头方式的沟通中,以面对面的沟通为佳,因为面对面的沟通,可以互相了解对方的感情和表情,能充分地进行感情交流。感情的投入是进行有效沟通的催化剂。

另外,面对面沟通时,双方还可根据当时的场景,随时调整沟通的内容和表达方法,从而达到较好的沟通效果。

2. 缺点

(1)当你说某个词时,你是在有声地表达某种东西,语言中常含有其他的感情因素,即语言的内涵。当沟通的双方错误理解各自所表达出来的含意时,沟通就会中止或产生分歧。

(2)任何语言都是发生在特定的环境内。沟通时双方的目的和规则,恰当的语言和专业化的词汇都会给沟通带来障碍。

(3)风格、角色和团体成员的不同,也会给沟通带来障碍,如男女性别的差异及方言的使用等。当沟通时遇到反对意见时较难统一,人多时难控制、无记录,常有争议,无法保存的信息较多。

(二)书面信息沟通

1. 优点

书面沟通本质上讲是间接的,这使得其有许多优点。

(1)可以正式的或非正式的,可长可短。

(2)可以使写作人能够从容地表达自己的意思。

(3)词语可以经过仔细推敲,而且可以不断修改,直到满意表达个人意思。

(4)书面材料是准确而可信的证据,所谓"白纸黑字"。

(5)书面文本可以复制,同时发送给许多人,传达相同的信息。

(6)在群体内部经常受限于约定俗成的规则。

(7)书面材料传达信息的准确性高。

2. 缺点

间接性也给书面沟通造成了一些特殊障碍。

(1)发文者的语气、强调重点、表达特色以及发文的目的经常被忽略而使理解有误。

(2)信息及含意会随着信息内容所描述的情况及发文和收文时的部门而有所变更。具体包括以下几点。

①个人观点。收文者很容易忽略与他自己的看法有冲突的信息。

②发文者的地位。发文者是上司、部属或同一阶层的同事,会影响信息的意义。

③外界的影响。收文者能否专心阅读收到的信息?收文者的心情如何?你写这封函或备忘录的时候心情如何?这封函送达的时间是大清早或是午餐的时候?等等。

④发文者选择的格式或时机不当。收文者很可能因为你一开始采用的格式

不当,而不太注意你的信息内容。

3. 适用情形

(1) 简单问题小范围沟通时(如3～5个人沟通一下产出最终的评审结论等)。

(2) 需要大家先思考、斟酌,短时间不需要或很难有结果时(如项目组团队活动的讨论、复杂技术问题提前知会大家思考等)。

(3) 传达非重要信息时(如分发周项目状态报告等)。

(4) 澄清一些谣传信息,而这些谣传信息可能会对团队带来影响时。

(三) 非语言沟通

1. 人际沟通中的非语言因素

美国传播学家艾伯特梅拉比安曾提出一个公式:

信息的全部表达＝7％语调＋38％声音＋55％肢体语言

我们把声音和肢体语言都作为非语言交往的符号,那么人际交往过程中信息沟通就只有7％是由语言进行的。而非语言沟通的因素则表现在目光、衣着、体势、声调、礼物、时间和微笑等方面。正确运用非语言沟通,能够给人际沟通带来更大的成功。

2. 正确运用非语言沟通

(1) 目光

目光接触是人际间最能传神的非语言交往。"眉目传情"、"暗送秋波"等成语形象地说明了目光在人们情感交流中的重要作用。在人们交往过程中,彼此之间的注视还因人的地位高低和自信与否而异。在日常生活中能观察到,往往主动者更多地注视对方,而被动者较少迎视对方的目光。

(2) 衣着

意大利影星索菲亚·罗兰说:"你的衣服往往表明你是哪一类型,它代表你的个性,一个与你会面的人往往自觉地根据你的衣着来判断你的为人。"衣着本身是不会说话的,但人们常在特定的情境中以穿某种衣着来表达心中的思想、建议或要求。同样一个人,穿着打扮不同,给人留下的印象也完全不同,对交往对象也会产生不同的影响。

(3) 体势

达·芬奇曾说过,精神应该通过姿势和四肢的运动来表现。同样,人际交往中,人们的一举一动都能体现特定的态度,表达特定的含义。

我国传统是很重视在交往中的姿态,认为这是一个人是否有教养的表现,因此,素有大丈夫要"站如松,坐如钟,行如风"之说。在日本,百货商场对职员的鞠躬弯腰还有具体的标准:欢迎顾客时鞠躬30度,陪顾客选购商品时鞠躬45度,对离去的顾客鞠躬45度。

(4)声调

有一次,意大利著名悲剧影星罗西应邀参加一个欢迎外宾的宴会。席间,许多客人要求他表演一段悲剧,于是他用意大利语念了一段"台词",尽管客人听不懂他的"台词"内容,然而他那动情的声调和表情,凄凉悲怆,不由使大家流下同情的泪水。可一位意大利人却忍俊不禁,跑出会场大笑不止。原来,这位悲剧明星念的根本不是什么台词,而是宴席的菜单。

恰当、自然地运用声调,是顺利交往的条件。一般情况下,柔和的声调表示坦率和友善,在激动时自然会有颤抖,表示同情时略为低沉。不管说什么样的话,阴阳怪气就显得冷嘲热讽;用鼻音哼声往往表现傲慢、冷漠、恼怒和鄙视,是缺乏诚意的,会令人不快。

(5)礼物

礼物的真正价值是不能以经济价值衡量的,其价值在于沟通了人们之间的友好情意。原始部落的礼品交换风俗的首要目的是道德,是为了在双方之间产生一种友好的感情。同时,人们通过礼品的交换,同其他部落氏族保持着社会交往。当你生日时收到一束鲜花,你会感到很高兴,与其说是花的清香,不如说是鲜花所带来的祝福和友情的温馨使你陶醉,而自己买来的鲜花就不会引起如此愉悦的感受。

(6)时间

在一些重要的场合,重要人物往往姗姗来迟,等待众人迎接,这才显得身份尊贵。然而,以迟到来抬高身份,毕竟不是一种公平的交往,这常会引起对方不满而影响彼此之间的合作。

文化背景不同、社会地位不同的人的时间观念也有所不同。如德国人讲究守时,如果应邀参加法国人的约会,千万别提早到达,否则你会发觉此时只有你一个人到场。有位驻非洲某国的美国外交官应邀准时前往该国外交部,过了10分钟毫无动静,他让秘书再次通报,又过了半个小时仍没人理会他,这位外交官认为是有意怠慢和侮辱他,一怒之下拂袖而去。后来他才知道问题出在该国人的时间观念与美国人不同,并非有意漠视这位美国外交官。

(7)微笑

微笑来自快乐,它带来的快乐也创造快乐。在销售过程中,微微一笑,双方都从发自内心的微笑中获得这样的信息,"我是你的朋友"。微笑虽然无声,但是它表达出了许多意思:高兴、欢悦、同意、尊敬。

延伸阅读 3-1

沟通中的行为语言

尽管我们在沟通中的行为总在变化,但我们每个人都会有自己的行为倾向,这是因为我们往往都会不自觉地回归自己认为舒服安全的行为模式。我们的这种差异是一种可以让对方预见的差异,这使我们在他人眼里既有吸引力又使他们捉摸不定。

说服他人的秘诀在于既了解自己同时又能理解他人,这种了解自身感受和体贴他人感觉的能力被称之为"情商"[①]。影响他人的关键在于在满足他人需要的同时,能够用对方易于理解和接受的方式来阐述自己的建议,也就是你必须学会运用对方的行为语言来表达自己的信息,这样既满足了对方的需要,又达到了自己的目的。

身体动作可以显露出某人的心理活动线索,这对沟通的顺利进行具有重要意义,因为它可以向你暗示在沟通中应回避的话题,我们不妨从以下方面来读懂他人的行为暗示。

(1)准备就绪与积极热情。当人们已经为采取行动做好了准备时,他们通常都会采取前倾的坐姿或双手叉腰的站姿。因为他们盼望采取行动,所以无论坐着还是站着,他们都会身体笔直、神情机敏、目光炯炯有神、身体动作生气十足、肢体动作快于言辞。

(2)心情失落和失意。奋笔疾书,用手梳理头发,握拳咬牙,怒气冲冲,或者面部小范围肌肉紧绷。如果你在对方身上发现了这样的信号,赶紧撤退,千万别去提出任何要求。

(3)居高临下的优越感。通常表现得非常放松,他会双手叠加放在脑后或背后,高高仰着头和下巴颏。他有可能会采用把身体靠在椅背上的坐姿,或采用把身体倚靠在墙上、桌子上或写字台上的站姿。

(4)郁闷烦躁。他会用手指或脚掌发出敲打的声音,他常常还会有莫名其妙地反复整理自己的仪表或摆弄铅笔之类的细枝末节。他的身体一般会对着房门,而且还会不时地抬手看表。提出问题或说出你对他的观察感受,"你今天怎么了?"通常可以把他们拉入对话中。

(5)紧张。感到紧张的人说话时会下意识地用手挡住自己的嘴,他的嗓音一般会提高几度。他说起话来吞吞吐吐,还会不时地使用"嗯""啊"之类的词。他

[①] 情商(Emotional Quotient,EQ)又称情绪智力,是近年来心理学家们提出的与智力和智商相对应的概念。它主要是指人在情绪、情感、意志、耐受挫折等方面的品质。情商水平的高低对一个人能否取得成功也有着重大的影响作用,有时其作用甚至要超过智力水平。

可能还会眼睛看着自己的脚尖,不时清清嗓子,搓搓双手。当过分紧张时,你可能还会发现他两脚前后移动时面部肌肉出现抽动。这时你一定要为对方营造出一个安全的讲话环境,与他建立起融洽的关系,多鼓励并耐心等待。

我们在倾听时不仅需要耳朵,同样需要眼睛。身体语言是理解沟通的关键,观察对方固然重要,但我们的身体语言同样也在向对方传达信息。

眼睛。充满自信的目光接触可以表现出一个人的可信与真诚;游移的眼神表示淡漠和怀疑;目光炯炯地盯着对方会被对方理解为咄咄逼人;抬高眼眉、面部紧缩(如皱眉)以及眨眼表示不相信;如果对方无法保持目光接触,则说明他对你及你的话题不感兴趣。

体态。比较随意的体态通常出现在我们心情放松的时候;体态过于拘谨会给人留下有压力和紧张的印象;跷起二郎腿可能在表示藐视、异议或自我防卫;缩手缩脚、低头不语会让人觉得弱小、犹豫和缺乏信心;头抬得很高,站姿和坐姿腰板笔直的体态透出一种自信。

手和手臂。大多数时候手势都是无意的流露,当说话者一时语塞找不到合适的词语时,他的手势就会变得活跃起来;向外伸展张开双手(臂)表示接受和欢迎;双手放在胸前,掌心向上表示事情非常重要;如果双手放在前胸的两侧表示失意或无助;双手放在腹股沟附近可能表示防卫或防护;耸肩表示对对方的信息漠不关心;揉搓耳朵可能在表示怀疑;双手托腮、眼皮低垂表示烦闷和厌倦;面部附近的手势被认为是在防卫,就像拳击手抬手抵挡对方进攻一样。

小测试 3-1

人际沟通

1. 当你第一次见到某个人,你的表情是:
   A. 热情诚恳,自然大方
   B. 大大咧咧,漫不经心
   C. 紧张局促,羞怯不安
2. 你是否在寒暄之后,很快就找到双方共同感兴趣的话题?
   A. 是的,对此我很敏锐
   B. 我觉得这很难
   C. 必须经过较长一段时间才能找到
3. 你同他(她)谈话时,眼睛望着何处?
   A. 直视对方眼睛
   B. 看着其他的东西或人
   C. 盯着自己的纽扣,不停地玩弄
4. 你选择的交谈话题是:

A. 两人都喜欢的

B. 对方感兴趣的

C. 自己所热衷的

5. 通常第一次交谈，你们分别所占用的时间是：

A. 差不多

B. 他多我少

C. 我多于他

6. 会面时你说话的音量总是：

A. 很低，以致别人听得较困难

B. 柔和而低沉

C. 声音高亢热情

7. 你点了两杯可乐，喝可乐时：

A. 双手握住玻璃杯

B. 握在玻璃杯下方

C. 一手拿着玻璃杯，一手支着下巴

8. 20分钟后，好友依然迟迟未到，你会：

A. 耐心地等，不见不散

B. 打电话不停地找

C. 10分钟后再不来，你就走

9. 你说话时姿态是否丰富？

A. 偶尔做些手势

B. 从不指手画脚

C. 我常用姿势补充言语表达

10. 假若别人谈到了你兴味索然的话题，你将：

A. 打断别人，另起一题

B. 显得沉默、忍耐

C. 仍然认真听，从中寻找乐趣

计分办法：

第一项选择记1分，第二项选择记2分，第三项选择记3分。

如果你的得分在18至28分之间，表明你的人际沟通能力很好。

如果你的得分在9到17分之间，你可得注意修炼哦，或寻求老师、朋友们的帮助与指导。

延伸阅读 3-2

了解你的交往对象

每个人都存在着个体差异,我们的外在行为(即周围人所能看见的行为),其实只是冰山一角。在我们的外表下面隐藏着各种感受、态度、信念和价值观、个性和个人经历。对这些差异了解得越多,与他人沟通起来就会越容易。根据社会心理学的现有研究,人类的行为举止大致可以分为亲近型、分析型、进取型、能言型这四种类型,任何一种行为类型没有好坏之分,我们应学会容忍和宽容他人。我们不能把一个人的行为简单地归为某一种类型,而应该以更宽泛和灵活的态度去了解人们时刻都在发生的行为转变。了解以上四种行为类型的划分,可以帮助我们更全面地了解自己沟通对象的类型,以便对其行为作出恰当的回应(见表 3-2)。

表 3-2　行为类型及其特征

行为类型	行为特征	形象代表符号
亲近型	温和、有安全感,具有团队合作精神,能够与他人打成一片	鸽子
分析型	责任心强,讲究逻辑,追求完美,能够把事情办好	猫头鹰
进取型	目标远大,果断务实,追求权力和控制,能出色地完成任务	老鹰
能言型	口齿伶俐,擅长交际,能够吸引别人的注意	孔雀

(1)亲近型的人专心致志、持之以恒和忠实可靠,具有团队合作精神,容易相处,通常是一个好的听众,使他人有一种安全感。但他们在沟通中往往过于被动、顺从迎合他人,犹豫不决。

亲近型的人的办公室素描

在他们的办公室,你可以看到他(她)的桌上摆着家人或宠物的照片,墙上通常会挂着风景图片,而他们往往几乎会穿着与之颜色相配的衣装。办公家具时尚但不过于讲究,他们的办公文件通常不会堆在桌上,你如果迟到少许,他们可能并不会特别在意。亲近型的人喜欢阅读公司通报,喜欢参加单位的集体活动(如聚餐等),他们就像动物界温和的"鸽子"。

与亲近型的人沟通交流时,可遵照如下原则进行:
- 放松、随和,要保持事物的原有状态;
- 讲究逻辑与系统性,并做好回答"为什么"的准备;
- 要时常明确表示赞同,并多用"我们"这个词语;
- 鼓励和肯定对方的合作与团队精神;
- 不要过于催促对方,不要急于求成。

(2)分析型的人彬彬有礼,讲究逻辑、重事实(没有把握绝不公开自己的观点),勤奋谨慎,有毅力,具有很强的责任心,注重精确、追求完美(出错受责是最大的心痛)。但他们往往自我封闭、离群索居、缺乏情趣,不愿意冒险。与其沟通交流时,可遵照如下原则进行:

● 注意逻辑性与系统条理性,深思熟虑,准确无误;
● 要摆事实、重分析,用数据和证据说话;
● 要赞扬和肯定对方某些工作的准确无误;
● 准备好回答多个"为什么",对自己观点要反复说明;
● 不要过于亲近,不要操之过急。

分析型的人的办公室素描

在他们的办公室,你可能会看到他(她)戴着一副眼镜(因为他们阅读量很大)。他们的墙上会挂有镶着资质、证书和奖状之类的相框,不过最主要的装饰画则总是各种图表。他们并不十分友好,一般难以接近,凡事不愿与人谈得太深,对个人话题更是如此。他们不会把花草摆进办公室,桌上只有业务材料,而且井井有条,自己的各项工作通常都安排得井井有条。他们有点像动物界理智却神秘的"猫头鹰"。

(3)进取型的人一般都胸怀远大目标,愿意冒险,不安于现状。他们意志坚定,性格外向,果断务实,说话办事条理清晰。他们总是在告诉别人应该如何如何,而别人则经常有可能被他们说服打动。"什么"是他们的口头禅,"出了什么事?正在采取什么措施?你知道应该采取什么办法吗?……"他们的生活以事业为中心,比较看重权力,并不太重视人际关系,但如果工作劳而无功,失去他人的尊重,则是他们最大的心痛。但进取型的人可能会固执己见,独断专行,缺乏耐心,脾气暴躁,无暇顾及一些形式上的细节(感觉迟钝)。与其沟通交流时,我们应该注意:

● 满足此人的控制欲,谈话以任务为中心;
● 言之有据,表达简洁、准确、有条理;
● 研究如何回答对方提出的"什么"之类的问题;
● 不浪费时间,不纠缠于细节。

进取型的人的办公室素描

他们一般会选择有多面窗子、拐角的办公室(这样可以纵观全局)。墙上挂的是战场、船只等场面宏大的图片,或者是地图。他们可以做到一心多用,一边签文件,一边接电话,同时还要会见客人。办公家具通常都很新奇贵重,更添了几分权力和控制的氛围。办公室内可能会有一些花草(甚至是奇花异草),但他们自己从不亲自动手侍弄,而是交由助手打理。案头也许会摆上家人的照片,但照片上的人都规规矩矩,角色分明,看上去更像工作照,显得有点不自然。办公室基本上会由专业人员设计,通常会刻意营造出一种威严的氛围,室内色调强烈鲜明,这就像他们的性格——开门见山,不喜欢兜圈子。他们像动物界强势的"老鹰"。

(4)能言型的人口齿伶俐,擅长交际,魅力十足,而且殷勤随和,乐于助人。他们看重的不是工作本身,而是工作中的人际关系,他(她)乐于成为团队的一员,喜欢新鲜刺激的工作。在团队中,他们热情乐观的态度常常给他人以鼓励。但能言型的人往往缺乏耐心、以偏概全、言词犀利伤人。他们可能比较自私自利,工于心计,报复心较重,办事无章法,易与他人发生摩擦。他们渴望得到他人的接受与赞许,被人孤立疏远是他们最大的心痛。与能言型的人沟通交流时,我们应该注意:

● 随时保持友善热情、平易近人,维护双方的良好关系;
● 要让他(她)看到我们的建议对改善他们形象的具体好处;
● 要善待他们希望与人分享信息、趣事和人生经历的愿望;
● 有问必答,打开话匣,多问多答带有"谁"字的问题;
● 尽量减少他们与细节和个人冲突发生直接接触。

能言型的人的办公室素描

他们的办公室给人的一个总体感觉就是"乱"。他们喜欢把自己喜欢的格言贴在墙上或摆在桌上,各种文件散落在桌上或室内各处(就是不喜欢放到文件柜中),但各自的地方和用途,他们却在心里记得清清楚楚。他们办公室的颜色大多鲜艳夺目(甚至有几分夸张)。别人的承认和赞许是对他们的最高奖赏。能言型的人是容易激动的梦想家,脑子里总有许多想法和计划,但却没有时间去实施。他们就像动物界里引人注目的"孔雀"。

第二节 沟通环节分析

一、意图定位环节

(一)设立目标

任何沟通都是有目的的,沟通双方都希望通过沟通满足自己某方面的需要。如果沟通双方在沟通中能够清楚地了解对方的沟通目标,在沟通中站在对方的角度,在不损害自身利益的前提下提供对方期待得到的东西,那么沟通就会实现双赢。

延伸阅读 3-3

设定一个可行的沟通目标

如果在头脑中没有一个具体的目标,那么你就永远无法了解自己是否对沟通对象具有说服影响力。每次沟通交流都应该有一个明确目标,即使是聊天也同样如此。关于目标设定,可以问自己以下几个问题。

- 为什么本次沟通非常重要?
- 我希望这次沟通取得何种结果?
- 对方对我要讲的内容都有哪些了解?
- 对方可能需要了解哪些内容?
- 为获得对方的帮助,我需要为他(她)做什么?

以下是你在确立目标时,需要考虑的目标组成要素,它正好构成了英语中SMART(聪明的)这个单词,你必须在沟通中把这些清晰地表达和传递给对方。

- S 代表具体化(Specific);
- M 代表可量化(Measurable);
- A 代表可行性(Attainable);
- R 代表现实性(Realistic);
- T 代表计划时限(Timed)。

(二)制订计划

有了目标要有计划,怎么与别人沟通,先说什么,后说什么。如果情况允许,最好列个表格,把要达到的目的、沟通的主题、方式等一些注意事项都列举出来。实践证明,计划制订得越充分,沟通的效果就越好。这充分证明了,机会总是等待那些有准备的人。

(三)艺术表达

孔子说过:"言不顺,则事不成。"说话有说话的艺术,听也有听的艺术。说话的人要引起对方的兴趣,而听话的人也要及时地作出反馈,鼓励对方透露更多的信息,只有双方在信息交换的基础上了解了彼此的需要和意图,才能找到最佳的平衡点,实现有效的沟通。

二、倾听理解环节

(一)换位思考

换位思考即常常说的"将心比心",迅速抓住对方关注的焦点。实际上,这正是沟通环节里面一个重要的核心环节。只有自己先换位思考,才能体会到对方的感受,才能理解对方的难处,才能明了对方最需要什么,在双方有争议的时候更是如此。

(二)适时赞赏

每个人都希望得到别人的肯定和赞美,对赞美的渴望是每个人最持久、最深层的需要。在沟通过程中,我们应该学会赞赏对方,要坦然欣赏别人的优点和成绩,这样,会使沟通过程顺利进行。

(三)保持平静

在沟通的坚持过程中,经常会出现局部冲突,让沟通双方的心理感受很累。遇到这样的沟通冲突问题,应该保持平静,在对方攻击性的话语中找到问题的所在,然后解决冲突问题。

(四)礼貌倾听

在沟通过程中,要设身处地去听,用心和脑去听;要让对方把话讲完,不要随意打断或强加自己的意思。当你没有听清楚、没有理解对方的话时,要及时提问,做到有效沟通。

经典案例 3-1

倾听的意义

美国知名主持人林克莱特一天访问一名小朋友,问他说:"你长大后想要当什么呀?"小朋友天真地答:"嗯……我要当飞行员!"林克莱特接着问:"如果有一天,你的飞机飞到太平洋上空所有引擎都熄火了,你会怎么办?"小朋友想了想:"我会先告诉坐在飞机上的人绑好安全带,然后我挂上我的降落伞跳出去。"当在现场的观众笑得东倒西歪时,林克莱特继续着注视这孩子,想看他是不是自作聪明的家伙。没想到,接着孩子的两行热泪夺眶而出,这才使得林克莱特发觉这孩子的悲悯之情远非笔墨所能形容。于是问他说:"为什么要这么做?"小孩的答案透露出一个孩子真挚的想法:"我要去拿燃料,我还要回来!"

你听到别人说话时……你真的听懂他说的意思吗?如果不懂,就请听别人说完吧,这就是"沟通的艺术":听话不要听一半;不要把自己的意思投射到别人所说的话上面。

延伸阅读 3-4

更积极地倾听

人说话的平均速度大约为每分钟 150 字,倾听他人说话的速度大约为每分钟 500~750 字,既然你倾听的速度要比交流伙伴说话的速度要快,你就完全可以对他要说什么内容进行预测。这样你就不至于觉得无聊,而且,一旦你明白了你将倾听的内容之后,你就会知道自己该用心听什么了。

你是否注意到英文中"耳朵"(ear)这个词被包含在"倾听"(hear)这个词中,而"倾听"这个词又被包含在"心"(heart)这个词中?这并不是一种巧合,而是造词的先人们在提醒你必须用心才能真正地倾听!
- H 表示倾听时应该闭嘴安静(Hush);
- E 表示作出评价与反应前要首先想一想对方的感受(Empathize);
- A 表示提出问题并仔细倾听对方的回答(Ask);
- R 表示在倾听中要积极思考并回应(Reflect);
- T 表示在倾听中要注意对方的语调(Tone)。

全方位倾听的人一方面表现得非常体贴说话者,另一方面还要对交流伙伴所说的话进行分析,同时还能运用所听到的内容去获得双赢的结果。只要仔细想一想,你就会发现那些真正在倾听我们说话的人往往都是我们主动愿意去接近的朋友。全方位倾听的人能够从具体的事例中了解对方的想法,能够从外表的热情态度找到有用的证据。最重要的是你在倾听中不抱有任何偏见,尊重他人的意见,而且不排斥他人的感受,否则你的听就会变得有所选择,并有意去寻找支持自己想法的证据,会在头脑中不时冒出"我早就想到了"或是"真是太荒唐了"甚至"怎么……又来了"等个人主观的评价,从而使沟通陷入进退两难的境地。

倾听时不要遗漏任何内容,这样可以避免出现理解上的偏差。要仔细地捕捉一切——说话者所说过的话、没说的潜台词、身体语言以及他的个人经验等内容。

知识链接 3-3

谁是不善于倾听的人

人们生来都有一种向他人倾诉的愿望,我们在沟通交流中希望对方倾听,并渴望得到对方的赞赏、尊重和认同。而不善于倾听的人在别人讲话时总是急不可耐,他们似乎总是急于推进谈话的进程。要么心不在焉让对方感到冷落,或者干脆打断别人的谈话,毫不顾及对方的感受,不善于倾听的人心中想的只有自己或自己觉得重要的事情。

据估计,企业中 60% 的问题都源于人们彼此不善于倾听别人的意见,于是员工总是在抱怨经理根本不听他们的意见,而经理却认为员工最大的问题就是不听从指挥和命令……

三、表达交流环节

(一)选择环境

利用有利的环境来促进沟通,选择恰当的沟通时间、适宜的沟通地点,对沟通能否顺利开展具有很重要的作用。一位知名的谈判专家分享他成功的谈判经验时说道:"我在各个国际商谈场合中,时常会以'我觉得'(说出自己的感受)、

'我希望'(说出自己的要求或期望)为开端,结果常会令人极为满意。"并且要切记"三不谈":时间不恰当不谈;气氛不恰当不谈;对象不恰当不谈。

(二)表达简要

沟通的信息力求简单、明了,不要洋洋洒洒,冗长如学术论文。太多的信息对接受者来讲无不是一种骚扰,因此在传递的信息方面,就需要精简话语,但在简单的基础上不应该给对方带来理解的歧义。在表达自己的意图时,直言不讳地告诉对方我们的要求与感受,若能有效地直接告诉你所想要表达的对象,将会有效帮助我们建立良好的人际网络。

(三)适当提示

产生矛盾与误会的原因,如果出自于对方的健忘,我们的提示正可使对方信守承诺;反之,若是对方有意食言,提示就代表我们并未忘记事情,并且希望对方信守诺言。

延伸阅读 3-5

在沟通中有效提问

要了解某人及其想法,最好的办法就是向他提出问题,但是要记住,人们有时候并不愿意谈论自己,要想让他们开口,就一定不能逼迫,而要讲究策略。另外,还要注意给他们留出回答问题的时间(一般在 8 秒钟之内)。

首先,提问前要表达你对交流伙伴的尊重,开始提问时,最好一次只问一个问题。注意要清楚地表达你的问题,听的时候要注意力集中,可以用自己的话把对方的回答复述一遍,以免发生理解错误。提问可以遵循以下步骤。

● 明确自己提问的目的。只是聊天,还是把谈话引向其他?是想了解一般信息还是具体信息?是想提供帮助还是获得帮助?是想建立起融洽关系还是影响对方?

● 营造一个畅所欲言的环境。提问语气不要咄咄逼人,也不要直接盘问。提问要表现出热心、真诚和饶有兴趣,并在谈话中与对方协调一致(语速、手势和关键词)。

● 运用泛光灯、聚光灯的方法。一开始要提一些泛泛的开放式问题,然后再问比较直接的封闭式问题①,逐步将谈话聚焦于关键问题。

● 积极地倾听。在挖掘信息走近了解的同时,要仔细地倾听对方的回答,注

---

① 封闭式问题简单直接,可以引导谈话的方向,对方只需回答"是"或"不是"、"价格多少"或是"什么地点"等具体问题。开放式问题没有明确的答案,无法把握谈话的方向,但可以引发对方广泛的话题,从而了解其真实的感受和想法。

意出现误解和不当的"选择性倾听"①。在倾听中要经常揣摩对方的回答背后的情感。

问题提得既真诚又有策略,可以向对方表明你不仅在听,而且在认真地思考他的观点。在提问中保持灵活并注意随时调整自己的策略非常重要,也许你认为自己已经理解了对方的想法,但仍需向对方核实确认。

(四)诚信沟通

在工作和生活中如果双方缺乏信任,那么沟通肯定是无效的、失败的。在工作中与同事接触时,有些人沟通起来非常流畅,而有些人却很难沟通。沟通困难的一个重要原因,就是你和别人之间缺乏信任。当你不信任对方时,心中自然会产生防卫心理,往往不能坦诚沟通,同时容易误解对方的话语。信任是沟通的基础,要赢得信任,诚信是必要的。

经典案例 3-2

沟通语言的技巧

从前,有一秀才去买柴,他对卖柴人说:"荷薪者过来!"卖柴人听不懂"荷薪者"(担柴的人)三个字,但是听得懂"过来"两个字,于是就把柴担到秀才面前。秀才问他:"其价如何?"卖柴的人只听得懂"价"这个字,于是就说了价钱。秀才接着说:"外实而内虚,烟多而焰少,请损之(你的木柴外面是干的,里头却是湿的,烧起来会浓烟多而火焰小,请减些价钱吧)。"卖柴的人实在听不懂秀才的话,担柴走了。

分析: 在沟通过程中最好用通俗易懂的语言来传达信息,而且对于说话的对象、时机、环境要有所掌握,才能够产生良好的沟通效果,实现沟通的目的。不论我们现实工作中担任何种角色,都要尽力避免诸如"秀才"与"担柴人"的沟通失误,掌握必要的沟通技巧,营造良好的工作氛围,创造更多的经济效益。

延伸阅读 3-6

先理解再回应

理解是了解对方的观点并分享他的想法的过程。你不一定需要同意对方的观点和想法,但是采取宽容的心态至少可以有助于你暂时进入对方的内心世界,了解他们的真实想法。沟通就是分享对方的想法、感受和期望,同时也向对方表达自己的想法、感受和期望,即使是在形势非常严峻的情形下的对话,也是如此。

分享就是通过倾听了解对方的想法、感受和期望。被动的沟通者只听不说,而过于主动的沟通者又往往只讲不听,只有积极的沟通者才能做到两者兼顾,这

---

① 在沟通中被误解或被过滤掉的信息通常要占到 70%~90%,只有 25%的内容被保留下来,这种现象被称做"有选择地倾听",这有时可能会造成沟通中的理解障碍。

需要高度的自尊、自知、自信和体谅他人的能力。

理解就是要努力消除沟通中的误解,把词语、声音和图像在头脑中转化为双方共同的意愿。你不一定非得喜欢对方或同意其观点,但是你需要积极地倾听对方所讲的一切,然后再对这个信息作出准确的评价和恰当的反应。

知识链接 3-4

为什么他会那样

一位智者曾说过:"别人身上我们看不惯的东西可以帮助我们了解自己。"

一位酒店经理曾经对他的一位部下的工作热情不高感到非常恼火,大发雷霆。经理同时又有几分不解,"以前这位员工工作起来有干劲、有毅力,可现在怎么好像对一切都失去了兴趣,为什么会这样?"后来了解到这位员工患上了白血病,经理得知后为自己平时没有多关心这位员工而后悔不迭。这至少说明了这样一个事实,即我们常常并没有掌握全部的信息,于是我们很少能够理解某些行为背后的真实原因。

四、反馈调整环节

(一)求同存异

沟通双方属于不同的个体,在沟通过程中,通常会因为没有达到自己既定的目标而产生分歧,进而引发矛盾。为了使沟通能够继续进行,我们应该反复强调双方合作的基础,提出双方的共同之处,表明沟通的结果能够互惠互利,实现多赢目标,以使沟通能够顺利进行。

(二)明确答疑

在沟通过程中,对于对方所提出的疑问或怀疑要逐条解释,在解释过程中,不仅要定性分析,更要定量比较,学会运用关键性数据,因为事实胜于雄辩。让对方感受到我们的诚意,进而相互信任。

知识链接 3-5

恰当地问答问题

思路清晰是回答问题的关键,得体的回答可以令人思路豁然开朗,还可为自己赢得思考的时间。另外,还可缓解双方的情绪,启发思路。为了理清思路更好地回答问题,你可以采用以下条理。

● 从古至今,前后有序。你可以从过去、现在和未来三个角度去叙述。

● 由重及轻,主次分明。抓住关键,分清轻重缓急(第一、第二、第三……)先重要问题再次要问题。开始不要讲得太具体(观察对方听的兴趣),然后列出主要观点并详细说明、举例说明,最后重复自己的主要观点和结论。

● 构建回答框架。由一个强有力的论据、你的建议的好处以及这两者可以如何适用于你所谈论的话题这三部分组成,回答结束要提出一个发人深思的问题。

● 反问和转嫁。可以反问提问者或让旁人来回答,反问"这个问题很有意思,如果让你来回答,你会怎么说";转嫁问题"对这个问题谁有什么想法或意见"。

● 表明自己的界限。如果你不愿意回答某个问题,可以在一开始就明确表示,然后回答时只讲问题的其他部分,本方法还可以让提问者明白哪些提问是不受欢迎的。

● 承认自己无知。若自己真的不知道问题的答案,可请求提问者做进一步的说明,从而赢得时间。如果还是无法回答,就不要乱说。

● 淡化直接回答。如果不想直接回答某个问题,那么可以间接答复。你可以在答复中列出多种可能,或者让人觉得你已经作出了回答,但其实回答得非常模糊。然后把问题引向你所希望的方向(这既可以改变谈话的主题,但听众又没有丝毫觉察)。

● 适当运用幽默。通过幽默笑话、趣闻或一个不显山露水的回答来回避自己不想回答的问题。

● 坦率承认错误。如果知道自己错了,同时对方对你的言行提出质疑时,就要勇于承认自己的错误,这样通常可以避免引发更多的质疑和麻烦。

(三)换位调整

要学会站在对方立场上用对方习惯的思维方式、语言习惯阐释自己的观点,因为这样会更易为对方所接受。只有换位思考才能说出对方最愿意听的话,让对方最心暖、最宽慰,从而达到最好的沟通效果。反之,沟通的结果就是争吵、争辩,不欢而散。这样不但无法通过沟通解决问题,反而,沟通成了制造新矛盾的导火索。

(四)坦诚相待

万事总有不足,不可能十全十美,所以不要回避自己的缺点。在沟通过程中,不要只谈优点,不谈缺点,这样会给对方带来一种夸夸其谈、目中无人的感觉。坦诚相待,反而会让人敬重。同时,在与竞争对手的比较中学会分析自己产品的价值,突显自己的优点。

五、意向达成环节

(一)衡量结果

在上面我们谈到,在传递信息方面是要重点保证信息简单明了。沟通更多就是一种期望,希望对方作出响应,然而响应需要来自两点:一是理解;二是认同。因此,在这点上我们就需要对方给出一个明确的理解信息,最好是让对方把理解的意思用不同的方式反馈回来,这样才知道对方是否理解了自己的意思。比如,在电话沟通中,可以直接要求对方复述一下你的期望或问题注意事项等。认同是确保执行最有效的保障,因此,换位思考是很重要的一环。

(二)反馈结果

在完成日期的当天,不管完成的情况怎么样,都要给当事人、当事人的上司、自己的上司以及其他人一个结果。如果对方成功完成,可以向对方表示感谢,当其他人也知道了当事人成功完成任务,当事人的精神上也得到了满足;如果对方没有成功完成,就要把事情的原委写清楚,告诉自己的上司和对方的上司,这对当事人来讲也是一种鞭策的行为。沟通是一个闭环,有来有往,形成互动。只有真正做到如此,才能确保工作得以有效落实。

第三节 沟通视窗原理及运用

一、沟通中的信息状态

(一)沟通视窗理论

沟通是一个听、说、问不断循环的过程,而其中说和问往往影响着沟通情况,说与问也直接影响着人与人之间的信任。

我们往往把沟通分为四个区间:公共区、盲区、隐藏区和未知区域。公共区是大家都知道的事情;隐藏区是只有自己知道,别人不知道的,或者是自己不愿意告诉别人、想隐藏的部分;盲区则是自己不知道的,而别人能够看清楚的、自己往往看不清楚的那部分,一般多则是自己的缺点;未知区是指大家都不知道的区域,沟通视窗原理如图 3-1 所示。

(二)沟通视窗的信息四区间

1. 公开区

公开区信息就是自己知道、同时别人也知道的一些信息。公开区的信息就是一些简单的个人信息,如姓名、性格、居住地、工作单位等。

2. 盲区

盲区信息经常是关于自己的某些缺点,可能是自己意识不到,但是别人能看够看到的缺点。盲区的信息,如性格上的弱点或者是平时自己不在意的一些不好的行为、习惯等。

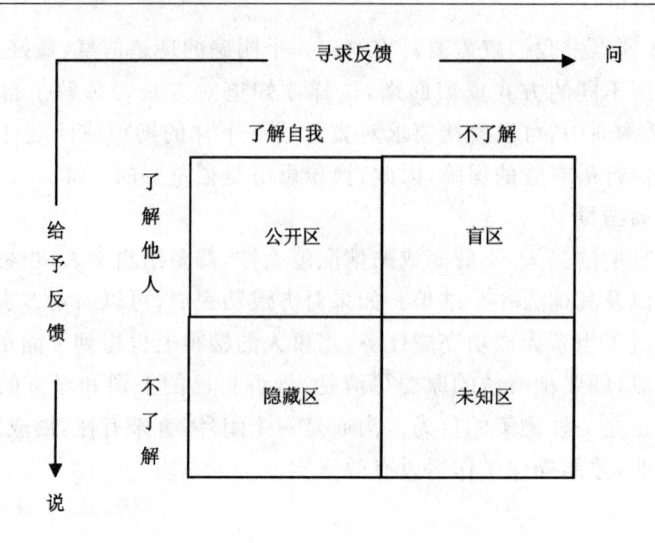

```
              寻求反馈 ────────→   问
         ┌─────────┬─────────┐
         │ 了解自我 │  不了解  │
    了解 │         │         │
给  他   │  公开区  │   盲区   │
予  人   │         │         │
反       ├─────────┼─────────┤
馈  不   │         │         │
    了   │  隐藏区  │  未知区  │
    解   │         │         │
         └─────────┴─────────┘
    ↓
    说
```

图 3-1　沟通视窗原理

3. 隐藏区

隐藏区信息是指关于你的某些信息，你自己知道、但是别人不知道的部分。这包括你自己的隐私，别人还没发现的你的性格爱好、行为习惯等。还有一种隐藏区的信息，别人不知道，只有你自己知道，如阴谋、秘密。

4. 未知区

未知区信息是指关于你的某些信息，你自己不知道、别人也不知道的部分。比如某人得病了，自己不知道，也没有去医院里检查，别人也不知道，但是事实上早已得病了，只是还没发现而已。

如果我们把沟通的这个四个区间平均分为四份，如果隐藏区域变大会形成什么情况呢？可能会让别人感觉这个人深不可测，掩饰得太多，会让人认为不值得信任。如果我们把盲区扩大，会觉得这个人夸夸其谈，信用度降低。所以说我们在沟通中不仅仅要多说，还要注意怎么说，更重要的是要学会问，这才能让沟通起到一定的效果，才能让别人对你更加信任。

二、视窗原理在沟通中的运用

(一)针对"公开区"的沟通技巧

他的信息他知道，别人也知道，这会给人什么样的感觉呢？——善于交往、非常随和。这样的人容易赢得我们的信任，容易和他进行合作性的沟通。要想使你的公开区变大，就要多说，多询问，询问别人对你的意见和反馈。这从另一个侧面告诉我们，多说、多问不仅是一种沟通技巧，同时也能赢得别人的信任。

因为信任是沟通的基础。

(二)针对"盲区"的沟通技巧

如果一个人的盲区最大,会给人感觉是一个什么样的人?——不拘小节、夸夸其谈。他有很多不足之处,别人看得见,他却看不见。造成盲区太大的原因就是他说得太多、问得太少,他不去询问别人对他的反馈。所以在沟通中,不仅要多说而且要多问,避免盲区过大的情况发生。古人云:"自知者明,知人者智。"又说"知己知彼,百战不殆"。多说利于别人了解自己,多问才能从别人那里看见自己的影子。

(三)针对"隐藏区"的沟通技巧

如果一个人的隐藏区最大,那么关于他的信息,别人都不知道,只有他一个人知道。这是一个内心封闭的人或者说是个很神秘的人。这样的人我们对他的信任度是很低的。如果与这样的人沟通,那么合作的态度就会少一些。因为他很神秘、很封闭,往往会引起我们的防范心理。为什么造成他的隐藏区最大?是因为他问得多、说得少。关于他的信息,他不擅长主动告诉别人,所以说如果别人觉得你是隐藏区很大的人或者别人觉得你是一个非常神秘的人,原因是你说得太少了。

(四)针对"未知区"的沟通技巧

未知区大,就是关于他的信息,他和别人都不知道。这种人不去问别人对自己的了解,也不主动向别人介绍自己。封闭使他失去很多机会,能够胜任的工作可能就从身边悄悄溜走了。现在竞争越来越激烈,每个人都要努力去争取更多的工作机会来成就自己的事业,未知区很大的人,就会失去很多这样的机会。所以每一个人要尽可能缩小自己的未知区,主动通过别人了解自己,主动告诉别人自己能够做什么。

小测试 3-2

"沟通视窗理论"自测

在你的所有信息中,哪一个区域的信息占的比例大?通过自我审视和向周围的人进行调查,对自己的四个区域作出推测,并制订一个自我改进计划。

沟通视窗	自我推测	改进计划
公开区		
盲区		
隐藏区		
未知区		

延伸阅读 3-7

了解更多真相再说

我们都曾经有过令人尴尬的时刻:刚开始谈话时,双方的兴致很好,可后来不知怎么竟触动了我们那份愤世嫉俗的情结,一句没有深浅的"我最讨厌××职业的人!"就从我们嘴边不假思索地冒了出来,而这时你的交流伙伴说:"啊呀,我从事的就是××职业!",你真不知如何再把话接下去,所以在开口之前你必须尽可能了解交流伙伴的更多情况。

(1)了解交流伙伴是否还有其他隐藏的想法。如果说话者在用以下话来讲述,很可能他在隐藏自己真实的想法,你务必留神:"大家都这么做";"我实话跟你说吧";"我是你朋友,还会对你说谎";"相信我吧,没问题";"关于这个问题只有我们俩的看法一致,所以我们得抱成一团"。

(2)对你不理解的东西深究。要尽快消除各种误解和困惑,弄清交流伙伴的想法和意见是沟通者的责任,要向对方表明你的关注态度和理解愿望。

(3)密切关注谈话的方式。谈话方式常常比谈话内容更重要,如果你对交流伙伴谈论某事的表达方式感到不对劲,那么就应立即着手解决。这时你可以用关切的态度告诉对方你的真实感觉:"怎么了,我觉得你好像有点精神不振,是这样的吗?"

(4)对笼统的用语提出质疑。如果对方说"他去了另外一家酒店",你就应进一步问清楚"他"指的是谁以及"另外一家酒店"的具体名称。总之,你在沟通中要对交流伙伴的笼统用语作进一步的了解,这会帮助你理清下一步沟通的话语背景。

(5)对不完整、遗漏和刻意回避的内容以及夸大的说法作进一步的深究,这会帮助你捕捉更全面的信息。

(6)对绝对化的用语提出质疑。绝对化的话语①往往带有强制性,它会限制沟通者的思想与创造性,但对出自交流伙伴之口的绝对化用语提出质疑又必须非常谨慎,因为这会让对方感到自己的价值观受到了怀疑和批判。你不妨通过提问来缓和一下疑问的口气,"我想知道你说……表达的具体意思"、"能否告诉我如果那样做了会产生何种后果"。

(7)对总结归纳提出质疑。"大家"、"总之"、"每个"都是直接归纳型的词语,我们必须重点关注,某种总结归纳只有得到了交流双方的认可才有真正的意义。

(8)对缺乏参照物的对比提出质疑。"更……"是一种典型的比较性的词语,但我们需要了解清楚"比什么更好"、"比什么更容易"等具体参照。与他人进行

---

① 绝对化的话语带有这样的标记,"将会"、"应该"、"必须"、"最"、"不可能"、"应当"、"绝对"等。

盲目的比较通常缺乏可比性,所以并不完全合理,最好是与自己比较或与期望达到的业绩进行比较。

小测试3-3

有统计显示,倾听占据管理者沟通时间的30%～40%。倾听是建立信任的最有效的途径。聆听能使我们有效地接收信息,因为聆听时,我们在用耳朵听、用眼睛观察、用心去感悟。因此,我们要学会聆听,即懂得"移情换位",学会站在他人立场去理解信息内容,理解对方的情感成分并理解其隐含意思,而后作出适当的回应,如鼓励、询问、反应或重述等。

测试情况介绍:

小王,你的一位优秀的同事作为销售代表,业绩一直领先,但近期却工作遇阻,较为不顺利。一天下班后,在办公室里,小王与你聊天,他若以下列四种情境与你沟通,你能感受到小王的意图是以下哪种?

　　A.抱怨　　B.无奈　　C.表达建议　　D.征求建议　　E.希望指导

请依据你的理解对每种情境给出你的选择判断。

情境一　小王说:我用了整整一周的时间做这个客户,但客户销售量却不高。(　　)

情境二　小王说:唉,我用了整整一周的时间做这个客户,也不知道怎么搞得,客户销售量还是不高。(　　)

情境三　小王说:看来麻烦了,我用了整整一周的时间做这个客户,客户销售量还是不高。(　　)

情境四　小王说:说来奇怪,我用了整整一周的时间做这个客户,销售量还是不高。(　　)

分析:

情境一:A　小王仅向你抱怨,无需给对方指导建议,你只需做好的倾听者,适时发表无关痛痒的抱怨。

情境二:B　小王质疑客户能力,需要你帮忙分析客户情况和公司的策略,你需要安慰他并和他一起分析。

情境三:E　小王质疑客户能力,在考虑换候选客户但可能对此决定还信心不足,需要你的肯定和鼓励。

情境四:D　此时小王可能希望从你处得到建议,希望探讨该如何取得这个客户,这是真正的寻求帮助。你应与之一起分析市场、分析客户,给出参考建议。

第四节 有效沟通的 3A 原则

3A 原则是:接受对方(Accept);重视、欣赏对方(Appreciate);赞美即以欣赏的态度去肯定对方(Admire)。它是向别人表达尊重和友善、做到有效沟通的通行证。

一、人际信任

(一)信任

培养信任感,多了解和理解你的沟通对象。良好的沟通是建立在沟通双方相互信任、了解和理解的基础之上。从排除沟通障碍、改善人际关系的角度来看,培养上下级之间的信任感是非常重要的手段。信任感是长期的管理实践和沟通实践中,作为上下级的双方靠"言必信、行必果"的实际行动积累起来的。这对建立组织内良好的人际关系起着积极的促进作用。

(二)双赢

用"双赢"的沟通方式去求同存异,达到良好的沟通目的。提倡"高驱力,高同感"。"高驱力"指的是能积极地向别人推销自己的主张,意味着在谈判中决不轻易地屈从和迁就,而"高同感"意味着能认真地倾听别人所提出的与自己不同的意见和主张。既有"高驱力"又有"高同感",这意味着既能维护自己的尊严和利益,又决不忽视对方的利益和尊严,而这正是取得"双赢"结局的保证。在组织内部就应该提倡健康的人生态度。

二、相互理解

(一)宽容

抱有一颗"宽宏大量的心",善于理解和原谅别人。实际上,只要拥有共同的理想、共同的组织目标,以及那些等着去完成的伟大事业,再想想那短暂的生命,就无暇为小事而争执和烦恼。我们应该培养换位思考的理念,也应尝试从多个角度去思考问题,这样才能辩证地理解他人的行为和思维。因为许多精彩的创意就是在碰撞中产生的,而且,只有经过碰撞的思想才更加经得起推敲。

(二)坦诚

人是有感情的,在沟通中,当事者相互之间所采取的态度对于沟通的效果有很大的影响。只有双方坦诚相待,才能消除彼此间的隔阂,从而求得对方的合作。设身处地地为对方着想,认同对方的问题和处境,勇于承认自己的错误。当我们在沟通中急功近利,刻意去追寻成功的时候,可能会无功而返,但如果换一种方式,坦诚相待,则可能轻而易举地达到我们想要的效果。

三、双向沟通

(一)换位

由于信息接受者容易从自己的角度来理解信息而导致误解,因此信息发送者要注重反馈,提倡双向沟通,请信息接受者重述所获得的信息或表达他们对信息的理解,从而检查信息传递的准确程度和偏差所在。为此,信息发送者要善于体察别人,鼓励他人不清楚就问,注意倾听反馈意见。双向沟通中,发送者和接受者两者之间的位置不断交换,且发送者是以协商和讨论的姿态面对接受者,信息发出以后还需及时听取反馈意见,必要时双方可进行多次重复商谈,直到双方共同明确和满意为止,如交谈、协商等。

(二)反馈

双向沟通的优点是沟通信息准确性较高,接受者有反馈意见的机会,产生平等感和参与感,增加自信心和责任心,有助于建立双方的感情。反馈是有效的双向沟通的一个关键条件。在面对面沟通中,可以得到直接反馈,而在下行沟通中,往往由于反馈机会有限而造成沟通偏差。因此,研究普遍认为,需要大力加强上行沟通中的反馈,并在组织沟通中成为"接受者导向",注意在反馈中的移情,即把自己摆在他人的角色上,并善于适应别人的观点和设身处地理解他人的情绪,从而获得共同理解的基础。此外,上下级之间的相互信任有利于提高沟通的信息加工层次与质量。

延伸阅读 3-8

选择好沟通词语的倾向

根据人们感知世界的方式,我们大致可以划分出三种类型的人:听觉型、视觉型和动觉型。不同类型的人在表达自己和答复别人时使用的词语就会体现出一种总体倾向。

听觉型的人主要通过他们的耳朵与外界接触,他们通常倾向于采用以下代表性的词语:

● 嗡嗡叫、当当响、哼哼唧唧之类的象声词;
● 讨论、闲谈、听见、询问之类的听觉动词;
● 口音、腔调、节奏之类的声学名词;
● 我听说、比方说、说真的、如此说来、听起来好像、听着不错之类的口头禅;
● 洪亮、清晰、单调、如雷贯耳之类的描述声音的形容词;

- 装聋、没听见、听到、讲清楚、舌头打结之类听觉方面的词组。

视觉型的人主要通过眼睛来与外界接触和感知,他们通常倾向于采用以下代表性的词语:
- 亮堂堂、黑乎乎、清清楚楚之类的形象词;
- 看见、关注、聚焦、检查、察看、浏览之类的视觉动词;
- 印象、图表、观点、幻觉、盲点、现场之类的视觉名词;
- 看起来、给我看看、据我看、有点像、我亲眼所见之类的口头禅;
- 明亮、模糊、黑暗、光明、漂亮、迷茫之类描述视觉图像的形容词;
- 满眼、没看见、看到、增光添彩、密切注视之类视觉方面的词组。

动觉型的人主要是通过自己的身体和心灵感受来与外界发生联系,他们通常倾向于采用以下代表性的词语:
- 毛糙糙、慢吞吞、磨磨蹭蹭、慌慌张张之类的动作形象词;
- 处理、掌握、抚摸、支持、摸索、联想、坚持之类的行为动词;
- 诀窍、感觉、隔阂、本性、直觉、压力、灵感之类的动作名词;
- 我想、让我想、据我分析、随它去吧、太爽了之类的口头禅;
- 快速、爽滑、果断、温暖、尖锐、冰冷之类描述动作的形容词;
- 具体化、失去平衡、极力主张、大力支持之类动作方面的词组。

为了提升自己的沟通技巧,并增强交流的信心,必须了解交流伙伴的知觉偏好是视觉型、听觉型还是动觉型。可以通过对方的手势、语速、眼球运动和动作习惯来判断,很快你就会发现不同知觉偏好的人在沟通中的以下特点(见表3-3)。

表3-3　不同知觉偏好的人在沟通中的行为特征

知觉偏好类型	在沟通中的行为特征
视觉型	快人快语,呼吸急促,手势较多且动作幅度较大,说话时眼睛习惯朝上看
听觉型	说话慢条斯理,很有节奏感,呼吸平缓,手势不多,说话时眼睛喜欢平视
动觉型	言行都较平缓,很少或不用手势,呼吸悠长,说话随意性很强,说话时眼睛常常朝下看

小测试3-4

该采用哪种回答方式

设想有一位你非常熟悉的朋友,如果你问他:"你听明白我说的话了吗?"那么他会用哪种方式来回答呢?

"我明白你的意思,这看起来并不难嘛!"

"所有细节我都已经很掌握了,我们开始干吧!"

"你说的我都已经听见了,这听起来还不错嘛!"

采用第一种方式的是视觉型的回答,采用第二种方式的是动觉型的回答,采用第三种方式的是听觉型的回答,所以,我们可以采用同样对等的方式来回应。

视觉型:"我同意你的观点,看来我们有必要马上开始了!"

动觉型:"我完全同意,事不宜迟,马上动手吧!"

听觉型:"好吧,既然我的主意听起来不错,那么就不废话了,现在就开始吧!"

第五节 沟通中的常见问题及解决

一、有效沟通中的常见问题

随着现代化程度的提高和社会发展的进步,人与人之间的交往会越来越复杂,人际沟通越来越困难,也越来越重要。若想实现有效的人际沟通,就必须处理好人与人的关系,消除沟通障碍,建立良好的人际关系和人际沟通网络,掌握良好的沟通技巧和方法。

(一)语言障碍

语言不通是人们相互之间难以沟通的原因之一。这个障碍不仅仅存在于跨文化沟通中,也存在于我们的实际生活中。

据说,海明威先生初去西班牙时,不懂西班牙语。一天,他和朋友到一家小餐厅进餐。他的朋友也不懂西班牙语,而餐厅的女招待也不会讲英语。海明威和他的朋友向女招待打着手势,希望她能明白,给他们来一些牛奶和点心。不料,两位非西班牙人用手势比划了半天,女招待还是弄不明白。于是海明威灵机一动地想出了一个办法:他拿来一张纸,在纸上画了一头牛,然后递给了女招待。女招待看后点了点头,立即跑出了餐厅。海明威得意地对朋友说:"你看,当我们在国外遇到语言不通的情况时,我这支笔能起多么大的作用啊!好了,我们马上就能喝到可口的牛奶了……"可是,当女招待来了以后,却使海明威哭笑不得。原来,女服务员买来了价格昂贵的看斗牛的门票。

我国作为幅员辽阔的多民族国家,即使同是中华儿女,各民族间不同的语言甚至是同一民族中不同的方言也是影响我们沟通的一大障碍。当双方都听不懂对方的语言时,尽管也可以通过手势或其他动作来表达信息,但其效果将大为削弱。即使双方使用的是同一语言,有时也会因一词多义或双方理解力的不同而产生误解。

沟通过程中,信息传递程序含有三个基本环节。第一个环节是传达人,必须把信息译出,成为接受人所能懂得的语言或图像等。第二个环节是接受人要把信息转化为自己所能理解的解释,称为"译进"。第三个环节是接受人对信息的反应,要再传递给传达人,称为反馈。

信息传递过程中,语言差异导致的障碍将成为我们沟通中信息失真的重要原因之一,我们处在开放的社会、开放的年代,应该积极适应环境,掌握必要的沟通用语。譬如:国内的普通话,国际的英语或者自己工作、生活所需的其他语言等。

(二)理解障碍

语义曲解是另一个问题。由于一个人的知觉程度受多种因素的影响,常使得人们对同一事物会有不同的理解。例如,当上司信任你,分配你去从事一项富有挑战性的新工作时,你可能会误解上司对你原有的工作业绩不满意而重新给你分配工作。这就是我们平常说的"误会"。有时候对于同一问题或者是同一种说法,不同的人基于不同的出发点或者是不同的立场来看就会有不同的理解。有时候双方间出现理解障碍或者是误会时,往往是信息不对称或者是角度不同引起的。所谓"说者无心,听者有意",当人们面对某一信息时,是按照自己的价值观、兴趣、爱好来选择、组织和理解这一信息的含义,一旦理解不一致,信息沟通就会受阻,甚至会产生矛盾和争执。

(三)信息含糊

在这种情况下,接受者不是不知所措,就是按自己的理解行事,以至于发生与信息发送者原意可能大相径庭的后果。信息混乱则是指对同一事物有多种不同的信息。例如,令出多门,多个信息源发生的信息相互矛盾;朝令夕改,一会儿说这样,一会儿又说那样;言行不一,再三强调必须严格执行的制度,实际上却没有执行,或信息发送者自己首先就没有执行。所有这些,都会使信息的接受者不知所措、无所适从。无论是组织的领导者还是组织的成员,在人际沟通中切忌含糊其辞或者是出尔反尔,造成信息含糊或混乱对于接受者理解信息来说是致命的障碍,一旦接受者理解错误,那么对于工作的开展也是致命的。

(四)环境干扰

环境干扰是导致人际沟通受阻的重要原因之一。嘈杂的环境会使信息接受者难以全面、准确地接受信息发送者所发出的信息。诸如交谈时相互之间的距离、所处的场合、当时的情绪、电话等传送媒介的质量等都会对信息的传递产生影响。环境的干扰往往造成信息在传递途中的损失和遗漏,甚至歪曲变形,从而造成错误的不完整的信息传递。另外,嘈杂的环境对于一个人心情的影响也是很大的,一旦个人不能以良好的心态接受信息的传递,那么此时的沟通只是单方面的,也就不存在实际意义上的沟通。

(五)其他因素

除此之外,还有其他一些影响信息有效沟通的因素,如成见、偏见、聆听的习惯、气氛等。其中成见和偏见对于人际沟通的阻碍程度也是致命的。因为在人际沟通和人际交往中一旦存在着成见或偏见,那么沟通的参与者就不能以客观的观点和态度进行有效的交往,不能敞开心扉进行沟通,那么从这个层面来讲,沟通就失去了价值。

二、有效沟通问题的解决办法

(一)明确沟通中的关键点

对于沟通者来说,要进行有效沟通,可以从以下几个方面着手。一是必须知道说什么,即要明确沟通的目的。如果目的不明确,就意味着你自己也不知道说什么,自然也不可能让别人明白,也就达不到沟通的目的。二是必须知道什么时候说,即要掌握好沟通的时间。在沟通对象正大汗淋漓地忙于工作时,要求他与你商量下次聚会的事情,显然不合时宜。三是必须知道对谁说,就是要明确沟通的对象。虽然你说得很好,但你选错了对象,自然也达不到沟通的目的。四是必须知道怎么说,即要掌握沟通的方法。你知道应该向谁说、说什么,也知道该什么时候说,但你不知道怎么说,仍然难以达到沟通的效果。沟通是要用对方听得懂的语言——包括文字、语调及肢体语言,而你要学的就是透过对这些沟通语言的观察来有效地使用它们进行沟通。

(二)培养"倾听"的艺术

几乎每个人都会说话,但不见得每个人都能凝神倾听。倾听的能力是一种艺术,也是一种技巧。倾听需要专心,每个人都可以透过耐心和练习来发展这项能力。要想进行有效的沟通,必须做到以下几点。一要表示出诚意。倾听别人谈话总是会消耗时间和精力的,如果你是真的有事情不能倾听,那么就直接提出来(当然是很客气的)。听就要真心真意地听。二要有耐心。在别人谈话比较零散或混乱的情况下,要鼓励对方把话说完,自然就能听懂全部的意思了;别人对事物的观点和看法有可能是你无法接受的,有伤你的某些感情,你可以不同意,但应试着去理解别人的心情和情绪。一定要耐心把话听完,才能达到倾听的目的。三要避免不良习惯。开小差,随意打断别人的谈话,或借机把谈话主题引到自己的事情上,一心二用,任意地加入自己的观点作出评论和表态等,都是很不尊重对方的表现。四要适时进行鼓励和表示理解。谈话者往往都是希望自己的经历得到理解和支持,因此在谈话中加入一些简短的语言,如"对的"、"是这样"、

"你说得对"等或点头微笑表示理解,都能鼓励谈话者继续说下去,并引起共鸣。当然,仍然要以安全聆听为主,要面向说话者,用眼睛与谈话人的眼睛沟通,或者用手势来理解谈话者的身体辅助语言。五要适时作出反馈。一个阶段后准确地反馈会激励谈话人继续进行,对他有极大的鼓舞。

(三)营造沟通信任的环境

一个懂得尊重别人的人,在世界的任何一个角落都能轻易找到自己的位置。我们要以客观、开放的态度与人沟通。沟通的时候,不能太过"尊重"自己,而忽略了他人的感受,凡事只想到自己的利益和别人对自己的评价,这样往往会"自视过高",甚至"自私自利"。我们应抱着"空杯心态",要摒弃先入为主的做法。在沟通中,表达出对他人的尊重。即使你已经明白了对方的意思,也不要急着打断对方的话语。要避免沟通中产生的坏情绪,并由此引发的破坏性行为。不要低估对方所谈论的话题的严重性,总以为就自己做的事情是重要的,别人的事情都不值一提;也不要有讽刺挖苦行为,这样做会打击对方的积极性,也会使自己显得没有职业素养,破坏了自己在他人心目中的形象。

(四)缩短信息传递的链条

拓宽沟通渠道,保证信息的双向沟通。信息传递链过长,会减慢流通速度并造成信息失真。因此,要减少组织机构重叠,拓宽信息渠道。其实无论是在学习或者是生活中,我们都曾遇到这样那样的沟通问题,其中信息传递链过长是导致沟通过程时间长并且信息失真的重大障碍之一。所谓"一传十,十传百",其实到了后面的传递链,信息已经严重失真了,有的甚至与原始信息对立。因此缩短信息传递链是保证信息传递高效准确的重要措施。另一方面,管理者应激发团队成员自下而上地沟通。在一个组织内,组织应设立有问必答信箱,鼓励所有成员提出自己的疑问、意见或建议。

(五)加强平行沟通与交流

在利用正式沟通渠道的同时,可以开辟非正式的沟通渠道,即平行沟通渠道。在人际沟通过程中,双方之间的距离有一定的含义。一般说来,关系越密切,距离越近。美国人类学家霍尔(1966)把人际距离分为亲密的、个人的、社会的和公众的四种。他认为,父母与子女之间、爱人之间、夫妻之间的距离是亲密距离,约18英寸,可以感觉到对方的体温、呼吸。个人距离指朋友之间的距离,大约是1.5~4英尺。社会距离是认识的人之间的距离,一般是4~12英尺,多数交往发生在这个距离内。公众距离指陌生人之间、上下级之间的距离,一般是12~15英尺。让领导者走出办公室,放下身段,放下高高在上的姿态和团队成员交流信息。坦诚、开放、面对面的沟通会使团队成员觉得领导者理解自己的需要和关注,可以取得事半功倍的效果。

总之,有效的人际沟通在企业或组织内起着非常重要的作用。成功的团队领导把沟通作为一种管理的手段,通过有效的沟通来实现对团队成员的控制和激励,为团队的发展创造良好的心理环境。因此,无论是领导者、管理者,还是团队成员都应该统一思想,提高认识,培养信任感和积极的沟通态度,营造良好的组织氛围,注重沟通技巧的培训,克服沟通障碍,实现有效沟通,以求最大限度地实现个人和团队共同发展的目标。

本章小结

本章主要介绍了人际沟通的理论以及实践运用。在学习本章的过程中,要对沟通的含义、类型以及特点有所了解,熟悉沟通环节所包含的五个层次的内容,即意图定位、倾听理解、表达交流、反馈调整和意向达成。掌握沟通视窗原理,并能够熟练运用。理解有效沟通的3A原则,在实践中能发现沟通中存在的问题,并能有效解决这些问题。

经典案例 3-3

某三星级酒店的零点餐厅里座无虚席,还有一些客人坐在厅外的沙发上阅读杂志,等候安排。坐在靠后窗户前的是一位从丹麦来的中年客人,桌上两个盆子的菜已经去了大半,不一会服务员小林端上一碗浓汤。

客人朝鲜红色的汤瞟了一眼,脸上露出不悦的神色,他对小林说,这汤一点热气也没有,他不喜欢喝不冷不热的汤。小林很想告诉客人,汤是很热的,刚从灶上取下来,只是因为汤上面有一层油,把热气都遮住了,所以看上去没有那么热。她刚想开口解释,但很快就改变了主意。"对不起!"她轻声柔气地向客人道歉,并弯下腰把汤放到盘子里端走了。

两分钟后,小林又出现,把汤轻轻地放到客人面前,其实她只是去厨房转了一圈,回来时顺便带了把汤勺。客人两眼盯着刚送来的汤,仍然不见热气,小林想他一定认为汤还是冷的,便一语不发地用汤勺伸到碗底搅拌了下,一股热气顿时冒了出来,她朝客人甜甜一笑,轻盈地转身走了。

客人付账时一再向小林道谢,显然,他已明白了一切。在接下来两天里,这位丹麦客人每晚都挑这个位置,看来他十分欣赏小林的服务艺术。

问题

1. 小林巧妙地把"对"让给了客人,这样做的沟通艺术体现在哪里?
2. 酒店服务的大忌是什么?
3. 为什么说小林的动作起到了"此时无声胜有声"的效果?
4. 如何进行有效沟通?

中篇　旅游实用礼仪篇

第四章 旅游从业者的"三仪"

本章目标
- 了解旅游服务人员的一般仪容仪表要求
- 了解旅游服务人员的一般着装要求
- 了解旅游服务人员化妆的基本要求

本章重点
- 掌握旅游从业人员的静止及行进仪态规范
- 掌握旅游服务人员的正装服饰规范
- 掌握旅游服务人员的化妆技巧

旅游从业者的"三仪"是指其仪容、仪表和仪态。

仪容,是指一个人的容貌,它包括发式、面容、脸色等状态。它反映了一个人的精神面貌、朝气与活力,是传达给接触对象感官的最直接、最生动的第一信息。

仪表,指人的外表,亦称人的外在形象,通常包括人的容貌、发型、服饰、个人卫生、姿态等方面。仪表是一个人的内心世界和修养的外在表现,体现出一个人的道德素养、教育程度和志趣品位,也反映了时代的特点和一个国家、民族的精神风貌。

仪态,指人们身体在日常生活中呈现出的具体表现和各种造型,包括举止动作、神态表情和相对静止的体态,它直接展示一个人的气质和风度。旅游工作者在工作中的站立、行走、手势和表情等,都应当体现职业素养,做到得体和优雅。

第一节 仪容仪表

一、面部修饰

在旅游服务中,旅游工作人员的个人仪容是最受顾客重视的部分。服务实践证明,当顾客选择服务单位时,服务人员的个人容貌对其产生重要的心理影响。如果服务人员容貌端庄、秀丽,看上去赏心悦目,即"面善",往往就会挽留住客人,甚至有可能增进其进一步消费的欲望。相反,服务人员"面恶",则很可能令人望而却步。总之,作为窗口行业的旅游企业,有必要将服务人员的容貌端正与否,上升到维护企业整体形象的高度来加以充分关注。

(一)基本要求

1. 洁净

面部干净清爽的标准应是无灰尘、污垢及其他一切不洁之物。要做好这一点,须养成平时勤洗脸的良好习惯。在洗脸时,要注意耐心细致,清洁彻底。

2. 健康

面部卫生状况不佳,极易导致消费者产生抵触情绪。因此,要注意讲究卫生和保持卫生,避免面部出现一些过敏性症状,如长疖子、疱疹等。

3. 自然

服务人员在进行个人面部修饰时要注意保持清新自然而不过分做作。面部修饰既要讲究美观,更要合乎身份和礼貌常情。要做到"秀于外"与"慧于中"二者并举。

(二)局部要求

1. 眉部修饰

一要注意眉形的美观。大凡美观的眉形,不仅形态自然优美,而且应浓淡相宜,即常人所赞美的"眉清目秀"。对于那些不够美观的眉形,或是过淡、过稀的眉毛,必要时应采取措施进行适当的美化修饰。二是要注意眉部的清洁。在洗脸、化妆时,服务人员要特别留意一下自己的眉部是否清洁,以防止在眉部出现诸如灰尘、死皮或是脱落的眉毛等异物。

2. 眼部的修饰

首先要注意眼部的保洁。人们常说"眼睛是心灵的窗户",服务人员的眼部是最为他人所注意的,所以要及时除去眼角上出现的分泌物。其次要防治眼病。服务人员如患有传染性的眼病,如"红眼病"、"沙眼"等,都必须及时治疗、休息,绝不可直接与顾客接触。最后是眼镜的佩戴。一般来讲,饭店服务人员不宜戴眼镜,但其他旅游从业人员如导游、管理人员等若因矫正视力、追求时尚美,戴与不戴并不需要作严格要求。若工作时允许佩戴眼镜,应注意以下几点。一是选择好眼镜。眼镜除了实用之外,还须注意其质量是否精良、款式是否适合本人。二是眼镜的清洁。一定要坚持每天揩拭眼镜以保持镜片清洁。三是墨镜的戴法。在室内工作时不要佩戴墨镜面对客人,否则是对客人不恭敬的。

3. 耳部的修饰

（1）耳部的除垢

服务人员务必每天进行耳部除垢。但一定要注意,此举不宜在工作岗位上进行。

（2）耳毛的修剪

服务人员若发现自己耳孔周围长出一些浓密的绒毛,应及时进行修剪。

4. 鼻部的修饰

（1）鼻涕的清理

在清理鼻涕时,宜在无人场合以手帕或纸巾辅助轻声进行,切不要将此举搞得响声大作,令人反感。

（2）"黑头"的清理

鼻部的周围,往往毛孔较为粗大,有"黑头"。在清理这些时,一是平时对此处要认真进行清洗,二是可用专门的"鼻贴",将其处理掉,切勿乱挤乱抠,以免造成局部感染。

5. 口部的清洁

（1）刷牙

正确有效地刷牙要做到"三个三"：即每天刷三次牙,每次刷牙宜在餐后三分钟进行,每次刷牙的时间不应少于三分钟。

（2）洗牙

维护牙齿,除了做到无异物、无异味之外,还要注意保持洁白,并且及时去除有碍于口腔卫生和美观的牙石(斑)。最佳的办法就是定期去口腔医院洗牙,一般情况下,成人半年左右即应洗牙一次。

（3）护唇

服务人员平时应想方设法不使自己的唇部干裂、爆皮。另外,还应避免嘴边嘴角残留食物。

（4）剃须

男性服务人员应坚持每日上班之前剃须,切忌胡子拉碴地在工作岗位上抛头露面。

个别女服务员,若因内分泌失调而在唇上生出过于浓重汗毛,也应及时除去。

二、头发修饰

头发是一个人被注视的重中之重。头发修饰,特指人们依据自己的审美习惯、工作性质和自身特点,而对头发所进行的清洁、修剪、保养和美化。旅游服务人员的个人头发修饰,不仅要恪守一般的美发要求,而且应遵守本行业、本部门的特殊要求。

(一)发部的整洁

1. 清洗头发

每周至少清洗头发两次。

2. 修剪头发

在正常情况下,服务人员通常应当每半个月左右修剪一次头发,至少也要保证每月修剪一次。

3. 梳理头发

应注意在下述情况下自觉梳理头发:一是出门上班前;二是换装上岗前;三是摘下帽子后;四是下班回家时。梳发时还应注意:一是梳头不宜当众进行,应避开外人;二是梳头不宜直接用手,最好随身携带一把梳子;三是梳理的断发头屑不可随手乱扔。

(二)发型的选择

发型即头发经过一定修饰之后所呈现出来的形状。对旅游从业人员而言,在选择发型时必须考虑的因素,首先是自己的职业,即应以工作为重,做到发型与工作性质相称。

1. 长短适当

对服务人员总的要求是:长度适中,以短为主。

(1)男性服务人员

男性服务人员的头发不能过长,在修饰头发时,必须做到:前发不覆额,侧发不掩耳,后发不触领。

(2)女性服务人员

女性服务人员头发长度不宜长于肩部,不宜挡住眼睛。长发过肩者在上岗之前,应将长发盘起来、束起来、编起来,或是置于工作帽之内,不可披头散发。

2. 风格庄重

旅游服务人员在选择发型时,还应当有意识地使之体现适合旅游工作性质的庄重、端庄的整体风格,从而赢得顾客的信任。若非从事专业发型设计或美发工作,服务人员通常不宜使自己的发型过分时髦,尤其是不要为了标新立异而有意选择新潮前卫的发型。

(三)头发的美化

1. 护发

要正确地护发,一是要长期坚持,二是要选择好的护发用品,三是要采用正确的护发方法。

2 染发

中国人历来以黑发为美,假若自己的头发不够油黑,特别是早生白发或长有杂色的头发,将其染黑通常是必要的。旅游工作者的发型应该体现落落大方、富有朝气、干练稳重的特点,不适合将头发染成红色或黄色等鲜艳的颜色,或者剃光头。

3. 烫发

选择具体发型时,切记不要将头发烫得过于繁乱、华丽、美艳,以免在顾客面前造成"喧宾夺主"的不良影响。

4. 帽子

服务人员在工作中所允许戴的工作帽主要有四类:一是为了美观,二是为了防晒,三是为了卫生,四是为了安全。在戴后两类工作帽时,一般要求不应外露头发。户外导游人员戴帽子可根据具体实际需要而放宽。

5. 发饰

女性服务人员在工作中以不戴或少戴发饰为宜。即使允许戴发饰,也仅仅是为了用以"管束"头发之用,而不是意在过分打扮。

三、肢体修饰

不同工作岗位上的旅游服务人员,平时对于肢体的运用有着不同的要求。以下从旅游服务礼仪的角度,分别介绍服务人员相关的应遵守的基本规范。

(一)手臂的修饰

在旅游服务中,手臂通常被视为服务人员的"第二脸面"。一双保养良好、干净秀美的手臂,往往会给服务操作增添美感与协调,所以,服务人员对于自己在服务过程中自始至终处于显眼位置的手臂,应悉心加以保养和修饰。

1. 手臂保养

由于服务人员平日用手较多,有些特殊的工作岗位甚至还会在一定程度上对手臂造成某种伤害,所以服务人员一定要高度重视保养自己的手臂。保养手臂:一是方法得当,不科学、不正确的方法容易生出意外;二是贵在坚持,才能真正形成良好的用手动作习惯。

2. 手臂保洁

手臂的保洁首先是手臂的清洗。在工作岗位上,每一位服务人员都要谨记双手务必做到"六洗":一是上岗之前要洗手;二是弄脏之后要洗手;三是接触精密物品或入口之物前要洗手;四是规定洗手之时要洗手;五是去过卫生间之后要洗手;六是下班之前要洗手。

3.手臂妆饰

旅游服务人员在工作岗位上的妆饰,应以朴素庄重为美,而不应艳丽、怪诞,否则就与自身特定的社会角色不相称。

(1)不蓄长指甲

服务人员对手指甲要养成"三天一修剪、每天一检查"的好习惯,并且要做到坚持不懈。此外,还应注意及时剪除指甲周围因手部接触脏物后而形成的死皮,污垢。

(2)不涂画艳妆

若非酒店美容沙龙的专业化妆品推销人员和美容师,服务人员不允许在工作岗位上涂抹彩色指甲油,或者进行艺术美甲,在手臂上刺字、绘画就更不适宜。

(3)腋毛不外露

一般而言,服务人员大都不会以肩部暴露的服装作为工作装。若因工作特殊需要,必须穿着肩部外露的服装上岗服务时,上班前最好剃去腋毛。另外,若个别人手臂上长有较为浓密的汗毛,必要时也应采取有效方法将其去除。

(二)下肢的修饰

下肢即腿脚部,人际交往中,人们常有"远看头,近看脚"的观察习惯。在人际交往中除了要慎重地对待下肢服饰的选择与搭配外,注重适当的修饰也是重要的一环。

1.下肢的清洁

下肢的清洁,应特别注意三个方面:首先要勤洗脚;其次要勤换袜子,最好做到每天换洗一双袜子,注意不要穿不易透气、易生异味的袜子;另外,还要定期交替更换自己的鞋子,在穿鞋前,务必细心清洁鞋面、鞋跟、鞋底等处,使其一尘不染,定期擦油,使其锃亮光洁。

2.下肢的遮掩

(1)不要光腿

若因气候过于炎热或工作性质比较特殊而光腿,则必须注意选择长过膝盖的短裤或裙子。

(2)不要光脚露趾

服务人员在直接面对顾客工作时,绝不允许光脚穿鞋和穿露趾的凉鞋或拖鞋,即使是导游人员也不例外。

(3)不要露脚跟

服务人员在工作岗位上暴露自己的脚后跟,会显得过于散漫,令客人反感。

第二节 仪态规范

一、静止仪态规范

仪态是指一个人行为的姿态和风度。姿态是指身体呈现的样子,风度是人际交往中个人素质修养的一种外在表现,是气质的表露。

(一)标准站立姿势

站立姿势又称站姿或立姿,它是人们平时经常采用的一种静态的身体造型。站姿是一个人的全部仪态的根本支点,采用标准的站立姿势服务又是旅游服务人员尤为重要的基本功之一。

1. 基本站姿

站姿的标准做法是:头部抬起,面部朝向正前方,双眼平视,下颌微微内收,颈部挺直,双肩放松,呼吸自然,腰部直立。双臂自然下垂,位于身体两侧,手部虎口向前,手指稍许弯曲,指尖朝下。两腿立正并拢,双膝与双脚的跟部紧靠于一起。两脚呈"V"形分开,二者相距约一个拳头的宽度。注意提起髋部,身体重量应平均分布在两条腿上。

2. 站姿种类

在旅游服务中,站姿主要有以下几种:侧放式——双手放在腿部两侧,手指稍弯曲(见图 4-1①);前腹式——双手相交在小腹部(见图 4-1②);后背式——双手背后轻握(见图 4-1③)。无论采用哪一种站姿,切忌双手抱胸或叉腰,也不可将手插在衣裤袋内。礼貌的站姿,给人舒展俊美、精神饱满、积极向上的好印象。因此,在接待服务中必须养成讲究良好站姿的习惯。

3. 男女差别

男性服务人员在站立时,要表现出男性刚健、潇洒的风采。在站立时,男性服务人员可以将双手相握、叠放于腹前,或相握于身后。双脚可以分开,两脚之间相距的极限,大致与肩部同宽。女性服务人员在站立时,则要表现出女性轻盈、妩媚、典雅的韵味。在站立时,女性服务人员可将双手相握或叠放于腹前。双脚可在以一条腿为重心的前提下稍许叉开。

4. 克服不良站姿

(1)身躯歪斜

服务人员在站立时,若是身躯出现明显的歪斜,将直接破坏人体的线条美,

① ② ③
侧放式站姿　前腹式站姿　后背式站姿
图 4-1　站姿种类

而且会给人颓废消沉、委靡不振、自由放纵的直观感受。

(2)趴伏倚靠

在工作岗位上,服务人员要确保自己"站有站相"。站立时,随随便便趴着,或伏在某处左顾右盼,倚着墙壁而立,靠在桌边,自由散漫,都是极不雅观的。

(3)双腿分开过大

服务人员应切记,在站立时双腿分开的幅度越小越好。在可能之时,双腿并拢最好,即使分开,也要注意不可使二者间的距离超过本人的肩宽。

(4)脚位不当

在正常情况下,双脚站立时呈现出"V"字式、"丁"字式、平行式等脚位。但是不允许采用"人"字式、蹬踏式等脚位。

(5)手位不当

站立时不当的手位主要有:一是将手插在衣服口袋内;二是双手抱在胸前;三是将双手支于某处;四是将两手托住下巴。

(二)标准坐的姿势

1.基本坐姿

将自己的臀部坐满椅子、凳子、沙发的三分之二,以支持自己身体重量,单脚或双脚放在地上。正确的坐姿要求是"坐如钟"。旅游业员工还要注意坐姿的文雅自如,其要求是:坐得端正、稳重、自然、亲切,给人一种舒适感。

2.坐姿种类

典型坐姿有如下三种。两手摆法:有扶手时,双手轻搭或一搭一放(见图 4-

2①);无扶手时,两手相交或轻握或呈"八"字形置于腿上(见图 4-2②③)。两腿摆法:凳面高度适中时,两腿相靠或稍分;凳面低时,两腿并拢,自然倾斜于一方。凳面高时,一腿略搁于另一腿上,脚尖向下。两脚摆法:腿跟脚尖全靠或一靠一分;也可一前一后,或右腿放在左腿外侧。

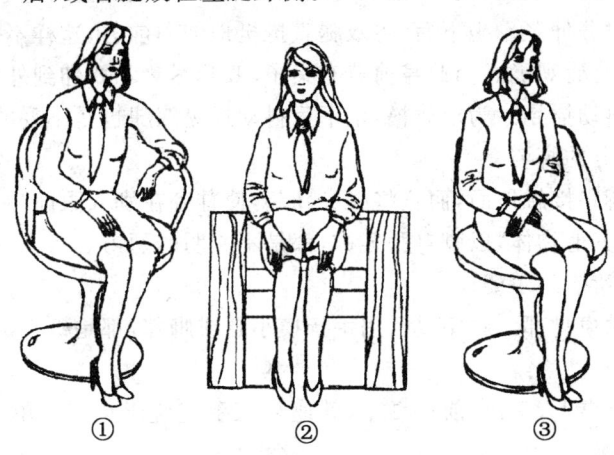

图 4-2 优雅的坐姿

除上述坐姿外,还有"S"形坐姿:上体与腿同时转向一侧,面向对方,形成一个优美的"S"形坐姿(见图 4-3①);叠膝式坐姿:两腿膝部交叉,一脚内收与前腿膝下交叉,两脚一前一后着地,双手稍微交叉于腿上(见图 4-3②)。起立时,右脚向后收半步,而后站起。离开时,再向前走一步,自然转身退出房间。

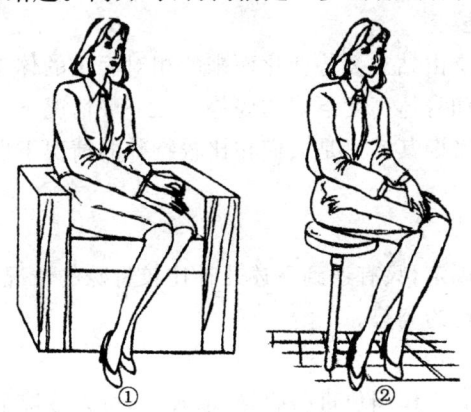

图 4-3 S形与叠膝式坐姿

3.不雅的坐姿
(1)不雅的腿姿

①双膝分开过大。面对外人时,双腿叉开过大,不论是大腿还是小腿叉开,都极其不雅。

②架腿方式欠妥。将一条小腿架在另一条大腿上,两者之间还留出大大的空隙,成为所谓的"跷二郎腿",甚至将腿搁在桌椅上,就更显得过于放肆了。

③双腿过分伸张。坐下后,将双腿直挺挺地伸向前方,这样不仅可能会妨碍他人,而且也有碍观瞻。因此身前若有桌子,双腿尽量不要伸到外面来。

④腿部抖动摇晃。为求放松,坐下后抖动摇晃双腿也是不妥的。

(2)不安分的脚姿

坐下后脚跟接触地面,而且将脚尖翘起,使鞋底在别人眼前"一览无余"。另外,以脚蹬踏其他物体,以脚自脱鞋袜,都是不文明的陋习。

(3)不知所措的手姿

①以手触摸脚部。就座以后用手抚摸小腿或脚部,都是极不文明、不卫生的不良习惯。

②手置于桌下。若身前有桌子,就座后双手应置于桌上。单手或双手放桌下都是不妥的。

③手支于桌上。用双肘支在面前的桌子上,对于同座之人是不礼貌的做法。

④双手抱在腿上。在生活中这样做感到惬意放松,但在接待客人时就不可取。

⑤将手夹在腿间。坐下后将双手夹在两腿之间,这样会显得胆怯害羞、个人自信心不足,也显得不雅。

(三)标准蹲的姿势

蹲姿与坐姿都是由站立姿势变化而来的相对静止的体态。蹲是由站立的姿势转变为两腿弯曲和身体高度下降的姿势。在一般情况下,服务人员采用蹲姿,时间上不宜过久。蹲姿其实只是人们在比较特殊的情况下所采取的一种暂时性体态。

1.适用情况

旅游服务礼仪规定,只有遇到下述几种比较特殊的情况,才允许服务人员在其工作中酌情采用蹲的姿势。

(1)整理工作环境

在需要对自己的工作岗位进行收拾、清理时,可采取蹲的姿势。

(2)给予客人帮助

需要以下蹲姿势帮助客人时,可以这样做。

(3)提供必要服务

当服务人员为客人服务,而又必须采用下蹲姿势时。例如,当客人坐处较低,以站立姿势为其服务既不方便,又显得高高在上,此时可改用蹲的姿势。

(4)捡拾地面物品

当本人或他人的物品落到地上,或需要从低处拿起来时,不宜弯身捡拾拿取,面向或背对着他人时这么做,则更为失仪。此刻,采用蹲的姿势最为恰当。

2.标准蹲姿

(1)高低式蹲姿

高低式蹲姿基本特征是双膝一高一低。其要求是:下蹲时,双腿不并排在一起,而是左脚在前,右脚稍后(见图4-4①②)。女性应靠紧两腿,男性则可适度地将其分开。臀部向下,基本上以右腿支撑身体。男性服务人员在工作时选用这一方式,往往更为方便。

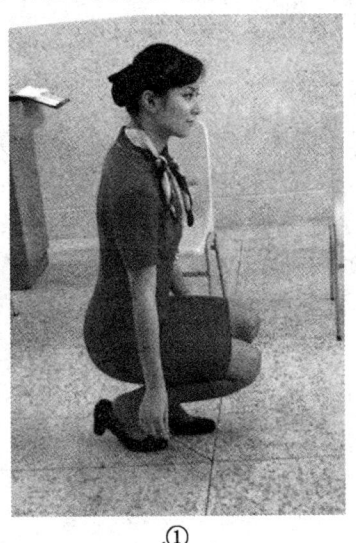

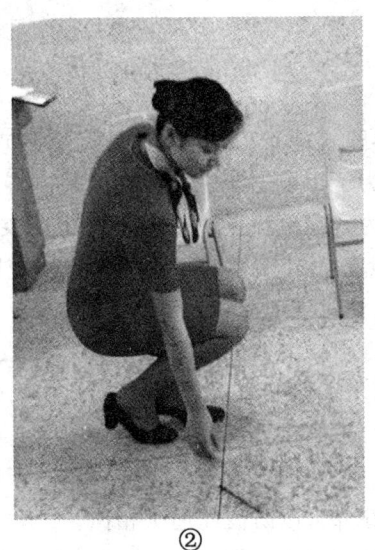

图 4-4　高低式蹲姿

(2)交叠式蹲姿

交叠式蹲姿通常适用于女性服务人员,尤其是身穿短裙的服务人员。它的优点是造型优美典雅。基本特征是蹲下后双腿交叠放在一起(见图4-5)。

(3)半蹲式蹲姿

半蹲式蹲姿多见于行进之中临时采用,基本特征是身体半立半蹲。其要求是:在下蹲时,上身稍许弯下,但不宜与下肢构成直角或锐角;臀部应向下而不是撅起;双膝略为弯曲,其角度根据需要可大可小,但一般均应为钝角;身体的重心应放在一条腿上。

(4)半跪式蹲姿

图 4-5　交叠式蹲姿

半跪式蹲姿又称做单跪式蹲姿。它是一种非正式蹲姿，多用于下蹲时间较长，或为了用力方便之时。它的基本特征，是双腿一蹲一跪。其要求为：下蹲之后，改为一腿单膝点地，臀部坐在脚跟之上，而以其脚尖着地。另外一条腿则应当全脚着地，小腿垂直于地面。双膝应同时向外，双腿应尽力靠拢。

3. 注意事项

(1) 不要突然下蹲

切勿猛然下蹲，当自己在行进中需要下蹲时，尤须牢记。

(2) 不要距人过近

在下蹲时，应与他人保持一定的距离。与他人同时下蹲时，更不能忽略双方之间的距离，以防彼此迎头相撞。

(3) 不要方位失当

在他人身边下蹲，尤其是在服务对象身旁下蹲时，最好是与之侧身相向。正面面对他人或者背部对着他人下蹲，通常都是不礼貌的。

(4) 不要毫无遮掩

在大庭广众之前下蹲时，身着裙装的女服务人员一定要避免个人隐私暴露在外。

(5) 不要随意滥用

服务时，若在毫无必要的情况下采用蹲姿，只会给人虚假造作之感。另外，不可蹲在椅子上，不可蹲着休息。

二、行进仪态规范

行进姿势指的是一个人在行走时所采取的具体姿势。从总体上讲,行进姿势是人体的一种动态。它以站立姿势为基础,实际上属于站立姿势的延续动作。服务人员在工作中行走时,务必既优雅稳重,又保持正确的节奏,这样才可体现服务过程的动态之美。

(一)基本的行进姿势

1. 要求与标准

正确的步姿要求是"行如风",其具体要领:上身正直不动,两肩相平不摇,两臂摆动自然,两腿直而不僵;步伐从容,步态平稳,步幅适中均匀,两脚落地一线。

2. 注意要点

服务人员在行进时,应当特别关注六个方面。①方向明确。在行走时,必须保持明确的行进方向,尽可能地使自己犹如在一条直线上行走。②步幅适度。就一般规范而言,在行进时迈出的步幅应与本人一只脚的长度相近,即男子每步约40厘米,女子每步约36厘米。③速度均匀。在一定的场合,一般应当保持相对稳定的速度,在正常情况下,服务人员每分钟走60～100步。④重心放准。行进时身体向前微倾,重心落在前脚掌上,在行进过程中,应注意使身体的重心随着脚步的移动不断地向前过渡。⑤身体协调。走动时要以脚跟首先着地,膝盖在脚部落地时应当伸直,腰部要成为重心移动轴线,双臂在身体两侧一前一后地自然摆动。⑥造型优美。行走时应面对前方,两眼平视,挺胸收腹,直起腰背,伸直腿部,使自己的全身从正面看上去犹如一条直线。

3. 男女差别

男性服务人员与女性服务人员在行进时,具有不同的风格。男性服务人员在行进时,两脚跟交替前进基本在两条相距5厘米左右的平行线上,以脚尖正对前方或稍外,通常速度稍快,脚步稍大,步伐奔放有力,充分展示着男性的阳刚之美(见图4-6)。女性服务人员在行进时,两脚尖稍外,两脚交替走在一条直线上,称"一字步"以显优美(见图4-7)。

(二)错误的行进姿态

错误的行进姿势包括下面几种。

1. 横冲直撞

行进时,专拣人多的地方行走,在人群之中乱冲乱闯,甚至碰撞到他人的身体,这是极其失礼的。

2. 抢道先行

行进时,要注意方便和照顾他人,通过人多路窄之处务必讲究"先来后到",

图 4-6　男士的走姿　图 4-7　女士的走姿

对他人"礼让三分",让人先行。

3. 阻挡道路

在道路狭窄之处,悠然自得地缓步而行,或者多人并排而行,都是不妥的,服务人员还须切记,一旦发现自己阻挡了他人的道路,务必闪身让开,请对方先行。

4. 蹦蹦跳跳

服务人员务必要注意保持自己的风度,不宜使自己的情绪过分地表面化。若一旦激动起来,走路便会变成了上蹿下跳,甚至连蹦带跳的失态情况。

5. 奔来跑去

有急事要办时,服务人员可以在行进中适当加快步伐。但若非碰上了紧急情况,则最好不要在工作时跑动,尤其是不要当着顾客的面突如其来地狂奔而去,那样通常会令其他人感到莫名其妙,产生猜测,甚至还有可能造成过度紧张的气氛。

6. 制造噪声

服务人员应有意识地使行走悄然无声。

7. 步态不雅

走成"八字步"或"鸭子步",步履蹒跚,腿伸不直,脚尖首先着地等不雅步态,要么使行进者显得老态龙钟、有气无力,要么给人以嚣张放肆、矫揉造作之感。

三、手臂姿态规范

手臂姿势,通常称为手势或手姿,指的是人们在运用手臂时,所出现的具体动作与体位。

(一)基本原则

1. 使用规范化手势

即使用的手势应符合国际规范、国情规范、大众规范和服务规范,这样才不至于引起交往对象的误解。

2. 注意区域性差异

在不同的地区,人们往往使用不同的"手语"。手势宜少不宜多,在正常情况下,服务人员的手势应尽量少而精。在毫无必要之时将手臂挥来舞去,既不能完整表达思想感情,也毫无美感可言。

(二)常用手势

1. 正常垂放

正常垂放是指站立服务时双手垂放的手势,这是服务人员使用最多的手势之一,也称基本服务手势。

(1)双手指尖朝下,掌心向内,手臂伸直后分别紧贴两腿裤线处。

(2)双手伸直后自然相交于小腹之处,掌心向内,一只手在上一只手在下叠放在一起。

(3)双手伸直后自然相交于小腹处,掌心向内,一只手在上一只手在下相握。

(4)双手伸直后自然相交手背后,掌心向外,两只手相握。

(5)一只手紧贴裤线自然垂放,另一只手略弯曲,掌心向内搭在腹前。

(6)一只手掌心向外背在背后,另一只手略弯曲,掌心向内搭在腹前。

(7)一只手紧贴裤线自然垂放,另一只手掌心向外背在身后。

2. 自然搭放

在站立服务时,两手以手指部分放在桌子或柜台上,指尖朝前,拇指与其他四指稍有分离,并轻搭在桌子或柜台边缘。以坐姿服务时,将手部自然搭放在桌面上。手臂可摆放于桌子或柜台之上,最好仅以双手手掌平放于其上;将双手放在桌子或柜台上时,双手可以分开、叠放或相握,但不要将胳膊支起来,或是将手放在桌子或柜台之下。

3. 手持物品

手持物品时,要注意以下几点。

(1)稳妥。手持物品时,可根据物体重量、形状及易碎程度采取相应手势,切记确保物品的安全,尽量轻拿轻放,防止伤人或伤己。

(2)自然。服务人员可依据本人的能力与实际需要,酌情采用不同的姿势,但一定要避免在持物时手势夸张、"小题大做",失去自然美。

(3)卫生。为客人取拿食品时,切忌直接下手。敬茶、斟酒、送汤、上菜时,千万不要把手指搭在杯、碗、碟、盘边沿,更不能无意之间使手指浸泡在其中。

4. 举手致意

当服务人员忙于工作,而又看见面熟的顾客,且无暇分身时,向其举手致意可消除对方的被冷落感。正确做法是掌心朝向对方,举手致意时,应全身直立,面向对方,至少上身与头部要朝向对方,在目视对方的同时,应面带笑容。

5. 与人握手

(1)注意先后顺序。握手时双方伸出手来的先后顺序应为"尊者在先",即地位高者先伸手,地位低者后伸手。

(2)注意相握方式。通常,应以右手与人相握。握手时,应首先走近对方距离50厘米至1米的范围,面带微笑,右手向前侧下方伸出,虎口向上,掌心朝左,握住对方的手掌,上下抖动,并说问候语(见图4-8)。

图4-8 正确的握手姿势

(三)错误手势

错误的手势包括以下几种。

1. 指指点点

工作中绝不可随意用手指对客人指指点点,与人交谈更不可这样做。

2. 随意摆手

在接待客人时不可将一只手臂伸在胸前,指尖向上、掌心向外,左右摆动,这些动作的一般含义是拒绝别人;有时,还有极不耐烦之意。

3. 端起双臂

双臂抱起,然后端在胸前这一姿势,往往暗含孤芳自赏、自我放松,或是置身事外、袖手旁观、看他人笑话之意。

4. 摆弄手指

工作中无聊时反复摆弄自己的手指、活动关节,或将其捻响,要么莫名其妙地攥拳松拳,或是手指动来动去,这往往会给人以歇斯底里之感,令人望而生厌。

5.手插口袋

这种表现会使客人觉得服务人员忙里偷闲,在工作方面并未尽心尽力。

6.抚摸身体

在工作时,有人习惯抚摸自己的身体,如摸脸、擦眼、搔头、抠鼻、剔牙、抓痒、搓泥。这会给别人留下缺乏公德意识、不讲究卫生、个人素质极其低下的印象。

四、表情神态规范

表情是指一个人通过面部形态变化所表达的内心的思想感情。神态则是指在人的面部所表现出来的神情态度。服务人员要注意,自己在工作中的表情神态,在服务对象看来,往往代表了对待对方的态度。

(一)主要原则

表情规范的主要原则表现在以下四点。

1.谦恭

服务人员在工作中务必使自己的表情神态于人恭敬、于己谦和。

2.友好

在工作中,对待任何服务对象,皆应友好相待,所谓"笑迎八方来客,广交四海朋友"。

3.适时

不论采用何种表情神态,服务人员都要切记使之与服务现场的氛围和实际需要相符合。

4.真诚

工作中,服务人员要努力使本人的表情神态出自真心诚意,给客人以表里如一、名副其实之感。

(二)面部表情重点

服务实践表明,在观察一个人的表情神态时,人们往往以其面部为重点,并且尤为关注其眼神与笑容的变化。

1. 眼神

眼神指的是人们在注视时,眼部所进行的一系列活动以及所呈现的神态。眼睛能够传神,眼睛是心灵的窗户,旅游从业人员学习训练眼神时,应兼顾以下几点。

(1)注视的部位

一是对方的双眼。注视对方的双眼,问候对方、听取诉说、征求意见、强调要点、表示诚意、向人道贺或与人道别时,皆应注意对方双眼,但时间不宜过久。二是对方的面部。注视他人的面部时,最好是对方的眼鼻三角区,而不要聚集于一处,以散点柔视为宜。三是对方的全身。同服务对象相距较远时,服务人员一般应当以对方的全身为注视点,在站立服务时,往往如此。

(2)注视的角度

一是正视对方。正视对方是交往中的一种基本礼貌,其含意表示重视对方。二是平视对方。在服务工作中平视服务对象,表现出双方地位平等与本人不卑不亢。三是仰视对方。在仰视他人时,可给对方重视信任之感。另外,还要指出,服务人员在注视顾客时,视角要保持相对稳定,即使需要有所变化,也要注意过渡自然,对客人上上下下反复进行打量扫视的做法,往往会使对方感到被侮辱、被挑衅。

2. 微笑

古人云"没有笑颜不开店"。世界上不少著名的企业家深知微笑的作用,奉其为企业的法宝与成功之道。美国一家旅行社总裁曾衷心告诫东航的空姐们,"Smile,Smile等于Success"。视微笑为效益和先导的"希尔顿式微笑"不仅挽救了经济大萧条时代的希尔顿饭店,而且造就了今天遍及世界五大洲近百家的五星级希尔顿饭店集团。希尔顿集团董事长唐纳·希尔顿曾经指出:"酒店的第一流设备重要,而第一流的微笑更为重要。如果没有服务人员的微笑,就好比花园失去了春日的阳光和春风。"鉴于此,在许多国家的旅游从业人员岗前培训中,微笑被列为重要的培训科目之一。

在工作中,正确地运用好微笑应注意以下几点。

(1)必须掌握微笑要领

面含笑意,然后使自己的嘴角微微向上翘起,在不露出牙齿的前提下,轻轻一笑。

(2)必须注意整体配合

整体配合协调的微笑,应当目光柔和发亮,双眼略为睁大;眉头自然舒展,眉毛微微向上扬起。也就是人们通常所说的"眉开眼笑"。

(3)必须力求表里如一

微笑需要发自内心,做到表里如一,否则就成了"皮笑肉不笑"。

(4)必须兼顾服务场合

微笑服务在具体运用时,还必须注意服务对象的具体情况。例如,在下列情况下,微笑是不允许的:进入气氛庄严的场所时;顾客满面哀愁时;顾客有某种先天的生理缺陷时;顾客出了洋相而感到极其尴尬时;等等。

总之,笑应该是员工内心情感的自然流露。上岗前,要求员工全力排除一切心理障碍和外界的干扰,全身心地进入角色,从而把甜美真诚的微笑与友善热忱的目光、训练有素的举止、亲切动听的话语融为一体,以最完美的神韵出现在宾客面前。

第三节 服饰礼仪

服饰是对人们衣着及其装饰品的一种统称。整洁、大方、美观的服饰有一种无形的魅力。服饰美讲究与自己的职业、身份、年龄、性别、体型相称,与周围环境场合相协调,讲究和谐的整体效果。而旅游从业人员的服饰礼仪是在旅游服务交往过程中为了表示对客人的尊重与友好,达到和谐交往而体现在服饰上的一种行为规范。

一、正装服饰规范

正式场合又分为公务场合与社交场合两类。公务场合主要是指人们在工作单位上班办公的时间。在这一场合,正统、庄重、保守,是着装的基本要求,制服是标志其职业特征的服装。旅游从业人员穿上醒目的制服不仅是对客人的尊重,而且便于宾客辨认,同时也使穿着者有一种职业自豪感、责任感和可信度,是敬业、乐业在服饰上的具体表现。

(一)制服穿着规范

一般的星级饭店规定:每天上岗前,各工种的员工应身着制服,做到整齐、清洁、挺括、大方、美观。

1. 整齐

制服必须合身,尤其内衣不能外露;不挽袖卷裤;不漏扣、掉扣;领带、领结、飘带与衬衫领口的吻合要紧凑且不系歪;工号或标志牌要佩戴在左胸的正上方。

2. 清洁

衣裤无污垢、油渍、异味。领口与袖口要保持干净。

3. 挺括

不起皱,穿前烫平,穿后挂好,做到上衣平整、裤线笔挺。

4. 大方、美观

制服不论是西装套装(裙)还是旗袍、连衣裙,款式均应简练、高雅,线条亦应自然流畅,便于员工从事服务接待。

5. 讲究文明

根据服务礼仪的基本规定,服务人员在身着制服上岗时要使之显示自己文明高雅的气质,主要是避免下述三个方面的禁忌。

(1)过分裸露。胸部、腹部、腋下、大腿,是公认的身着正装时不准外露的四大禁区。

(2)过分透薄。身着的制服若是过于单薄或透亮,可能就会使人十分难堪。

(3)过分瘦小。服务人员所穿的工作制服,肥瘦大小必须合身。制服若是过分肥大,会显得松松垮垮无精打采;若是过分瘦小,则有可能捉襟见肘,工作不便。

(二)西装穿着规范

人们常说"西装七分在做,三分在穿",可见穿着西装是很有讲究的。穿西服的正常程序依次是梳理头发—穿上衬衫—换上西裤—穿好袜子和皮鞋—系领带—着西服外套。

1.上下装颜色一致。这是穿着西装的最基本要求。另外,要配好衬衫,衬衫的领子要有领座,领头要硬扎挺括。衬衫的下摆要塞进裤子里。衬衫领口和袖口分别高于和长于西装领口、袖口1.5~2厘米。

2.内衣要适宜。衬衫里面一般不穿棉毛衫,如果穿着的话,不宜把领圈和袖口露在外面。如果天气较冷,衬衫外面可穿羊毛衫,但以一件为宜,不要穿得过分臃肿,以免破坏西装的线条美。打领带之前应先扣好领扣和袖扣。衬衫的领口应露出上装领口外1~2厘米。领子必须平整而不外翘,衬衣下摆不可露在裤子外面。

3.双排扣的上装应全部扣好纽扣,但也可以不扣下面的一颗,单排扣的上装可不扣扣子或仅系一颗风度扣。

4.凡是正规场合,穿西装都应系领带。领带的色彩、图纹,可以根据西装的色彩配置,以达到相映生辉的效果。领带的长度以到皮带扣处为宜。穿羊毛衫时,领带应放在羊毛衫内。系领带时,衬衫的第一个纽扣要扣好。领带夹一般夹在第三和第四个纽扣之间。

5.穿西装一定要穿皮鞋,不能穿旅游鞋、轻便鞋或布鞋。皮鞋的颜色要与西装颜色一致或协调,要略有鞋跟。女士着西装时,也不宜穿高跟皮鞋,而应穿中跟皮鞋。此外,皮带的颜色也应与皮鞋颜色一致。穿着西装时腰带不宜露出。

6.上装左上外侧衣袋专门用于插装饰性手帕,手帕应插入口袋1/3。

7.西装的衣袋和裤袋里,不宜放太多东西。把两手随意插在衣袋里,也是有失风度的。

8.上衣胸前口袋中放装饰性为主的手帕,领襟上的纽扣孔为"花孔",只能用于插别花束。

9.裤腿管应盖在鞋面上,并使其后面略长一些。裤线应熨烫挺直。大衣不应过长,最长到膝下3厘米为止。

二、个人饰品选择

饰品,亦称首饰、饰物,它指的是人们在穿着打扮时所使用的装饰物,它可在服饰中起到烘托主题和画龙点睛的作用。服装饰物包括两大类:第一类是实用性为主的附件,比如帽子、鞋子、眼镜等;第二类是属于装饰性为主的饰物,有领带、项链、手镯、耳环等。

(一)饰品选择原则

1. 符合身份

服务人员的工作性质,主要是向旅游者提供服务,因此,一切要以服务对象为中心。在工作岗位上佩戴饰品,一定要使之符合自己的特定工作身份。必须摆正自己与顾客之间的相互关系,不可本末倒置将自己凌驾于顾客之上,在饰物佩戴上与对方进行攀比。

2. 以少为佳

服务人员在工作岗位上佩戴饰品应当少而精。一味地贪多求全,很可能直接影响饰品的装饰效果,不但没有增添任何美感,反而显得杂乱无章,给人以"显摆"之嫌。

3. 区分品种

社会上流行的脚链、鼻环、脚戒指等不宜在工作时佩戴。

4. 佩戴有方

穿制服,不宜佩戴任何饰品。穿西装、职业装时,不宜佩戴工艺饰品。工作岗位上,不宜佩戴珠宝饰品。珠宝饰品价格昂贵,身价往往尤为他人所关注,适合在社交场合佩戴。即使工作中允许佩戴饰品,也要力求少而精。要使同时佩戴的两种饰品在质地上大体相同,在色彩、款式上相互协调。

(二)个人用品选择

旅游服务人员的个人用品通常被称为服务人员的必备品。在服务工作中往往是不可缺少的,唯有随身携带,方可有备无患。

1. 工作用品

工作用品是指服务人员在从事服务时,不可缺少的日常用品。如身份牌,是统一制作的有一定规格的专门标志牌,服务人员在工作岗位上佩戴在身,用以说明本人具体身份;书写笔,在工作岗位上服务人员最好是同时携带两支笔(钢笔、圆珠笔),以方便不同用途的实际需要;记事本,在工作中需要记忆的重要信息难以胜数,诸如资料、数据、人名、地址、电话、线索、建议等,随时随地将需要记忆的重要信息笔录下来,对服务人员来讲是十分重要的良好习惯。

2.形象用品

形象用品,又称生活用品,它指的是服务人员用以维护、修饰自我形象所使用的一些日常用品。如纸巾,旅游从业人员随身携带一包袋装纸巾,一方面,纸巾适用面甚广,不论擦手、擦汗还是清除污物,皆可以使用。梳子,服务人员外出时要切记,最好带一把小梳子以供必要时使用,以免出现没有梳子梳理头发应急的难堪。化妆盒,随身携带化妆盒,是对经常有必要化彩妆的女性服务人员的一项基本规定。旅游业的女性养成出门之际尤其是上班时随身携带一只小型化妆盒是十分必要的。

第四节 美容与化妆

旅游行业"窗口部门"的女性服务人员,一般都应当进行适当的化妆,这一基本的要求,被归纳为"化妆上岗,淡妆上岗";所谓"化妆上岗",即要求服务人员在上岗服务之前,应当根据岗位及服务礼仪要求进行化妆。所谓"淡妆上岗",则是要求服务人员在上岗之前的个人化妆,应以淡雅为主要风格,而不应浓妆艳抹。要求旅游服务人员在上岗前化妆,从本质上来讲是与旅游业塑造企业形象直接相关联的,它有助于表现服务人员自尊自爱、爱岗敬业的精神和训练有素的精神面貌。

一、化妆的原则

服务人员的化妆与一般人平时所化的生活妆有着不同的要求。

1.淡雅

服务人员在工作时一般只化淡妆,亦即自然妆,重要的是要自然大方、朴实无华、素净雅致,这样才与自己特定的身份相称,才会被顾客所认可。

2.简洁

工作妆应以简单明了为本。一般情况下,服务人员化妆修饰的重点,主要是嘴唇、面颊和眼部,对于其他部位可不予考虑。

3.适度

服务人员应根据具体的工作性质,来决定是否化妆和如何化妆。例如,在某些对气味有特殊要求的餐饮工作岗位上,服务人员通常不宜采用芳香类的化妆品,如香水、香粉、香脂等。

4.庄重

服务人员要注意在化妆时对本人进行正确的角色定位,通常应以庄重为主要特征。服务人员若在上班时采用一些社会上正在流行的化妆方式,诸如金粉妆、印花妆、舞台妆、宴会妆等,则显得不合时宜。

5.避短

服务人员在化妆时美化自身形象,既要扬长,即适当地展示自己的优点,更要避短,即巧妙地掩饰自己的缺陷。工作妆重在避短,而不在于扬长,因为过分强调扬长,则有自我炫耀之嫌,易引起顾客反感。

6.整体协调

在化妆时,应努力使整个妆面协调,并且应与全身的装扮协调,与所处的场合协调,与当时的身份协调,以体现出自己慧眼独具、品位不俗。

7. 注重礼节

女士在出席正式场合前化妆是对他人的尊重。

二、化妆的方法

服务人员只有学会正确的化妆方法,才能使自己的化妆达到预期目的。就一般情况而言,女性服务人员上岗前的化妆,大体上可分为如下十个步骤。

1.清洁面部

用温水及洗面奶彻底洗去脸上的油脂、汗水、灰尘等污秽,以使妆面光艳美丽。

2.护肤

将适量收缩水或爽肤水倒于掌心,然后轻拍在前额、面颊、鼻梁、下巴等处,然后根据肤质抹上护肤霜(液)及美容隔离霜(液)。

3.基础底色

选择适合自己皮肤的粉底,不要使用太白的底色,否则会让人感到失真。

4.定妆

为了柔和妆色和固定底色,要用粉饼或散粉定妆,粉的颗粒越细越自然。

5.修眉

脸盘宽大者,眉毛不宜修得过长过直,应描得适度弯一些、柔和一些。五官纤细者,不宜将眉修饰得太浓密。描眉时,应将眉笔削成扁平状,沿眉毛的生长方向一根根地描画,这样描出的眉毛有真实感,而不要又浓又粗地画成一片。

6.画眼线

沿睫毛根部贴近睫毛,由外眼角向内眼角方向画出眼线,上眼线应比下眼线重些,上眼线从外眼角向内眼角描 7/10 长,下眼线描 3/10 长。

7. 涂眼影

眼影的颜色要适合自己的肤色和服装的颜色。

8. 抹睫毛膏

先用睫毛夹使睫毛卷曲，然后用睫毛刷把睫毛膏均匀地涂抹在睫毛上，但不宜抹得过厚，否则会让睫毛粘住，给人以造作之感。

9. 腮红

用胭脂刷将胭脂涂抹在面颊的相应部位。

10. 涂口红

涂口红可加深嘴的轮廓，让脸部更加生动，富有魅力。涂口红时先用唇线笔画出理想的唇型，然后填入唇膏。按上嘴唇从外向里，下嘴唇从里向外的顺序进行。口红的颜色应根据不同肤色、不同服装的颜色、不同的场合来选用。

三、化妆的禁忌

1. 另类哗众

服务人员在化妆时有意脱离自己的角色定位，而专门追求所谓的荒诞、怪异、神秘的妆容，或者是有意使自己的化妆出格以另类风格出现。

2. 残妆示人

残妆，指由于出汗、休息或用餐之后妆容出现了残缺。长时间的脸部残妆会给人懒散、邋遢之感。所以，上班时工作人员不但要注意坚持化妆，而且要注意及时地进行检查和补妆。

3. 岗上化妆

服务人员工作妆一般应在上岗之前完成，不允许在工作岗位上进行；否则会显得工作三心二意，对顾客不尊重。

4. 指教他人

除美容工作人员外，其他服务人员一般不应在自己工作时，对自己顾客的化妆关注过多，尤其不要对客人的化妆私下议论、说三道四，而且也不应当冒冒失失地打听对方所使用的化妆品的品牌、价格或化妆的具体方法等。

本章小结

本章重点阐述了对旅游服务人员仪容、仪表、仪态的基本要求和训练步骤，同时介绍了旅游服务人员在着装、服饰、美容与化妆时应注意的事项和主要禁忌。通过对本章的学习，使旅游服务人员养成不卑不亢、落落大方、符合旅游职业要求的审美观。

经典案例 4-1

某报记者吴先生为做一次重要采访,下榻于北京某饭店。经过连续几日的辛苦采访,终于圆满完成任务。吴先生和两位同事打算庆祝一下,当他们来到餐厅,接待他们的是一位五官清秀的服务员,接待服务工作做得很好,可是她面无血色,显得无精打采。吴先生一看到她就觉得没了刚才的好心情,仔细留意才发现,原来这位服务员没有化工作淡妆,在餐厅昏黄的灯光下,显得病态十足,这又怎能让客人看了有好心情就餐呢?当开始上菜时,吴先生又突然看到传菜员的指甲油缺了一块,当下吴先生的第一反应就是"不知是不是掉到我的菜里了?"但是为了不惊扰客人用餐,吴先生没有将他的怀疑说出来。但这顿饭吃得吴先生心里总是不舒服。最后,他们叫柜台服务人员结账,而服务员却一直对着反光玻璃墙面修饰自己的妆容,丝毫没注意客人的要求。到本次用餐结束,吴先生对该饭店的服务非常不满。

看来服务员不注重自己的仪容、仪表或过于重视自己的仪容、仪表都会影响服务质量。

问题

1. 着装的基本原则是什么?
2. 旅游服务人员的发型、化妆各有哪些要求?
3. 旅游服务人员的仪态有什么具体要求?

第五章　旅游从业者的行为与素质

本章目标
- 了解服务中称呼和介绍的礼仪要求
- 了解服务中问候、迎送客人的礼仪要求
- 了解解答客人问询时的礼仪要求
- 了解沟通中语言的使用

本章重点
- 在服务中灵活准确地运用服务礼仪
- 掌握服务人员要提高自身的哪些素质

第一节　称呼与介绍

称呼是指人们在交往应酬时，用以表示彼此关系的名称用语。称呼的恰当运用表达了对待交往对象的态度，能给对方留下良好的第一印象。介绍可以缩短人与人之间的距离，也可以增进彼此的了解，消除误会和麻烦。作为旅游服务人员，要注意学习、掌握称呼和介绍的基本规律和通常的做法。

一、尊重性

正确、适当的称呼，不仅反映着自身的教养、对对方尊重的程度，甚至还体现着双方关系达到的程度。使用称呼时务必注意：一是要合乎常规，二是要入乡随俗。

在工作岗位上，人们彼此之间的称呼是有特殊性的，要求庄重、正式、规范。以交往对象的职务、职称相称，这是一种最常见的称呼方法。比如张经理、李局长。旅游服务人员要根据客人的身份，恰当、正式、尊重地称呼客人。

由于旅游服务中经常会遇到外宾，而在国际上，因为国情、民族、宗教、文化背景的不同,称呼就显得千差万别。因此,服务人员一定要掌握一般性规律,二是要注意国别差异。比如在政务交往中,常见的称呼除"先生"、"小姐"、"女士"外,还有两种方法,一是称呼职务(对军界人士,可以军衔相称),二是对地位较高者的称呼是"阁下"。教授、法官、律师、医生、博士等,因为他们在社会中很受尊重,可以直接作为称呼。

在英国、美国、加拿大、澳大利亚、新西兰等讲英语的国家,姓名构成与东方有异,通常名字在前,姓氏在后。对于关系密切的,不论辈分可以直呼其名而不称姓。还要掌握其他主要客源国的姓名特点,比如:俄罗斯人的姓名有本名、父名和姓氏三个部分,妇女的姓名婚前使用父姓,婚后用夫姓,本名和父名通常不变。日本人的姓名排列和我们一样,不同的是姓名字数较多。日本妇女婚前使用父姓,婚后使用夫姓,本名不变。

二、灵活性

服务人员在介绍自己,或者介绍宾客时,以及在介绍公司、餐饮、服务等事项时,要注意表达的灵活性,这样不仅可以缓解气氛,而且可以增加与客人之间的理解和默契,减少客人的不满和投诉。下面以餐厅服务人员介绍菜品为例来阐述介绍时的灵活性。

餐厅服务员在为客人点菜时进行必要的介绍和推荐是服务能力和素质的综合体现,也是餐厅经营者最希望服务员具有的能力。介绍和推荐应该是两个不太一样的问题。介绍菜肴是第一步,推荐是第二步,可以说,只有第一步做好了,才有第二步。餐厅服务员为了向客人适当地介绍菜肴,必须对本餐厅所经营的各式菜肴有深刻的了解,如所经营的哪些是具有代表性的名菜佳肴,对餐厅菜单上的各式菜肴要了解其售价、主料、配料、烹调方法和烹调步骤,特别是要了解有特色的烹调方法。还有菜肴的口味特点,是咸鲜味、酸辣味,还是酸甜味或是荔枝味。每道菜肴所需的准确烹调时间,对各种套餐菜单、当日的特色菜单,也要了解清楚,这样等客人需要得到服务员的帮助时,服务员即可脱口而出,如数家珍。

如果是国外的客人,服务员可介绍一些特色较浓的地方菜肴,同时注意客人的饮食习惯,不要介绍大多数欧美客人不感兴趣的如用动物内脏所制的菜肴。可着重介绍肉、禽类菜肴,而且应该尽量介绍清楚烹调的方法。国内客人,由于生活习惯不同,就餐时选择菜肴也有很大的区别。南方客人一般喜欢吃清淡、咸甜适中的菜肴,而北方的客人则喜欢带有酸辣口味的菜肴。又如消费能力高的客人喜欢吃广东菜,一般消费能力的客人对菜系的挑选就不甚明显。有许多客人来用餐是特地品尝异地风味的,这时服务员要突出介绍餐厅的特色,相信大部分客人都会乐于品尝的。

第二节　会客与拜访

一、问候

在旅游接待服务过程中,面对客人,首先,最基本的就是面带微笑。热情的服务就是面带微笑的全方面服务,以满足客人最大的需要。其次,就是根据客人的情况,提出一套符合客人需求的建议或方案。另外,为客人介绍完所有的服务之后,即使客人最后没有选择在此消费,也应该以笑脸欢送客人,这样即使这次没有留住客户,本店良好的服务态度也已经深深印在客户的心里,下次有机会他一定会选择本店的服务。

问候礼是服务接待人员在日常工作中结合时间、场合及对象的特点,所使用的向客人表示亲切问候、关心及祝愿的语言。例如,行李员在早晨为客人接送行李时,可以主动地讲:"早上好,先生,需要我帮您提行李吗?"等;在客人住店患病或感觉不舒服时,接待员可以说:"是否需要我为您请医生?""请多保重!"等;在节日、生日等喜庆之时接待员可以说:"祝您新年好运!""祝您生日快乐!""圣诞快乐!"等。

二、迎送

(一)迎接客人

作为服务人员,在看到客人进入酒店时,应立即招呼来访客人。应该认识到大部分来访客人对公司来说都是重要的,要表示出热情友好和愿意提供服务的态度。如果你正在打字,应立即停止,即使是在打电话也要对来客点头示意,但不一定要起立迎接,也不必与来客握手。主动热情问候客人:打招呼时,应轻轻点头并面带微笑。如果是酒店的常住客,称呼要显得比较亲切。陌生客人的接待:陌生客人光临时,务必问清其姓名及其需要。通常可问:请问贵姓?请问您需要帮助吗?

作为客房服务人员,要精神饱满、态度从容、面带微笑与顾客接触,客人到来时,应起身表示欢迎;客人外出或回房碰面时,应道声好。站立时,应挺胸抬头,不得双手叉腰或弯腰驼背。与客人谈话时语气要亲切自然,叙述内容清晰简明,不含糊其辞。

作为餐厅服务人员,服务员要根据开餐时间,提前在餐厅前迎接客人,宾客到达时,服务员应热情礼貌,对客人先问候,引导客人就座,并主动接过衣帽和其他物品。

(二)送别客人

旅游服务企业的送别服务是别具特色的。送别规格与接待的规格大体相当,只有主宾先后顺序正好与迎宾相反,迎宾是迎客人员在前,客人在后;送客是客人在前,送客人员在后。

在送别服务中,需注意下列事项。

1. 准备好结账

及时准备做好客人离店前的结账工作,包括核对小酒吧饮料使用情况等,切不可在客人离开后,再赶上前去要求客人补"漏账"。

2. 行李准备好

侍者或服务员应将客人的行李或稍重物品送到门口。

3. 开车门

酒店员工要帮客人拉开车门,开车门时右手悬置于车门顶端,按先主宾后随员、先女宾后男宾的顺序或主随客便自行上车。

4. 告别

送走客人应向客人道别,祝福旅途愉快,目送客人离去,以示尊重。

5. 送车

如要陪送到车站、机场等,车船开动时要挥手致意,等开远后才能够离开。

三、问询

服务企业一般都设有问询处,用以解答客人的问题和需求、投诉等。问询处的服务人员的应答技巧代表着客人对企业的第二印象,如果处理得好,很有可能为企业带来忠实的客户资源和良好的口碑,因此不容忽视。

问询处的服务人员要掌握以下礼仪要求。

1. 尽量满足客人需求

由于问询处在酒店的中心位置及其对客人服务的重要作用,问询处必须是酒店主要的信息源。问询处作为客房销售的主角,还必须为客人提供关于酒店的设施及服务项目的准确信息。有关酒店所在地的各种资料和重要活动,也都是客人询问的内容。毋庸置疑,问询处能提供的信息越多,越能够满足客人的需求。

2. 注意形象,推销酒店

问询处的酒店员工必须对酒店的形象负责,必须努力推销酒店的设施和服务。为了提高工作效率,问询处员工应熟练掌握店内各设施的位置、服务项目和营业时间,对于住店客人的资料,则可以通过住店客人名单和问询来加以掌握。

3. 掌握住客资料

问询处要掌握住客的资料,住店客人的名单按姓名的字母顺序排列。

4. 熟练使用先进问询设备

大型酒店通常使用问询架及电脑,以提高问询处的工作效率,并随时准备提供客人的确切情况。

四、应答

应答礼是服务人员在工作中回答客人问询时所表现出的礼仪行为。使用应答礼时应该注意以下几种情形。

1. 应答客人问询要站立答话,而且要全神贯注地聆听;不能侧身或目视别处、心不在焉、说话有气无力,提倡边听边记录的职业习惯。

2. 应答客人提问或征询有关事项时,语言应简洁、准确,语气婉转,声音大小适中。

3. 如果客人讲话含糊不清或语速过快时,可以委婉地请客人复述,不能听之任之,凭主观臆想,随意回答。

4. 回答多位客人问询时,应从容不迫,按先后次序、轻重缓急,一一作答,不能只顾一位客人,而冷落了其他客人。

5. 对于客人提出的无理要求,须沉得住气,或婉言拒绝,或委婉地回答"可能不会吧""很抱歉,我确实无法满足您的这种要求",表现得有修养、有风度而又不失礼。

6. 对于客人直率的批评指责,如果确实属于员工操作不当或失职所致,应首先向客人道歉,对客人的关注表示感谢,并立即报告或妥善处理。

知识链接 5-1

旅游服务人员基本礼仪

- 不吸烟,不吃零食。
- 工作场合保持安静,隆重场合保持肃静。
- 操作轻、说话轻、走路轻,动作利落,服务快。
- 了解宾客的风俗习惯,了解生活,了解特殊要求。
- 客来有迎声、客问有应声、客走有送声。
- 自尊,尊重老人,尊重妇女儿童、残疾人。
- 做到"五勤",即眼勤、口勤、脚勤、手勤、耳勤。

第三节　沟通礼节

语言是双方信息沟通的桥梁,是双方思想感情交流的渠道。语言在人际交往中占据着最基本、最重要的位置。语言作为一种表达方式,能随着时间、场合、对象的不同,而表达出各种各样的信息和丰富多彩的思想感情。语言表达的关键在于尊重对方和自我谦让。

一、敬语的利用

敬语,亦称"敬辞",它与"谦语"相对,是表示尊敬礼貌的词语。除了礼貌上的必需之外,多使用敬语,还可体现一个人的文化修养。

1. 敬语的运用场合
(1)比较正规的社交场合。
(2)与师长或身份、地位较高的人交谈。
(3)与人初次打交道或会见不太熟悉的人。
(4)会议、谈判等公务场合等。

2. 常用敬语
我们日常使用的"请"字,第二人称中的"您"字,代词"阁下"、"尊夫人"、"贵方"等。另外,还有一些常用的词语用法,如初次见面称"久仰",很久不见称"久违",请人批评称"请教",请人原谅称"包涵",麻烦别人称"打扰",托人办事称"拜托",赞人见解称"高见"等。

二、谦语的利用

1. 谦语
谦语亦称"谦辞",它是与"敬语"相对,是向人表示谦恭和自谦的一种词语。谦语最常用是在别人面前谦称自己和自己的亲属。例如,称自己为"愚"、称自己的亲属为"家严、家慈、家兄、家嫂"等。自谦和敬人是一个不可分割的统一体。尽管日常生活中谦语使用不多,但其精神无处不在。只要在日常用语中表现出谦虚和恳切,自然会赢得人们的尊重。

2. 雅语
雅语是指一些比较文雅的词语。雅语常常在一些正规的场合以及一些有长辈和女性在场的情况下,被用来替代那些比较随便甚至粗俗的话语。多使用雅语,能体现出一个人的文化素养以及尊重他人的个人素质。

在待人接物中,如果正在招待客人,在端茶时,应该说"请用茶"。如果还用点心招待,可以说"请用一些茶点"。假如先于别人结束用餐,你应该向其他人打招呼说"请大家慢用"。雅语的使用不是机械的、固定的,只要你的言谈举止彬彬有礼,人们就会对你的个人修养留下较深的印象。只要大家注意使用雅语,必然会对形成文明、高尚的社会风气大有益处,并对我国整体民族素质的提高有所帮助。

知识链接 5-2

对客服务的礼仪原则

- 先女宾,后男宾。
- 先客人,后主人。
- 先首长,后一般。
- 先长辈,后晚辈。
- 先儿童,后成人。

第四节 基本素质

旅游服务人员的直接交往主要指通过书面语言、媒体、通信等方式进行的接触。在前厅接待服务中表现为接听电话、传真确认、信函回复等。在交往形式中,服务人员要对直接交往高度重视。"面对面"服务结果好或不好,能够反映出"客我交往"的效果好坏。因此,服务人员应该努力发展积极向上、和谐良好的人际关系,且应具备以下基本素质。

一、敏锐的注意力

人类的心理活动伴随着个人注意力的集中产生。注意是指人对一定对象的心理指向和集中。国际管家协会主席威尼克尔斯先生举过这样一个例子:当一个人走进一间坐有十几个人的会议室时,在很短的 5 秒钟时间内他可以收集到十几条信息,但说出来的一定是特别引起他注意的信息,比如:会议的台型,主持人是男性还是女性,主持人着装风度及相貌等。这个测试说明,人们对着装、容貌持特别关注的心态。因此,服务人员在注意和观察客人或他人的时候,其本人也是客人或他人注意和观察的对象。服务人员的准确观察是为客人主动服务的基础,要努力培养准确、敏锐的注意力。

二、较强的记忆力

记忆是人脑对过去经验的反映。记忆的基本过程包括识记、保持、再忆、回忆。服务人员尤其是前厅服务人员,除了记忆比较复杂的接待服务操作规程以及饭店设施、服务简介、景点、交通等问询服务常识以外,还要熟悉回头客及老客户的相貌特征、单位及姓名等,并能积极主动提供有针对性的服务。

三、敏捷的思维能力

如果说记忆是人的认识的初级阶段,那么思维就是人的认识过程的高级阶段。人在认识外界事物时,不但能直接感知个别事物的表象,而且能够发现事物的本质和事物内在的、有规律的联系。旅游服务人员要学会通过观察客人外表、职业、表情等变化,及时、准确地推断出客人的心理。我们常讲要学会揣摩客人心理,实际上就是指观察、分析、推断客人心理的思维过程。

四、良好的情感自控能力

情感是人对客观事物的态度、体验和心理满足程度。情感和需求有着密切的联系。一般来说,能满足人们精神或物质需要的事物,都会使人产生肯定、积极、满意的情感。人的情感是复杂的,主要有激动、心境、热情三种表现形式。有时服务人员处于激动状态下很难自制,表现为过激的动作和言辞;有时处于闷闷不乐的心境状态,对客人爱答不理。服务员与客人发生争执、口角时,多数正处于不良心境之中。旅游服务人员应学会控制自己的情绪和心境,尤其要理智对待个性强的客人。热情是指人参与活动或对待别人所表现出来的热烈、积极、主动、友好的情感和态度,热情是与人生观、价值观有关联的,是一个人的态度、兴趣的表现。与激情相比,热情更平稳稳定一些。

五、坚强的意志

意志是人们为了达到预定的目标,自觉去克服各种困难的心理。意志品质表现在自觉性、果断性、自制性和坚毅性等四个方面。旅游服务人员一方面受服务规程的约束,另一方面还要为客人千方百计地解决问题。这种控制行为举止就是意志自觉性、坚毅性的表现。旅游服务人员与各国、各地区、各阶层、各种身份及各种文化层次的客人接触,其意志是否坚强,对做好接待服务工作意义极大。因此,前厅服务员要富于进取,培养良好的职业责任心、坚强的意志和良好的意志品质。

知识链接 5-3

酒店"八荣八耻"

以爱护酒店为荣，以损坏酒店为耻；
以遵纪守法为荣，以违法违纪为耻；
以服务宾客为荣，以麻烦宾客为耻；
以协作和谐为荣，以推诿冲动为耻；
以恪尽职守为荣，以躲避责任为耻；
以诚实待人为荣，以虚假做人为耻；
以创新参与为荣，以守旧退缩为耻；
以节能降耗为荣，以浪费挥霍为耻。

本章小结

本章主要介绍了旅游从业人员在服务过程中大体应掌握的礼仪行为，包括称呼、介绍、问候、迎送、问询和应答等服务方面的礼仪和注意事项。其次则主要介绍了旅游服务人员应如何提高自己的素质，才能在服务中创造良好的氛围，与客人共建良好的人际关系。

经典案例 5-1

2006年10月下旬某商务酒店的中餐部。一位男服务员在一次对包房客人服务的时候，由于个人情绪的问题，在备餐间说脏话以示不满，而客人从门口经过，无意中听到了这些，于是造成客人很大的不满，引发了投诉。另外一个女服务员在一次服务中由于太忙，进备餐间的时候碰到一位从茶室过来帮忙的服务员，于是就很不满地骂她"成事不足，败事有余"，以至于这位服务员一气之下掉头就走了。这些都是很不好的服务态度，也是没有注意其服务礼仪所导致的后果。还有一位在餐厅大堂的男服务员，平时勤勤恳恳，做事非常认真，对顾客总保持一种微笑和轻松愉快的心情，并且在服务过程中基本上都达到了礼貌礼仪方面的要求。所以他不仅得到了顾客的肯定，而且很受领导的重视。这种便是正面的服务例子。只要我们正确认识礼仪对服务的重要性，怀着认真的态度对待工作，那么我们的服务工作就一定能够做好。

问题

1. 服务人员应该掌握哪些礼仪规范？
2. 服务人员如何提高自己的素质？

第六章　旅游从业者的礼貌用语

本章目标
- 了解旅游服务人员礼貌用语的特点
- 了解"十字"文明用语的内容
- 了解培养良好口才的意义

本章重点
- 掌握礼貌用语的使用场合
- 能够在服务中正确使用礼貌用语
- 熟练运用服务中的"十字"用语
- 掌握培养良好口才的途径

在人际交往过程中,恰到好处地使用礼貌用语,不仅可以表现出个人的亲切、友好与善意,还能够传递出对交往对象的尊重,因此有助于双方产生好感,彼此接受。工作中的礼貌用语,主要是指服务人员在服务中表示自谦恭敬之意的一些约定俗成用语及特定表达形式。

第一节　旅游服务礼貌用语的特点

从事不同职业的人,都使用着具有职业特点的语言。外交家善于外交辞令,戏剧家习惯运用舞台的语言,教师熟练掌握课堂用语,这些语言的产生和运用都与职业特点有关。旅游行业也有着符合本行业特点的礼貌用语。

一、语言的礼貌性

旅游业是一个服务行业,所以行业的礼貌用语十分必要,通常用语有"您好"、"请"、"谢谢"、"请原谅"、"对不起"、"不客气"、"请您稍坐"、"希望您再来"等。但要注意,在服务过程中,绝对禁用"喂"、"哪位结账"、"您靠边点"等生硬的用语。对顾客进店后的称呼要讲究礼貌、艺术和技巧,可称"先生"、"女士"、"小姐"更为亲切,以示尊重。服务人员对客人表示礼貌的前提是微笑。

微笑是世界通用的沟通方式,如果能巧妙而艺术地配上礼貌语言,客人就会更加感到"宾至如归"。

二、语言的情感性

礼貌用语要求说话者要饱含深情,也就是将自己乐意为客人服务的意愿化为满腔热情渗透到每一句话中,让客人切实感受到你的真情实意,而不是例行的工作语言。在旅游接待过程中,把宾客当作自己的亲朋好友,营造出一种生动活泼、亲切随和的服务气氛,通过语言实现服务和被服务两者之间的情感上的沟通和交流,实现心与心的交融。在这种气氛中,服务与被服务的双方都可以感受到一种轻松自然、水乳交融的温馨与舒畅,为服务人员实现自己的工作目标打下坚实的基础。

三、语言的主动性

服务人员不管面对什么样的服务对象,都要主动、热情,一视同仁地开口在宾客开口之前。在旅游服务中,服务人员在满足宾客需要的过程中,是否能在宾客开口之前,是衡量旅游服务人员的服务水平和服务质量的重要标准之一。旅游服务人员在服务中要保持语言的主动性,关键是要有一种好的对客交往的心态。服务语言做到主动,首先必须建构起符合旅游从业人员特质要求的良好心理态势。见到客人时,要热情主动地打招呼。看到客人犹豫不决的时候,要主动去问询。当了解到客人有明显的需求动机时,要主动介绍。当看到客人离开时,要主动送别。

经典案例 6-1

"要饭"与"完了"——礼貌用语的不恰当使用

在某地一家饭店餐厅的午餐时间,来自我国台湾的旅游团在此用餐,当服务员发现一位 70 多岁的老人面前是空饭碗时,就轻步走上前,柔声说道:"请问老先生,您还要饭吗?"那位先生摇了摇头。服务员又问道:"那先生您完了吗?"只见那位老先生冷冷一笑,说:"小姐,我今年 70 多岁了,自食其力,这辈子还没落到要饭吃的地步,怎么会要饭呢?我的身体还硬朗着呢,不会一下子完的。"由此可见,由于服务员用词不合语法,不合规范,不注意对方的年龄,尽管出于好心,却在无意中伤害了客人,这不能怪客人的敏感和多疑。

第二节　旅游服务礼貌用语的运用

在人际交往中,使用语言是为了实现一定的交际目的;服务存在着特定的对象。语言的实际效果不仅取决于如何运用,更主要的是取决于语言能否为对方所理解和接受;服务语言的运用要以诚为本,以实为要,以真为先;服务语言的运用,通常都有其特定的环境和具体场景。因此服务语言的运用,通常都要遵循目的性、对象性、诚实性以及适应性原则。

一、礼貌用语的使用场合

(一)问候用语

问候,主要适用于人们在公共场所里相见之初时,彼此向对方询问安好,致以敬意,或者表达关切之意。适宜使用问候用语的主要时机有:一是主动为客人服务时;二是客人有求于自己时;三是客人进入本人的服务区域时;四是客人与自己相距过近或是四目相对时;五是自己主动与他人进行联络时。

在正常情况下,应由身份较低者首先向身份较高者(如顾客)进行问候。如果被问候者不止一人时,服务人员对其进行问候,有三种方法可循:一是统一对其进行问候,而不再一一具体到每个人,例如,可问候对方"大家好""各位午安";二是采用"由尊而卑"的礼仪惯例,先问候身份高者,然后问候身份低者;三是以"由近而远"为先后顺序,首先问候与本人距离近者,然后依次问候其他人,当被问候者身份相似时,一般应采用这种方法。尤其是在营业高峰时,要注意"接一顾二招呼三",提高操作技艺,缩短接待时间,即手里接待着一个,嘴里招呼着另一个,通过眼神、表情等向第三个传递信息,从而使顾客感到被尊重。

(二)迎送用语

1.欢迎用语

欢迎用语又叫迎客用语,主要适用于客人光临自己的服务岗位时。服务人员在使用欢迎用语时,有三点应予以注意。

(1)欢迎用语往往离不开"欢迎"一词的使用。平时最常用的欢迎用语有"欢迎"、"欢迎光临"、"见到您很高兴"、"恭候光临"等。

(2)在顾客再次到来时,应以欢迎用语表明自己记得对方,以使对方产生被重视之感。其作法是在欢迎用语前加上对方的尊称,或加上其他专用词。例如,"××先生,欢迎光临""××小姐,我们又见面了""欢迎您又一次光临本店"等。

(3)在使用欢迎用语时,通常应一并使用问候语,必要时同时向被问候者施以其他见面礼,如点头、微笑、鞠躬、握手等。

2.送别用语

最为常用的送别用语主要有"再见"、"慢走"、"欢迎再来"、"一路平安"等。当顾客因故没有消费时,服务人员仍要一如既往地保持送别的礼貌风度,千万不可在对方离去时默不作声。

(三)请托用语

1.标准式请托用语

当服务人员向客人提出某项具体要求时,须加上一个"请"字。例如,"请稍候"、"请让一下"等,便容易为对方所接受。

2.求助式请托用语

最为常见的有"劳驾"、"拜托"、"打扰"以及"请关照"等等。求助式请托用语往往用于在向他人提出某一具体的要求时,比如请人让路、请人帮忙、打断对方的交谈,或者要求对方照顾时使用。

3.组合式请托用语

在请求或托付他人时,往往会将标准式与求助式请托用语混合在一起使用,这便是所谓组合式请托用语。"请您帮我一个忙"、"劳驾您替我看一下这件东西"、"拜托您为这位女士让一个座位"等,都是较为典型的组合式请托用语。

(四)致谢用语

致谢用语又称感谢用语。在人际交往中,使用致谢用语,意在表达自己的感激之意。适当地运用致谢用语,可使自己的心意为他人所领受,"礼多人不怪",从而拉近与顾客之间的关系。

在下列情况下服务人员应及时使用致谢用语:一是获得他人帮助时;二是得到他人支持时;三是赢得他人理解时;四是感到他人善意时;五是婉言谢绝他人时;六是受到他人赞美时。

1.标准式致谢用语

主要内容通常只包括一个词汇——"谢谢",在任何需要致谢时,均可采用此形式。在许多情况下,如有必要,在采用标准式致谢用语向人道谢时,还可在其前后加上尊称或人称代词,如"××先生,谢谢"、"谢谢××小姐"、"谢谢大妈"、"谢谢您"等。这样做,可使其对象性更为明确。

2.加强式致谢用语

为了强化感谢之意,可在标准式致谢用语之前,加上具有感情色彩的副词,若运用得当,往往会令人感动。最常见的加强式致谢用语有"十分感谢"、"万分感谢"、"非常感谢"、"多谢"。

3.具体式的致谢用语

一般是因为某一具体事情而向人致谢。在致谢时,致谢的原因通常会被一并提及。例如,"让您替我们费心了"、"上次给您添了不少麻烦"等。

(五)征询用语

在服务过程中,服务人员往往需要以礼貌语言主动向顾客进行征询,以取得良好的反馈。这主要有五种情况:一是主动提供服务时;二是了解对方需求时;三是给予对方选择时;四是启发对方思路时;五是征求对方意见时。

1.主动式征询用语

多适用于主动向服务对象提供帮助时。例如,"您需要帮助吗"、"我能为您做点儿什么"、"您需要点什么"。它的优点是节省时间,直截了当;缺点则是稍微把握不好时机的话,便会令人感到有些唐突、生硬。

2.封闭式征询用语

多用于向顾客征求意见或建议时,只给对方一个选择方案,以供对方决定是否采纳。例如,"您觉得这件工艺品怎么样"、"您不来上一杯咖啡吗"、"您是不是很喜欢这种样式"、"您是不是先来试一试"、"您不介意我来帮助您吧"等。

3.开放式征询用语

开放式征询用语也叫选择式征询用语,其做法是提出两种或两种以上的方案供对方选择,这样更意味着尊重对方。例如,"您打算预订雅座,还是预订散座"、"这里有三种颜色,您喜欢哪一种颜色的"等。

(六)应答用语

应答用语指在工作岗位上,用来回应顾客的招唤,或是答复其询问时所使用的专门用语。基本要求是:随听随答,有问必答,灵活应变,热情周到。

1.肯定式应答用语

主要用来答复顾客的请求。这一类的应答用语主要有"是的"、"好"、"很高兴能为您服务"、"好的,我明白您的意思"。

2.谦恭式应答用语

当客人对提供的服务表示满意,或是直接对服务人员进行口头表扬、感谢时,服务人员一般可用此类用语进行应答。例如"请不必客气"、"这是我们应该做的"、"请多多指教"、"过奖了"。

3.谅解式应答用语

在客人因故向自己致以歉意时,服务人员应及时予以接受并表示必要的谅解。常用的谅解式应答用语主要有"不要紧"、"没有关系"、"我不介意"等。

(七)推托用语

1.道歉式推托用语

当对方的要求难以被立即满足时,不妨直接向对方表示自己的歉疚之意,以求得对方的谅解。

2.转移式推托用语

不纠缠于对方的某一具体细节问题,而是主动提及另外一件事情,以转移对方的注意力。例如,"您可以去对面的酒店看一看"、"我可以为您向其他航空公司询问一下"等。

3.解释式推托用语

在推托对方时尽可能准确说明具体缘由,以使对方觉得推托合情合理、真实可信。例如,"国家民航总局××号文件已经通知,机票不得自行打折"、"下班后我们酒店还有其他安排,很抱歉不能接受您的邀请"等。

(八)道歉用语

在工作中,因某种原因而带给他人不便,或妨碍、打扰对方时,必须及时向对方表达自己的歉意。最常用的道歉用语主要有"抱歉"、"对不起"、"请原谅"、"失礼了"、"失言了"、"失陪了"、"失迎了"、"不好意思"、"多多包涵"、"很惭愧"、"真的过意不去"等。

二、正确使用礼貌用语的方法

语言是服务人员与顾客直接交流的一种重要方式。服务人员与顾客恰当的、合理的语言交流,能满足顾客希望受到尊敬的心理需求,会产生一种特殊的满足感。一个服务人员能否在服务用语上使顾客高兴而来、满意而去,也是考查其综合素质高低的标准之一。要想掌握好礼貌用语,应考虑做好以下几点。

(一)口齿要清楚伶俐

服务员每天要接待成百上千的顾客,在用语上首先要让顾客能听明白你在说什么,关键在于口齿要清楚,不可含糊其辞。另外,在给顾客介绍菜品时一定要热情诚恳,交谈中的用语应实事求是,决不可虚张声势,故弄玄虚。

(二)要用普通话交谈

对于从事旅游行业的服务人员来说,学说普通话,用普通话与顾客交谈,既有利于服务工作顺利进行,又会显得更亲切。据统计,到目前为止,餐馆服务员外地人员占98%。对于地区来源不同、文化程度较低的外地打工人员,他们说话中多少都带有口音,如果不用普通话与顾客交谈,顾客会听不懂,而且会造成笑话,给工作和服务都带来不便和麻烦。餐馆服务员岗前必须加强培训,只有学会说普通话才可上岗,成为合格的服务人员。

(三)用语要礼貌适度

服务用语又称服务敬语,由于时代的前进,其内容也在不断地变化。当今服务用语更加高雅实用,听后会使顾客备感亲切。但如果用语不恰当,会使顾客不满,影响企业的形象。比如,在顾客点酒水和饮料时,服务员应及时说,"请问您需用什么酒水和饮料";在顾客较长时间里拿不定主意时,服务员应礼貌地接着介绍,"我们店内有××白酒、××啤酒、××饮料,请您随意"等;而不应该说"您喝点酒和饮料吗"。另外,当顾客说到需要两瓶啤酒不要饮料时,服务员应说"好的。请您稍等,马上就来";而不应该说"您再要点饮料吧"、"我店新到的××饮料"等,这种推销用语,方式生硬不妥,所以用语一定要讲分寸、讲技巧、讲礼貌。

(四)用语要及时适时

酒店内工作中各个部门之间要沟通,在沟通时除用语要肯定、准确外,还应注意用语的及时、适量,以防误事。比如,由于市场问题厨房进货不够全,致使菜单中有几样菜沽清(缺货)。对此,厨师长应提前通知前厅主管,主管立即通知每位服务人员。在顾客点菜时,服务员及时告知顾客,以免发生服务员不知情、待顾客点完菜、开出菜单才发现此菜沽清的情况,给工作造成麻烦和误会。在顾客用餐过程中有特殊要求,服务员在得知后应及时通知厨房,不可延误,做到及时、适时。

经典案例 6-2

一天中午,酒店的餐厅内宾朋满座,一位顾客突然向服务员说:"刚才我要的那盘家常豆腐,请多给放些辣椒。"服务员听后答应了顾客,但却忘记了把顾客的要求向厨师告知。待菜已炒好后端上来,顾客很生气,大声质问服务人员为什么没有多放辣椒。顿时餐厅内安静下来,大家都在看向这桌,想知道发生了什么。服务员要再向厨师要求回锅加工,厨师也有意见不肯回锅;如果不照顾客提出的去办,顾客也不会满意。这时,这位服务员进退两难。

这本来是一件小事,只是因沟通不够及时,给工作造成困难和尴尬。

第三节 旅游服务中的"十字"文明用语

语言是社会交际的工具,是人们表达意愿、思想感情的媒介和符号。语言也是一个人道德情操、文化素养的反映。在与他人交往中,如果能做到言之有礼、谈吐文雅,就会给人留下良好的印象;相反,如果满嘴脏话,甚至恶语伤人,就会令人反感讨厌。文明用语是指在语言的选择、使用中,应既表现出使用者良好的文化素养、待人处世的礼貌态度,又能够令人产生高雅、脱俗之感。简言之,文明用语,就是要求在使用语言时必须讲究文明。

一、"十字"文明用语的内容

(一)文明用语的内容

文明礼貌五句话,是上海市在总结群众性精神文明建设活动经验的基础上倡导的,并把它谱成歌曲,在电视等媒体中播放,广为传唱。这五句话的具体内容是:

　　　　　文明礼貌,使你添风采;
　　　　　称职工作,使你增自信;
　　　　　周到服务,使你受尊敬;
　　　　　热情助人,使你更快乐;
　　　　　勤奋向上,使你永充实。

文明礼貌"十字"用语,即"请、你好、谢谢、对不起、再见"。

这十个字简洁明了、通俗易懂,充分体现了语言文明的基本形式。在人们交往过程中,如能经常使用这"十字"用语,就可以避免许多不必要的误会和摩擦。因此,文明礼貌"十字"用语是人际关系和谐的润滑剂,是我们中华民族精神文明的具体体现。

(二)实践推广的意义

语言是和表达方式及能力息息相关的。使用规范的用语和标准的普通话是每个公民应履行的义务。要做好规范用语、用字,就必须认真贯彻语言文字的各项规范和标准,牢固树立语言文字规范意识,在工作中逐步消除社会用字的混乱现象。正确使用祖国的语言文字应从自己做起,从现在做起。

旅游业本身是服务行业,向客人出售的是服务产品,服务产品质量的高低直接取决于服务的提供者——各个旅游服务人员的服务技能和服务热情的高低。旅游服务人员通过与客人的交往为客人提供服务,而这种交往是客人在旅游全部经历中一个极为重要的组成部分。旅游服务者作为客我交往的首要环节,对旅游服务质量起着至关重要的作用。因此,塑造良好的旅游服务者礼貌文化素质是旅游业的必然选择。因此,必须努力培育旅游服务者良好的礼貌文化素质,加强礼貌用语的推广和实践。

(三)礼貌忌语的回避

礼貌忌语是指不礼貌的语言,或他人忌讳的语言,或会引起他人误解、不快的语言。

不礼貌的语言,如粗话、脏话,这是语言中的垃圾,必须坚决清除。他人忌讳的语言是指他人不愿听的语言,交谈中要注意避免使用。如谈到某人死了,可用"病故"、"走了"等委婉的语言来表达。港、澳、台地区同胞忌说不吉利的话,喜欢讨口彩。特别是香港人有喜"8"厌"4"的习惯。因香港人大都讲广东话,而广东话中"8"与"发"谐音、"4"与"死"同音。因此,在遇到非说"4"不可时,应用"两双"来代替。

容易引起误解和不快的语言也要注意回避。在议论其长相时,可把"肥胖"改说成"丰满"或"福相","瘦"则用"苗条"或"清秀"代之;参加婚礼时,应祝新婚夫妇白头偕老;在探望病人时,应说些宽慰的话,如"你的精神不错"、"你的气色比前几天好多了"等。在日常生活中,如遇到矛盾冲突时,应冷静处置,不用指责的语言,多用谅解的语言。

二、正确灵活使用"十字"用语

(一)如何说话不失分寸

要让说话不失"分寸",除了提高自己的文化素养和思想修养外,还必须注意以下几点。

1. 说话时要认清自己的身份

任何人,在任何场合说话,都有自己的特定身份。这种身份,也就是自己当时的"角色地位"。比如,在自己家庭里,对子女来说你是父亲或母亲,对父母来说你又成了儿子或女儿。如用对小孩子说话的语气对老人或长辈说话就不合适了,因为这是不礼貌的,是有失分寸的。

2. 说话要尽量客观

这里说的客观,就是尊重事实。事实是怎么样就怎么样,应该实事求是地反映客观实际。有些人喜欢主观臆测、信口开河,这样往往会把事情办糟。当然,客观地反映实际,也应视场合、对象,注意表达方式。

3. 说话要有善意

所谓善意,也就是与人为善。说话的目的,就是要让对方了解自己的思想和感情。俗话说:"良言一句三冬暖,恶语伤人六月寒。"在人际交往中,如果把握好这个分寸,也就掌握了礼貌说话的真谛。

(二)如何向人礼貌问询

在社会生活中,向人问询是经常发生的事。这种看似平常的一句问话,实际上却反映了一个人的修养和文明程度。

向人询问时,首先要选择合适的称呼语,如"小姐"、"先生"、"师傅"等。不能不加称呼,直接用"喂"来代替;也不能使用一些不礼貌的称呼,如"老头"、"戴眼镜的"等。其次,应学会使用请求语,如"请"、"麻烦您"、"劳驾"等。再次,对方答复自己的询问时,不能目视左右、心有旁骛。问询完毕应向对方表示感谢,语气应恳切,态度要真诚。

(三) 如何向人表示歉意

在日常工作和生活中,有时会因某种原因打扰别人、影响别人,或是给别人带来某种不便,在这种情况下,均应向人表示歉意。表示歉意的词语通常有"对不起"、"请原谅"、"很抱歉"、"打扰了"、"给您添麻烦了"等等。道歉能使人与人之间即将产生冲突的气氛缓和下来,使大事化小、小事化了,甚至化干戈为玉帛。

向人表示歉意时,首先,要面对现实。道歉并非耻辱,而是一个人襟怀坦白、深明事理、真挚诚恳和具有勇气的表现,体现了一个人的素质修养。所以道歉时决不能遮遮掩掩、扭扭捏捏,而应真心实意地表达歉意。其次,要注意方式。如因一些小事打扰别人应马上道歉;损坏别人的东西要主动提出赔偿。对于一些比较严重的误会或产生口角纠纷可以说一些婉转的话表示歉意。除了直接表达歉意外,还可以通过书信、第三者转达等方式向人道歉。这样同样可达到道歉的目的,又可避免一些难堪的局面。有些过失是可用口头表示歉意并能奏效的,但有些过失不仅需要口头向对方表示歉意,而且需要有改正过失的行动。因为改正过失的行动往往是最真诚、最有力、最实际的道歉。

旅游服务人员在与客人进行语言沟通时要注意以下几个方面。首先旅游服务人员在服务中要正确使用旅游服务用语。选用合适的语句,准确、恰当地表达自己的思想是与客人顺利交往的首要一环。常用的礼貌用语有"您好"、"欢迎光临"、"别客气"、"谢谢"、"欢迎再来"等。要针对客人的年龄、身份、职业、文化修养等条件,根据交谈的不同时间、地点、场合等,采用不同的语言形式。比如,在旅游服务中,与外宾讲话要讲究分寸、不卑不亢;与年长的人讲话要用尊重的语气;与年轻人讲话要真诚、亲切。

经典案例 6-3

敬语缘何招致不悦

一天中午,一位住在某饭店的国外客人到饭店餐厅去吃饭,走出电梯时,站在电梯口的一位女服务员很有礼貌地向客人点点头,并且用英语说"先生,您好!"客人微笑地回道:"你好!小姐。"当客人走进餐厅后,引位员发出同样的一句话:"您好!先生。"那位客人微笑着点了一下头,没有开口。客人吃好午饭后,顺便到饭店的庭院中去散步,当走出内大门时,一位男服务员又是同样的一句话:"您好!先生。"

这时客人下意识地只是点了一下头了事。等到客人重新走进内大门时,迎面的仍然是那位服务员,"您好!先生"的声音又传入客人的耳中,此时这位客人已感到不耐烦了,默默无语地径直去乘电梯准备回房间休息。恰好在电梯口又碰见那位女服务员,自然又是一成不变的套话,"您好!先生"。客人实在不高兴了,装作没有听见的样子,皱起了眉头,而这位女服务员却摸不着头脑。这位客人在离店时,写给饭店总经理一封投诉信,其中写道:"……我真不明白你们饭店是怎样培训员工的?在短短的中午时间内,我遇到的几位服务员竟千篇一律地简单重复一句话'你好!先生',难道不会使用其他语句吗?"

第四节　旅游服务人员的口才培养

一、培养良好口才的意义

从某种意义上说,人与人之间的相处,首先是从交谈开始的。一个人的才干要被人认识、要被人了解,就必须与人交谈,有时甚至还必须"毛遂自荐",向对方显示自己的才干。如果不借助口才,很难想象那结果又将如何。

卡耐基博士曾举过一个很生动的例子。美国费城有一位青年为谋取职业,成天徘徊在费城的大街上,总幻想有哪位富人能发现他的"存在",然而,不管他做出怎样引人注目的举动,都毫无结果。有一天,他突然记起欧·亨利的一句话:"在'存在'这个原味的面团中加入一些'谈话'的葡萄干吧。"于是,他突然闯进著名富翁贾鲍尔·吉勃斯先生的办公室,请求吉勃斯先生牺牲哪怕仅仅一分钟来见见他,并容许他讲一两句。吉勃斯先生破例接见了他。起初,吉勃斯只想与他谈一两句,然后将他打发了事的,没想到两人越谈越投机,一直谈了一小时。结果,吉勃斯先生很快替这个穷愁潦倒的青年找到了一份工作。

事实上,口才也绝不是许多人所认为的那样,只是耍耍嘴皮子,它实际上是一个人综合能力的体现。一个善于表达的人,必是个具有敏锐观察力、能深刻认识事物的人,只有这样,他说出来的话才能既生动又准确地反映事物的本质。此外,他还必须具有严密的思维能力,懂得分析、判断和推理,使自己说出来的话有条有理、滴水不漏。有口才的人还必须有流畅的表达能力、丰富的词汇、渊博的知识等。正因为如此,所以有人说:口才是学识的标尺。

商业时代,人们互相之间的交往日益频繁,口才也越来越显得重要。尤其是旅游服务行业,服务人员最主要的任务就是与各种各样的客人打交道,所以,口才对于服务人员来说,是相当重要的。

二、培养良好口才的途径

旅游接待服务行业,每天工作的内容就是以各种不同的方式与人打交道。如何让宾客吃得满意、住得舒适、行得轻松、游得开心、购得实惠、娱得尽兴,这是每一个旅游服务人员所追求的目标。要实现这些目标,除了具备较高的专业知识外,旅游服务人员在与客人沟通时还要语言使用得体。那么,如何培养服务人员时时处处讲究礼貌、言必用礼貌用语呢?

(一) 树立礼貌用语意识

良好的礼貌用语意识,除了要求从业人员有较高的个人修养外,更重要的是对自己服务角色的认同,摆正自己的心态。此外,对于服务业来讲,客人就是企业的上帝,是企业的生存和发展之本,是员工的衣食来源,礼貌用语的规范使用不仅是企业,而且是员工素质高低的重要标尺。有这种正确的态度后,工作起来就心情舒畅,对客服务就易做到礼仪在先了。

(二) 丰富个人知识修养

要想给别人一杯水,自己要有一桶水,这是一个普通的常识。我们要说给别人听,首先就得自己有。在旅游服务的过程中,不要小看了服务人员几句话化解纠纷的能力,那几句话需要有丰厚的知识积累。有些人有这样一个好习惯:准备一个小本子,把每天从报纸、杂志、文章中看到的观点、方法,好的词、句子都记录下来,有时间就拿出来看看,久而久之,就形成了自己的思想,有了自己的见解,也有了自己的词汇库。说起话来也就头头是道,也不觉得没话可说了,甚至常常能妙语惊人,这就是积累的结果。

(三) 培养随机应变能力

我们在与人交际、交流时,常常还会遇到一些意想不到的事情发生。如你正在演讲时却有人起哄,正在交谈时却遭人抢白,你的辩词受到人们的反对,这一切都需要有从容镇定的应变力。而在旅游服务的过程中,经常会出现一些突发的事件,所以为了使你在窘境中得到解脱,为了练就一副在任何情况下都对答如流的口才,应变能力是必须要培养的。

经典案例 6-4

著名相声演员马季,有一次到湖北省黄石市演出。在他表演之前,有一位演员错把"黄石市"说成了"黄石县",引起了观众的哄笑。在笑声中,马季登台演出。他张口就说:"今天,我们有幸来到黄石省演出……"这话把哄笑中的观众弄糊涂了。正当大家窃窃私语时,马季解释道,"方才,我们的一位演员把黄石市说成县,降了一级。我在这里当然要说成省,给提上一级,这样一降一提,哈,就平啦!"几句话,引得全场心怡大笑,马季机智巧妙地圆了场,使演出得以顺利进行。

马季之所以能把场圆下来,关键还在于他有较强的应变能力。一个艺术家如此,一个演讲者、谈话者,甚至服务人员也是如此。我们无论是演讲、谈话,还是服务,都是在与对方进行感情交流,进行信息传递。这就需要我们在交流的过程中随时注意对方的变化,观察对方的表情,掌握对方的情绪,并要根据对方的反馈及时调整我们所说的内容及角度,把对方不愿听的东西删掉,加进一些对方感兴趣的内容,这没有较强的应变能力是做不到的。

(四)积极进行语言训练

一份调查结果显示,缺乏语言训练与受过良好语言训练有天壤之别。面对同一件事,没受过语言训练者的表述,有可能是语无伦次的、杂乱无章的,即使说了一大堆话,也只会是废话;若是受过良好语言训练的人,他可能只需很少的语句,就会十分简练、完整且合乎逻辑地抓住主要情节和情节之间的关系,将事件表述出来。两者之间,差别之大,不由我们不引起对口才训练的重视。

在着手训练自己的讲话能力之前,对自己先做个摸底。我们不妨问问自己——

● 是否见了别人,觉得无话可说?或只对一部分人才有话说?
● 是否很难找到一个使说、听双方都很有兴趣的话题?
● 能否将自己所谈的意思,用各种不同的方式去表达,以满足不同场合、不同对象的需要?在遇到别人的反驳时,是否一再重复说过的话?
● 能否调动别人与你谈话的兴趣?
● 能否使谈话顺利而不致中断?
● 能否根据对方的态度,及时调整自己的态度?
● 口齿是否清晰,声音是否悦耳?
● 是否知道在何处结束自己的谈话?

总之,完美的服务礼貌用语不是一朝一夕可以学会的,它靠我们平时一点一滴地积累。首先,要树立学习礼仪的意识;其次,要培养尊敬他人的情感;再次,要锻炼履行礼仪的意志;最后要养成遵从礼仪的行为。礼貌用语的使用已成为当代人个人素质的全面体现,集中反映着一个人的文化素质、心理素质、道德素养、智慧和才能,是其综合素质的体现。

本章小结

本章主要介绍了旅游服务人员在工作中礼貌用语的特点以及使用场合和方法,以及现在社会所提倡的"十字"用语要求,系统阐述了"十字"文明用语在旅游服务工作中的运用,最后为培养旅游服务人员的良好口才指明了培养的途径。为旅游服务人员的文明服务提供了学习的范本。

经典案例 6-5

某饭店足疗中心内,有两位结伴而来的客人显然是第一次来这里消费,对有关的项目内容、服务信息都很不熟悉,询问了很多问题,甚至包括足疗的服务程序、每项程序所进行的时间、服务的内容,等等。

前台接待小曾热情礼貌地接待了他们,按照价格从高到低的顺序为他们介绍了每种项目,并积极地向他们推荐一些价格比较高的套餐项目,因为是套餐报价,所以性价比较高。两位客人比较来比较去,最终还是选择了该足疗中心比较大众化的中药足浴项目,每位38元。当他们办完开单手续向接待房间走去时,小曾忍不住低声低估了一句:"没钱还来干什么,装什么大款。"其中一位客人迅速扭过头来,看了小曾一眼,虽然什么都没说,但显然客人很不满。过了几天,饭店服务中心就收到了客人对小曾的投诉。

问题

1. 在本案例中,小曾做错了什么?
2. 在服务过程中,有哪些服务忌语是我们格外要注意的?
3. 为什么在服务过程中要使用文明礼貌用语?

第七章 实用旅游服务接待礼仪

本章目标
- 了解饭店接待的一般礼仪规范
- 了解旅行社接待过程中的一般礼仪规范
- 了解旅游景区中的一般服务接待礼仪
- 了解旅游商务活动中的常用礼仪

本章重点
- 掌握在饭店接待中的礼仪要求
- 能够在实践中运用旅行社接待礼仪
- 掌握旅游景区的服务接待要求

在旅游服务中,接待客人要礼貌服务。礼貌服务是指服务人员出于对客人的尊重或友好,在服务中注重礼仪、礼节,讲究仪表、举止、语言,执行服务操作规范。它是服务人员主动、热情、周到服务的外在表现,是客人在精神上能感受到的服务形式。

第一节 饭店服务中的接待礼仪

酒店礼貌服务要求做到:举止大方,站立服务;表情真切,微笑服务;说话和气,敬语服务;态度和蔼,真诚服务(见图7-1)。

一、前厅服务人员的礼仪规范

宾馆的前厅部位于宾馆的门厅处,是宾馆接待宾客,安排客房,提供咨询、信函、电信联络服务,收款等多项服务的部门,也是宾馆任务繁忙、工作时间最长的部门。前厅服务人员的礼仪修养将直接影响宾馆的业务和宾馆的形象,应当引起员工的高度重视。

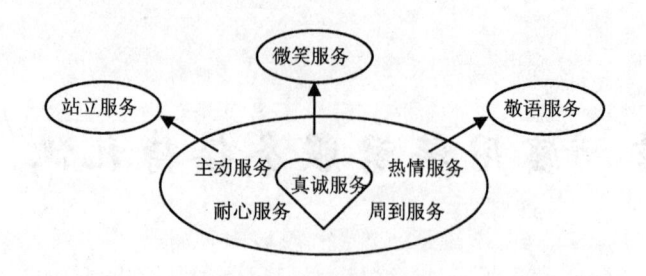

```
        微笑服务
站立服务        敬语服务
      主动服务  热情服务
         真诚服务
      耐心服务  周到服务
```

图 7-1　酒店礼貌服务图解

(一)迎宾员礼仪

见到宾客光临,应面带微笑,主动表示热情欢迎,问候客人:"您好!欢迎光临!"并致 15 度鞠躬礼。对常住客人应称呼其姓氏,以表达对客人的礼貌和重视。当宾客较集中到达时,要尽可能让每一位宾客都能看到热情的笑容和听到亲切的问候声。宾客乘车抵达时,应立即主动迎上,引导车辆停妥,接着一手拉开车门,一手挡住车门框的上沿,以免客人碰头。如果是信仰佛教或伊斯兰教的宾客,为避免遮住佛光,不能为其护顶。如遇下雨天,要撑伞迎接,以防宾客被淋湿。若宾客带伞,应为宾客提供保管服务,将雨伞放在专设的伞架上。对老人、儿童、残疾客人,应先问候,征得同意后予以必要的扶助,以示关心照顾。如果客人不愿接受特殊关照,则不必勉强。宾客下车后,要注意车座上是否有遗落的物品,如发现,要及时提醒宾客或帮助取出。客人离店时,要把车子引导到客人容易上车的位置,并为客人拉车门请客上车。看清客人已坐好后,再轻关车门,微笑道别:"谢谢光临,欢迎下次再来,再见!"并挥手致意,目送离去。

主动、热情、认真地做好日常值勤工作。尽量当着客人的面主动引导或打电话为其联系出租车。礼貌地按规定接待来访者,做到热情接待、乐于助人、认真负责,不能置之不理。

(二)总台服务员礼仪

总台是整个宾馆的中枢,起着对内协调、对外联络的重要作用。客人从进入宾馆到离开宾馆的这段时间内,总少不了要同总台打交道,因此,总台服务人员的服务将会对宾客产生极深的影响,很大程度上决定客人对宾馆的满意程度。为此,总台服务人员在工作中应做到以下要求。

1.热情招呼,主动介绍

总台服务人员要站立服务,姿态要端庄大方,思想集中,精神饱满。看到宾客到来,应主动招呼,热情询问,并向宾客介绍宾馆的基本情况。若客人表现出不乐意在这里居住的表情时,服务员也应积极地为客人介绍其他宾馆,并礼貌道别。

2.办理手续,认真快捷

办理住宿登记时,应礼貌地请宾客出示有关证件,核对无误后,应快速办理入住手续,以免宾客久等。手续办理完毕,招呼行李员把宾客送至房间。

3.问询服务,耐心准确

由于宾客初来乍到,不清楚的问题往往较多,服务员应及时礼貌地回答宾客的问题,不厌其烦,耐心作答,用词得当,简洁明了。对宾馆设施、各部服务时间、具体位置情况应详细解答清楚,对一时无法回答或自己也不清楚的问题,不能用"大概"、"也许"之类的含糊不清的用语作答,更不能简单地说"不知道",而应先向客人解释,待查询或请教别人后,再给宾客一个明确的答复。

4.行李服务,及时安全

当宾客办理好入住手续、咨询完有关问题后,行李员要主动接过客人的行李,挂上写有宾馆房号的行李牌,及时送到指定的房间。接、拿、递、送行李时,要轻拿轻放,不得摔、碰。行李进房后,要请客人清点确认,以免出现差错,待客人确认无误后,方可礼貌告退,若客人提出亲自携带某件行李时,行李员应遵从客人意见。

5.迎送服务,始终如一

客人到来,热情欢迎;客人离别,礼貌相送。绝不能出现客人到来,笑脸相迎,热情有余;客人离店,不理不睬,甚至横眉冷对。宾客离店前来总台付款结账,前厅服务要做到热情、周到、迅速、准确,不要耽搁宾客时间,当场核对住店日期,解释清楚各个项目收款情况,不能含糊,避免宾客疑心。如遇到不讲礼的客人,要耐心对待,切记不可与之争吵。宾客结账完毕,要向宾客亲切致谢,适当说一些热情洋溢的告别话,给宾客留下彬彬有礼的深刻印象,吸引宾客下次再来。宾客临行前赠送的礼品或小费,要婉言谢绝,自觉遵守纪律,维护人格、国格。热情、礼貌、始终如一地为客人服务,才能真正反映出服务人员的职业道德和礼仪修养。

二、客房服务人员的礼仪规范

(一)迎客的准备工作礼仪

准备工作是服务过程的第一个环节,它直接关系后面的几个环节和整个接待服务的质量,所以准备工作要做得充分、周密,并在客人进店之前完成。

1.了解客人情况

为了正确地进行准备工作,必须先了解将要入住的客人的到店时间、离店时间、何地来、去何地、人数、身份、国籍、健康状况、性别、年龄、宗教信仰、风俗习惯、生活特点及接待规格、收费标准和办法等情况,以便制订接待计划,安排接待服务工作。

2.房间的布置和设备的检查

根据客人的风俗习惯、生活特点和接待规格,对房间进行布置整理。根据需要,调整家具设备,铺好床,备好热水瓶、水杯、茶叶、冷水具及其他生活用品和卫生用品。补充文具夹内的信封、信纸、服务指南、客人须知和各种宣传品,补充冰箱的饮料。

按照接待规格将酒店经理的名片放在桌上,如是重要客人还要准备鲜花和水果,表示欢迎。如果客人在风俗习惯或宗教信仰方面有特殊要求,凡属合理的均应予以满足。对客人宗教信仰方面忌讳的用品,要从房间撤出来,以示尊重。房间布置好之后,要对房内的家具、电器、卫生设备进行检查,如有损坏,要及时报修。要试放面盆、浴缸的冷热水,如发现水质混浊,须放水,直到水清为止。

3.迎客的准备

客人到达前要调好室温,如果客人是晚上到达,要拉上窗帘,开亮房灯,做好夜床。完成准备工作后,服务员应整理好个人仪表,站在电梯口迎候。

(二)客人到店的迎接礼仪

1.梯口迎宾

客人由行李员引领来到楼层,服务员应面带笑容,热情招呼。如果事先得知客人的姓名,在招呼时应说:"欢迎您！××先生",然后引领客人到已准备好的房间门口,侧身站立,行李员用钥匙打开房门,请客人先进。

2.介绍情况

客人初到酒店,不熟悉环境,不了解情况,行李员首先向客人介绍房内设备及使用方法,同时向客人介绍酒店服务设施和服务时间。

3.端茶送巾

客人进房后,针对接待对象按"三到"——"客到、茶到、毛巾到"的要求进行服务。如客人喜欢饮冰水、用冷毛巾,也应按其习惯送上。

4.陪客人到餐厅

对初次来店的客人,第一次用餐时要主动陪送到餐厅并向餐厅负责人介绍客人饮食特点及收费标准和办法等。

(三)住客的服务工作礼仪

为了使客人住得舒服、愉快,有宾至如归之感,日常的服务工作必须做到主动、热情、周到、细致。

1.端茶送水

每天早晨客人起床后,要把开水送到房间。客人在房间会客,应按"三到"服务要求送上茶水和香巾。客人外出,应说"祝您愉快"。客人外出回来也要送茶和香巾。晚上一般不送浓茶,以防浓茶有刺激性,影响客人睡眠。房间的开水每天要换 3~4 次,早晨、午餐前、午间休息后和晚上各换一次。冷水具每天早晨要撤换,要视客人饮用情况换送。客人自带咖啡需要沸水冲饮,要及时提供沸水,客人喜欢冷饮,要随时补充冰箱饮料,以保证供应。如有访客,开水、凉开水及饮料的供应要视情况及时补充。

2. 整理房间

按照客人的接待规格、要求和酒店"住房清扫程序"进行整理。上午要按照程序进行清扫,拉开窗帘、倒垃圾、换烟灰缸、换布巾、扫地板、擦家具和各种物品;补充房间的茶叶、文具用品,清扫、整理卫生间。客人午间休息起床后,进行小整理,倒垃圾、换烟灰缸、整理床上卧具、撤换用过的毛巾。晚上利用客人去用餐的时间,到房间做夜床并再一次小整理。

3. 委托代办和其他服务

要认真、细致、及时、准确地为客人办好委托代办的事项,如洗衣、房间用餐、访客接待和其他客人委托代办的事宜。

(四) 离店结束工作礼仪

1. 做好客人离店前的准备工作

要了解客人离店的日期、时间,所乘交通工具的车次、班次、航次,所有委托代办的项目是否已办妥,账款是否已结清、有无错漏。问清客人是否需要提前用餐或准备盒饭餐。早晨离店的客人是否需要叫醒、叫醒时间。如房间有自动叫醒钟,应告诉客人如何使用。最后还要问客人还有什么需要帮助做的事情。如果有事情在本部门不能完成,应与有关部门联系,共同协作,做好离店的准备工作。

2. 定时的送别工作

利用客人就餐时间,检查客人有无物品遗忘在房间,如有要提醒客人。客人离开楼层时,要热情送到电梯口,礼貌地说"再见"、"欢迎您再来"。要有服务员帮助客人提李,并送至大厅。对老弱病残客人要有专人护送下楼,并搀扶上汽车。

3. 客人离店后的检查工作

客人离店后要迅速进入房间,检查有无客人遗忘的物品,如有应立即派人追送,如送不到应交总台登记保管,以便客人寻找时归还。同时,要检查房间小物品如烟灰缸或其他手工艺品有无丢失,电视机、收音机等设备有无损坏,如有应立即报告主管。如果发现物品缺失或损坏,应立即打电话与总台联系,机智灵活处理,不可伤害客人的感情和自尊心。

三、餐厅服务人员的礼仪规范

(一)迎领服务人员礼仪

迎领服务人员包括门厅礼仪服务人员和引领服务人员。迎领服务人员营业前一定要了解本店的概况和当天预约的客人情况,做好仪容、仪表和精神准备,营业前站在餐厅门口两侧或里面,便于环顾四周位置,等待迎接客人。

客人到来时要热情相迎,主动问候。在引领客人时,应问清是否预约、几位,然后把客人引到合适的座位,这主要根据客人的身份、年龄等来判定。宾客就餐完毕离开时,要有礼貌地欢送,并致告别语,目送宾客离开。

(二)值台服务人员礼仪

值台人员服务礼仪主要包括开菜、点菜、斟酒、派菜、分菜时的服务礼仪。

客人被引领到餐桌前,要主动问好,并为客人拉椅让座,递香巾。递香巾时,可双手捏住香巾并递到客人面前,也可用不锈钢夹夹起香巾送给客人。

客人如点饮料,饮料应放在客人的右侧,然后打开饮料瓶盖。同时需注意要用右手握瓶,露出商标,左手托瓶子上端,将饮料徐徐倒入饮料杯中,不宜倒得太满,也不可倒太快。拉开易拉罐时,不要将罐口冲向客人。如客人没点饮料,则一定要上茶,茶杯放在垫盘上,轻轻放于桌上,把茶杯把手转向客人右手方向。

客人如预先没有订菜,值台服务人员要站在主宾的左侧,躬身双手将菜单递上,请客人点菜。点菜时可适当地向客人推荐本店名菜。菜单一般先递给主宾、女宾或者长者。点好的菜名应准确迅速地记在菜单上,一式两份,一份送给厨台值班,一份送给账台买单。

快开席时,值台服务人员应将主宾、主人的口布从水杯内取出递给他们围上,从第一道菜开始,值台服务员应为客人斟上第一杯酒。斟酒、分菜的顺序是:男主宾、女主宾,从正主位左侧开始,按顺时针方向逐位斟酒,最后再斟主位。当主人、主宾祝酒、讲话时,服务员应停止一切活动,站到适当位置。斟酒时,应先斟烈性酒,后斟果酒、啤酒、汽水饮料。

服务人员在斟酒、上菜、分菜时,左臂应搭一块干净餐巾,以备擦酒滴、饮料滴等用,但不可擦自己的手。斟酒时,一般右手拿酒瓶,左手拿杯徐徐倒入,特别是啤酒,开始倒要把瓶口放到杯的正中内快点倒入,一面倒,一面把瓶口慢慢移向杯边,而且倒的速度也由快变慢,以防啤酒的泡沫上升溢杯。啤酒倒好一般以七分液体、二分泡沫为好。

(三)走菜服务人员礼仪

走菜主要指上菜、端菜、撤换餐具。

1. 上菜

上菜,一般在 10 分钟内把凉菜送上台,20 分钟内把热菜送上台。上菜要求快,特别是午餐。主食由服务员用右手放于客人的左侧。最后一道菜是汤,饭后上茶。上菜时动作要轻、稳,看准方向,摆放平稳,不可碰倒酒杯餐具等。上菜还要讲究艺术。服务员要根据菜的不同颜色摆成协调的图案。凡是花式冷盘,如孔雀、凤凰等冷盘,以及整鸡、鸭、鱼的头部要朝着主宾。上好菜后,服务员退后一步,站稳后报上菜名。

2. 端菜

端菜一定要用托盘,不可用手直接端拿,更不允许大姆指按住盘边或插入盘内。端菜的姿态要求既稳又美,具体要求是用五指和手掌托起,托盘不过耳,也不宜太低,托盘边太靠近于耳及头发是不雅的,重托时可用另一只手扶着托盘。

3. 撤换餐具

撤换餐具时要先征得客人同意。撤换时一定要小心,不可弄倒其他新上的菜、汤。撤换的餐具要从一般客人的右侧平端出去。如果菜汤不小心洒在同性别客人的身上,可亲自为其揩净;如洒在异性客人身上,则只可递上毛巾,并表示歉意。

(四)账台服务人员礼仪

账台服务人员礼仪主要包括收款、买单、转账时的礼仪。

当把客人用餐的细目送到收款台后,账台服务人员一定要准确、迅速地把食品的单价标上,一并合计好用款总数。在客人用毕主餐饮茶时,由值台服务员用托盘将账单送到客人面前,并且应站到负责买单客人的右后侧,轻声告之,然后用钱夹把钱放进托盘送回账台,并把找回的余款送到买单客人面前,叙说清楚。

买单时如客人转账,一定请客人填定账号并签字。账台服务人员一般正坐在账台内,坐姿要娴雅、自如、端庄、大方,面带微笑。

知识链接 7-1

餐厅服务礼仪培训

一、服:服从、服侍

(一)服从

1. 客人永远是对的

2. 永远不要辩解禁止的服务语言

(二)服侍:照顾

1. 照顾的标准:客人满意

2. 尊重客人隐私

3. 敬人"三 A"

Accept(接受)——不抱怨
Attention(重视)——大人物
Admire(赞美)——符合人性的法则

二、务：劳务

（一）动作要规范、到位

（二）缩短客人的等待时间

三、礼：礼节

（一）见面礼节去繁就简

（二）与客交谈莫问私事

（三）公共场合女士优先（客人优先）

（四）礼貌用语多多益善

（五）服务用语常挂嘴边

四、仪：形象

（一）形象定位：美丽、端庄、大方

（二）服装的作用：遮羞、保暖和美化生活、成功的手段

（三）清洁卫生

（四）"适度"服务

四、酒吧服务人员的礼仪规范

（一）酒吧迎宾服务礼仪

酒吧所有工作人员在迎接客人时必须使用"晚上好！欢迎光临"。咨客部门服务礼仪另加"请问有预订吗""请问先生/小姐订的是××房/台""请问几位""请问先生/小姐去……还是……"等等。

（二）酒吧服务服务礼仪

酒吧所有工作人员在引导客人时使用"请这边走"、"请小心"、"请进"、"请坐"。

酒吧等候服务的礼仪：酒吧所有工作人员在完成自己的工作程序后，在下道程序的工作人员未出现时均应使用"请稍等，××马上就来。"

酒吧服务中的礼仪：酒吧所有工作人员在进行服务前均应使用"晚上好！""对不起，让您久等了"，"很高兴为您服务，请问您×××"。完毕后应让客人确认出品内容。服务礼仪用语使用"先生/小姐，您所点的有×××"。最后使用"您看可以吗？"每次上出品时应使用"请慢用"，出品上完之后应使用"先生/小姐，您们的食品已全部上齐了，是否还需要增加"，每次服务完毕后均应使用"谢谢，有什么需要的话，请随时吩咐"。

(三)酒吧送客服务礼仪

当客人埋单时应看清客人交给的金额,并使用"先生/小姐,收您××元,请稍等"。当客人埋单后在找零时,服务礼仪用语应使用"对不起,让您久等了,这是找您的零钱,一共是××元"。完毕后说:"先生/小姐,您对我们的食品和服务还满意吗?"当客人提出意见或建议后,应表示虚心接受,同时应使用服务礼仪用语"非常抱歉,感谢您们的宝贵意见"。当客人准备离开时应使用"多谢光临,请走好,欢迎下次光临"。

五、商场服务人员的礼仪规范

(一)态度诚恳

做到对顾客微笑相迎、主动招呼。接待多方来宾时,服务人员应当有先有后、依次接待,既要讲究先来后到,又要坚持平等待人,做到买与不买一个样,买多买少一个样,大人小孩一个样,买与退一个样。对售出的商品要包扎、包装好,便于顾客携带。

(二)业务精通

做到"一懂"、"三会"、"八知道"。"一懂",懂得商品流转各个环节的业务工作。"三会",对自己所经营的商品要会使用、会调试、会组装。"八知道",知道商品的产地、价格、质量、性能、特点、用途、使用方法、保管措施。

(三)诚信经营

在介绍商品时,既不夸大其词、隐瞒缺点,也不以次充好、以劣抵优。不言而无信、欺骗顾客,不对顾客进行诱购、误导,不强买强卖。

(四)售后服务周到

为顾客做好预约登记,按照约定时间、地点进行专人送货、安装或者上门维修等服务。在接待顾客投诉时要做到耐心热诚,及时做好记录,迅速调查核实。在接待顾客退换商品时,要态度热情不推诿,更不能讽刺、挖苦顾客。

服务人员对顾客要有问必答,不能对顾客直接说"不"等服务忌语。

对一些不能退换的商品,售前应向顾客说明。如遇特殊情况要求退货,也应耐心解释。

为了更好地服务外国顾客和残疾人士,服务人员应掌握外语的日常用语与基本手语。

知识链接 7-2

商场用语要做到"六不"

● 不说阴阳怪气的话;

● 不说低级趣味的话;

- 不说讽刺挖苦的话；
- 不说有伤别人自尊心的话；
- 不说强词夺理的话；
- 不说欺瞒哄骗的话。

六、总机话务人员的礼仪规范

宾馆电话服务员是不见面的服务人员，但客人每天都在享受着他们的服务，直到离店。只闻其声，不识其人，尽管如此，话务员也不能忽视礼仪问题。其实话务员正是通过自己的柔美音调、礼貌措辞和亲切话语，在为宾客提供及时、准确的通信信息服务，对他们的要求有以下几点。

(一)接听电话礼仪

用语文明，说话礼貌。话务员接到打进的电话，应主动先报出自己的电话号码和宾馆全称，然后倾听来电内容，再分别处理。例如，"这里是 3668895，金谷宾馆。您好！请问有什么吩咐"。不论对方来电时是什么态度，话务员都应始终做到用语文明、态度诚恳，绝不可与通话者顶撞、争执。话务员应使用标准的普通话，一接来电，敬语当先，且语调亲切、音色柔美、发音准确、语速要适中，保证对方能听清楚，但对有急事要通话的人要灵活掌握，不能给人一种慢条斯理、故意拖延的感觉；否则，极易引起通话人的反感和愤怒。

(二)接转电话礼仪

接转电话，准确无误。宾馆大多使用内线电话，话务员接转电话时要做到精力集中、准确无误。接转中不得监听通话内容，如因操作原因偶尔听了，要遵守制度，不得外传，更不能以此去和客人开玩笑。宾客托挂的长途电话，在其通话后，应准确记录上通话的房间号、姓名和通话时间，记录留存，做到不漏不错。如宾客在中途调换房间，应及时更改转记，以便继续为之接转电话和离店收费。对电话查询，在不影响正常接转电话的情况下，应尽力相助。如因工作繁忙，可先请来电者稍候再查。

代客留言，主动及时。如果来电找已住宿的宾客通话，而此人此时又不在宾馆内，无论是市话还是长途，话务员都可以主动请来电一方留下姓名、地址和回电号码，以便给予转告。待宾客归来，话务员要及时转告，促其回电，如果来电一方要求直接留言，话务员应详细做好记录，并与对方复述核对后挂断电话，然后及时转告给住店宾客。代客留言既方便了宾客，又给他们以宾至如归的感受。

(三)叫醒电话礼仪

叫醒服务，认真负责。宾客因熬夜迟睡，次日又要早起办事或启程，叫醒服务可以满足他们的要求。在接受宾客请求后，话务员要立即做好记录，准确核对房间号码和叫醒的确切时间,并登记在"客人唤醒时间表"上,便于交接班时值班同事不致误事。叫醒时可电话通知楼层服务员去办理。如果是单人房间住客,也可直接去电话叫醒,"早晨好,现在的时间是早上×点钟"。如果没人接听,则应间隔3分钟再打一次,3次仍没人接,应通知值班服务员去敲门叫醒,以免误了宾客的安排。

第二节　旅行社接待中的公关沟通礼仪

旅行社是旅游活动的组织者、安排者和联系者,在整个旅游活动中处于核心地位。要保证旅游活动的圆满成功,旅行社就必须和游客、参观游览点、饭店、旅社、交通运输和邮电通信等方面保持良好的关系和无障碍的公关沟通。沟通效果的好坏,将直接影响旅行社的生存和发展。因此,旅行社在接待过程中所体现出的公关沟通服务是旅行社接待和经营管理中的一项重要工作。

一、旅行社一般接待礼仪

(一)办公接待礼仪

办公室是具有专门接待职能的组织机构,是连接旅游业与公众关系的枢纽,是体现旅游业管理水平和精神面貌的窗口。办公室接待是塑造旅游业形象,搞好旅游公关的重要一环。

1. 办公室接待礼仪

对前来造访者,应站起来,用礼貌语言,如"您好"、"请进"、"请坐",并献上烟、茶水、饮料等表示欢迎。对熟悉的客人还可以适当寒暄,询问一些有关生活、工作等近况,融洽气氛。对初次来访的客人,要采取一定的接待技巧,弄清对方的单位、身份、来意。对涉及重大问题的接待,更要慎重验看对方证件。客人陈述问题要做必要的记录。对来访者的愿望和要求,合理的、能够答复的,要尽快给予明确答复;不合理的或不便马上答复的,应予以委婉推辞,或进行必要的推托。应请示或安排领导接见解决的问题,要事先和主管领导研究,予以妥善安排。应热情送行,并表示欢迎再来。如果需要,分别时要留下今后相互联系的地址和电话。

2. 电话接待礼仪

电话接待是现代接待的重要手段,也是办公室接待的重要任务之一。电话接待的礼节主要有以下几个方面。

(1)电话铃响应立即接通,最好不要让铃声超过三遍。

(2)拿起话筒要用礼貌、谦和的语言说"您好,这里是××"。注意不要问"你要哪儿"、"你找谁",若这样与英美人打电话,对方很可能会觉得你不懂礼貌而挂上电话。

(3)讲话清晰、简练、准确、热情,讲话声音适中,忌矫揉造作。

(4)做好电话记录。对重要的电话内容要认真做好记录,内容要周全、准确。涉及时间、地点、款项、人员等问题,一定要记牢。为防止失误,对重要内容予以复述核准,以免弄错。

(5)通话结束时,要待打电话一方先挂电话,然后再挂电话,挂电话前要说感谢的话。

此外,若受话当事人不在,可礼貌地说"对不起,××不在,有什么事我能代为转达吗",若允许代转,就做好记录;若不需代转,可告知××什么时间在,请再打来电话。为了做好电话接待工作,接待人员还要特别注意熟记常用的通信电话号码。

(二)迎送接待礼仪

1. 迎接客人

首先根据来者身份、国籍、性别、年龄等状况安排好吃、住、活动日程、交通工具、兑换货币等事项。其次要查明客人到达时间,提前15分钟到达机场、车站或码头,选择醒目合适的地点等候。客人过来时,先行自我介绍,或递上名片,首先解决相互称呼问题。

引导客人乘车。把客人行李安排好后,即刻打开车门,安排客人上车。若乘小轿车,注意安排尊贵的人坐在车后排首位、接待人员坐在后座左首位或司机旁边。若乘面包车,则安排尊贵客人坐于司机后双人座上。车启动后,切忌沉默不语,可向来客讲讲活动日程,介绍当地民俗风情、旅游景点、物价等。

到达目的地需协助客人妥善安排住宿及就餐时间、地点等事宜。考虑客人沿途劳顿,需要休息,接待人员不必久留,说好下次见面时间及有事联系的电话号码,即可离去。

2. 欢送客人

根据客人离去的时间,安排好购票、结算、赠送礼品、摄影留念、欢送宴会等事宜。赠送的礼品要注意携带方便,突出精神文化和地方特色,具有保存价值。送站人员要尽量帮客人将行李安顿好,分别时讲些欢迎再来的话,要目送客人,看不见时再行返回。

二、特殊团队接待礼仪

特殊团队就是指有别于一般旅游、观光,具有其自身特点的旅游团队。在接待安排时,绝不能等同于一般观光团的操作,应根据他们的自身特点,有针对性地组织操作和接待。

(一)大型团队接待礼仪

接待大型团队的旅游活动,其难度及要求比一般旅游团队都要高。接待人员必须同时具备较高的业务水平、宏观的控制能力与严密的工作作风,才能够圆满完成接待任务。应注意以下几点:

1. 与各有关单位确认活动日程和确切时间;
2. 检查接待人员的精神准备和物质准备,通知每人车号、客人数、房号;
3. 部门经理亲临机场或码头察看迎接团队的场地、乐队站立的位置、停车点;
4. 事先安排好客人下榻饭店,与酒店客房部经理等共同检查房内各种设施是否完好可用;
5. 与车队联系好出车顺序,车上贴好醒目车头贴——车号和标志。

(二)残疾人团队接待礼仪

接待残疾人旅游团队,最重要的是要有满腔热忱,随时注意保护对方自尊心。在生活服务方面,一定要细心周到,想方设法为他们提供方便;在导游工作方面应尽量满足他们的要求;在日程安排方面,要考虑到他们的身体条件和特殊需要,时间应宽松些,所去景点应便于残疾人活动。一个旅行社接待的组织能力和指挥能力是非常重要的,如果没有精心周密的设计和踏实的组织工作,将难以顺利、圆满地完成任何团队的接待任务。

第三节 旅游景区的服务接待礼仪

作为游客,初到一个旅游景区,总希望有导游以满足其对这个旅游景区的好奇心与求知欲望;通过导游的一言一行,通过情景交融的体验,渐渐去领略这个旅游景区的内涵和品位。于是,这个旅游景区的形象就在其脑海里形成了。这些无形与有形的东西,即使回到住地仍将回味无穷……可见,导游对旅游景区形象的确立有着极其重要的影响。

一、景区服务人员的礼仪规范

(一)售票服务

售票人员要积极开展优质服务,礼貌待客,热情周到。要能熟练使用普通话,主动解答游客的提问,做到百问不厌,严禁与游客发生口角。应主动向游客解释优惠票价的享受条件,售票时做到热情礼貌、唱收唱付。在闭园前一小时内,要向购票的游客提醒景区的闭园时间及景区内仍有的主要活动。当游客购错票或多购票,在售票处办理退票手续,售票员应按景区有关规定办理,如确不能办理退票的,应耐心向游客解释。售票人员要热情待客,耐心回答游客的提问,游客出现冲动或失礼时,应保持克制态度,不能恶语相向。更应该耐心听取游客批评,收集游客的建议,及时向上一级领导反映。售票处应公示门票价格及优惠办法。

(二)验票服务

1. 验票岗位工作人员,应保持良好的工作状态,精神饱满,面带微笑。
2. 游客入景区时,验票人员应使用标准普通话及礼貌用语。
3. 对漏票、持无效证件游客,要礼貌地耐心解释,说明无效原因,说服游客重新购票。
4. 残疾人或老人入景区时,应予以协助。
5. 如遇闹事滋事者,应及时礼貌予以制止,如无法制止,立即报告有关部门。切忌在众多游客面前争执,以免引起景区秩序混乱。

(三)咨询服务

景区服务人员在接受游客咨询时,应面带微笑,且双目平视对方,全神贯注,集中精力,以示尊重与诚意,专心倾听,不可三心二意。咨询服务人员应有较丰富的旅游综合知识,对游客关于本地及周边区域景区情况的询问,要提供耐心、详细的答复和游览指导。在答复游客的问询时,应做到有问必答,用词得当,简洁明了。在接待游客时应谈吐得体,不得敷衍了事,言谈不可偏激,避免有夸张论调。接听电话应首先报上姓名或景区名称,回答电话咨询时要热情、亲切、耐心、礼貌,要使用敬语。如有暂无法解答的问题,应向游客说明,并表示歉意。通话完毕,应道再见并确认对方先收线后再挂断电话。

二、景区讲解导游的礼仪规范

(一)导游的文化修养

旅游景区的内涵是靠一代又一代人不断认识、发掘、创造和积累而成。仅从景区外观难以了解其内涵,有的即便有文字说明,游客也不一定来得及看或能看明白。通过导游讲解,"静景"就成为"活景"了,游客的想象力也得到了调动,对旅游景区的认识因而更加深刻、全面。导游员在对旅游景区进行深入调查研究学习、发掘掌握大量资料的基础上,以一种口头文学的形式,将材料合理组织后呈现给游客。这是一种文学艺术创作。听景,是观景的拓展、深入和延伸。游客在游览之中,边看边听,思绪随着导游的讲解驰骋,情绪亦张亦弛,何尝不是一种艺术享受?

(二)导游的服务态度

导游员在服务态度上,应做到宾客至上。尊重顾客,全心全意为游客服务,处理具体问题时以游客利益为主,不过多地强调自己的困难,更不以个人情绪来对待或左右游客,而应尽可能地满足游客的合理要求,处理好旅游团中出现的各种问题。一个旅游团在不停地运动着,会发生各种各样的情况:有意外情况,如旅游车途中出现故障、堵车、飞机误点、游客突发疾病、游客的钱物遗失等;也有一般情况,如住宿问题、行走问题、吃饭问题,这些都需要导游员像母亲对待孩子一样去做耐心有礼的说服工作、细致入微的护理工作、随机应变的处理工作。当团中游客的年龄相差较大,男女的体力也有差别时,游览就会出现年轻的走得快、年长的走得慢的问题。如何解决好这样的问题,以游中山陵为例,导游员可采用分段分时讲解的方法,每15分钟停下来进行讲解,让跑得快的退回来听一听,同时等待走得慢的,这样可以缓解团员距离拉得过长,难以管理的现象,同时也可以防止游客走失。

(三)导游的讲解策略

要依据游览线路、场景进行讲解。导游要根据旅游景区的规模、布局和游客的消费心理,设计好游览线路,讲解表达方式要因场景不同而变化。如故宫,历史悠久,规模宏大,如何在有限的时间、空间内让不同身份、不同文化层次的游客了解其特殊的地位、价值和历史文化内涵?故宫导游词作者进行了有益的尝试。其突出的特点是:作者按游览线路,或由点到面,或由近及远,点面交替,远近呼应,进行口语化叙述,间或插入一问一答的导游手法,形式活泼、亲切。这也说明,一篇好的导游词应较好地运用导游技巧,如制造悬念、组织故事、有问有答、导入意景等,而且语言要平和朴实,便于被游客理解、接受。

语言是内心世界的表现,一个人的教养和为人在交谈中会自然流露出来。因此,掌握交谈中的一些基本规则和技巧,是社交场合中拉近宾主间距离的良方。讲解是导游员的基本功,要讲解得好,就要练就一副好口才,将景点讲得有声有色,严肃起来像教授授课,幽默起来像相声大师,流畅起来像评书表演,将游客从一个高潮带到另一个高潮,使人不愿放弃他的声音,会因他的讲解而欢笑,因他的讲解而悲伤,因他的讲解而愤愤不已——参加由这样的导游员带的团是一种艺术享受。

第四节　旅游商务活动常用礼仪

酒店对外商务活动包括迎送活动、会见、会谈、宴请、参加各种文娱活动、签字仪式等。这些活动都有一定的礼貌礼仪准则，随着国际交往的日益密切，高星级酒店及其员工，都有可能配合外事部门承担某些方面的接待任务，或为酒店的经营而参与某些对外商务活动。

一、迎来送往

酒店在对外商务活动中，大到与其他组织的交往，小到与宾客个人的往来，都离不开"迎送"这一重要环节。一次周密的迎送活动能使来宾产生良好的印象，同时也留下美好的回忆。

1. 主动迎接

只要有来访者，酒店工作人员都应主动招呼，礼貌应答，并委婉而迅速地了解来访者的身份、来访目的与具体要求，以便尽快确定接待规格、程序和方式。见到生人，爱理不理、冷面相待甚至无礼盘问等都不应是酒店工作人员应有的行为。

2. 热情接待

对所有来访者都应一视同仁，平等相待，主动起身让坐，倒茶斟水，以示热情与友好。对特别重要的来访者，应由负责人亲自出面接待，并立即传报上级领导。对一般来访者也不应有所怠慢，一人在接待时，其他同事也应有相应的礼节性表示，切不可认为事不关己，因为亲切、友好的交往氛围要靠全体工作人员共同努力才能形成。

3. 认真应答

不论来访者提出什么问题或要求，工作人员都应耐心灵活作答，实事求是地提供有关信息，真心实意地协助解决。但同时也应注意保守酒店的机密。

4. 友好相送

来访者提出告辞时，应起身相送，并提醒其检查所带物品，以免遗忘。送客应目送一程，将来访者送至门口随即返回，或客人刚一走立即返身关门等做法，都是极不礼貌的。至于较为重要的来访者，则应相应提高送别规格。

二、商务宴请

无论是国外还是国内,宴请都是一种最常见的、民间或官方的礼仪活动。其目的通常是为了应酬答谢、祝贺共勉、联络感情、加强了解、增进友谊等。就内容来说:宴请一般有三种,即礼节性的、交谊性的和工作性的。在实际中,有时三种交互为用。从形式上看,常见的宴请有宴会、招待会、茶会、工作餐等四种。相比较来说,招待会和茶会随意性较大,工作餐则是一种非正式的宴请形式,宴会最为正式、隆重,而从宴会举行时间来看,晚宴则最为隆重和正式。如今,宴请作为一种表情达意、融洽关系、活跃气氛所不可缺少的重要手段被广泛运用于现代酒店公关活动之中,因而学习并掌握有关的宴请礼仪,也就成了酒店服务与管理工作的一项重要内容。

宴请成功与否,除了缜密策划、精心准备外,贯穿于宴请始终的周到服务也是其中另一个重要的因素。以下几个环节在宴请接待过程中必须很好地把握。

1. 提前迎宾

主人及陪同人员应在约定时间前15~30分钟到达宴请现场,不得迟到。在宾客到达时,主人应热情迎接,主动招呼问候;必要时接待人员或服务人员应协助来宾脱挂外衣、帽子、围巾等,以充分体现对来宾的热情友好。

2. 引宾入席

按礼宾顺序引领宾客进入休息厅或直接进入宴会厅。休息厅内应有身份相当的接待人员陪同、照料客人;服务人员应及时递送茶水、饮料。当主人陪同主宾进入宴会厅主桌后,接待人员即可引领其他宾客相继入厅按序就座。

3. 致辞祝酒

正式宴会一般有致辞。致辞时,服务人员应和其他所有出席者一样停止一切活动,专心聆听,以示尊重。致辞毕则祝酒。服务人员应在致辞将结束时把酒斟足,供来宾们祝酒用。

4. 侍应顺序

按国际惯例,侍应顺序从男主人右侧的女主宾或男主宾开始,接着是男主人,由此自右向左按顺时针方向进行。上菜、派菜、分汤均按此顺序。此外,应从宾客的左侧上菜、派菜、分汤,斟酒则应从其右侧进行,只需斟至酒杯容量的2/3即可。

5. 宴请结束

宴请即告结束时,服务人员与其他接待人员应主动上前协助宾客离席。临别前,主人应对来宾的出席表示谢意,而后握手话别;接待人员应负责将来宾送到正门口或车门前,必要时还应协助宾客上车,并目送其远行。

三、礼宾常识

由于各国、各民族社会制度不同,风俗习惯各异,语言不一,因而在称呼与姓名上差别很大,如果称呼错了,不但会使对方不高兴,引起反感,甚至还会闹出笑话,出现误会。

(一)称呼规范

称呼,主要是指人们在交往过程中对彼此的称谓语,它表示着人与人之间的关系,反映着一个人的修养和品德。称呼语是交际语言中的先行官,是沟通人际关系的一座桥梁。

一声得体又充满感情的称呼,不仅体现出称谓人的文化和礼仪修养,也会使交往对象感到愉快、亲切,促进双方感情的交融,为以后的深层交往打下良好基础。因此有人把称呼比作是交谈前的"敲门砖",它在一定程度上决定着社会交往的成功与否。

国内称呼的种类主要有以下几种:

1. 一般性称呼:先生、女士;
2. 职务性称呼:部长、主任、局长;
3. 职称性称呼:教授、工程师;
4. 职业性称呼:教师、律师、医生、会计;
5. 姓名称呼;
6. 仿亲属称呼;
7. 简称。

在国际交往中,一般对男子称先生,对女子称夫人、女士、小姐。这些称呼可冠以姓名、职称、衔称等。如"布莱克先生"、"议员先生"、"市长先生"、"上校先生"、"玛丽小姐"、"秘书小姐"、"护士小姐"、"怀特夫人"等。

1. 对地位高的官方人士,一般为部长以上的高级官员,按国家情况称阁下、职衔或先生。如"部长阁下"、"总统阁下"、"主席先生阁下"、"总理阁下"、"总理先生阁下"、"大使先生阁下"等。但美国、墨西哥、德国等国没有称阁下的习惯,因此在这些国家可称先生。对有地位的女士可称夫人,对有高级官衔的妇女,也可称阁下。

2. 君主制国家,按习惯称国王、皇后为陛下,称王子、公主、亲王等为殿下。对有公、侯、伯、子、男等爵位的人士既可称爵位,也可称阁下,一般也称先生。

对医生、教授、法官、律师以及有博士等学位的人士,均可单独称医生、教授、法官、律师、博士等。同时可以加上姓氏,也可加先生。如"卡特教授"、"法官先生"、"律师先生"、"博士先生"、"马丁博士先生"等。

3.对军人一般称军衔,或军衔加先生,知道姓名的可冠以姓与名。如"上校先生"、"莫利少校"、"维尔斯中尉先生"等。有的国家对将军、元帅等高级军官称阁下。

对服务人员一般可称服务员,如知道姓名的可单独称名字。但现在很多国家越来越多地称服务员为先生、夫人、小姐。

4.对教会中的神职人员,一般可称教会的职称,或姓名加职称,或职称加先生。如"福特神父"、"传教士先生"、"牧师先生"等。有时主教以上的神职人员也可称阁下。

5.凡有以同志相称的国家,对各种人员均可称同志,有职衔的可加职衔。如"主席同志"、"议长同志"、"大使同志"、"秘书同志"、"上校同志"、"司机同志"、"服务员同志"等,或姓名加同志。有的国家还有习惯称呼,如称公民等。

称呼的注意事项:

1.要根据交往双方的关系、深度、远近程度等有选择性地称呼。

2.在称呼时要注意民族和区域的界限,根据被称呼人的交往习惯来选择称呼。

3.要注意称呼的感情色彩,给不同的交往对象被尊重之感。

4.注意像一些昵称、小名或者绰号的称呼仅适用于非正式场合,或者熟人之间,不可在正式或社交场合称呼对方的小名、绰号。

5.注意不要以"喂"、"哎"、"3号"、"那个端盘子的"、"卖菜的"、"老头"等这样的方式去称呼对方,这样显得很不礼貌,更不能不称呼对方直接进入谈话。

6.使用称呼就高不就低,忌对领导、长辈、客人直呼其名。

7.当被介绍给他人,需与多人同时打招呼时,称呼要注意有序性。应遵循先上后下、先长后幼、先女后男、先疏后亲。

本章小结

本章主要介绍了饭店服务的接待礼仪,重点介绍了前厅、客房、餐厅、酒吧、商场以及总机话务人员的礼仪规范;另外,在旅行社接待礼仪中,重点介绍了办公接待礼仪和特殊团队接待礼仪;在景区接待礼仪中,着重介绍了导游在景区讲解中的重要作用和地位。最后,描述了在旅游商务活动中一些常用礼仪。

经典案例 7-1

称谓的功效

(1)有一次,有一位先生为他的外国朋友订做生日蛋糕,并要求打一份贺卡。蛋糕店服务员接到订单后,询问先生说:"先生,请问您的朋友是小姐还是太太?"这位先生也不清楚朋友是否结婚了,想想一大把年龄了,应该是太太吧,于是就跟小姐说写太太吧。蛋糕做好后,小姐把蛋糕送到指定的地方,敲开门,只见一位女士开门,小姐有礼貌地询问:"您好,请问您是怀特太太吗?"女士愣了愣,不高兴地说:"错了!"就把门关上了。服务员打电话再次向订蛋糕的先生确认,发现地址和房间号码都没错,于是再次敲开门,说道:"没错,怀特太太,这正是您的蛋糕!"谁知这时,这位女士大叫道:"告诉你错了,这里只有怀特小姐,没有怀特太太!""啪"地一声,门被关上了。

(2)在广告公司上班的王先生与公司门卫的关系处得好,平时进出公司大门时,门卫都对王先生以"王哥"相称,王先生也觉得这种称呼很亲切,这天王先生陪同几位来自香港的客人一同进入公司,门卫看到王先生一行人,又热情地打招呼到:"王哥好!几位大哥好!"谁知随行的香港客人觉得很诧异,其中有一位还面露不悦之色。

(3)有一次,演讲家曲啸同志应邀到一所监狱向犯人讲课,遇到了一个难题,那就是怎么称呼的问题,如果叫"同志们"吧,好像不大合适,叫"罪犯们"吧,好像会伤害到对方的自尊。经过考虑,曲啸同志在称呼他们时,说的是"触犯了国家法律的年轻的朋友们"谁知这句称呼一出来,全体罪犯热烈鼓掌,有人还当场落下了热泪。

问题

1. 为什么蛋糕店服务员会遭遇闭门羹?
2. 为什么门卫平时亲切的称呼,在这时却让几位香港客人诧异甚至不悦?
3. 为什么曲啸同志让全体罪犯热烈鼓掌,落下热泪?

下篇　沟通艺术篇

第八章 旅游活动中的人际沟通

本章目标
- 了解旅游人际沟通的特点
- 了解旅游人际沟通的功能
- 熟悉旅游人际沟通的影响因素

本章重点
- 掌握旅游人际沟通中的障碍
- 在实践中能识别人际沟通中的障碍并加以解决

没有沟通,世界将成为一片荒凉的沙漠,当你穿梭在茫茫的人海里,置身于市场经济的大潮中,每天都不可避免地与他人交往。交往能给人带来幸福和欢乐,你的婚姻、职业和人际关系成功与否,在很大程度上取决于你与人沟通的能力。如果你是一名酒店的经理,那么你面临的最大困难将可能是如何与人打交道。不过,即使你是一位普通员工,情况也同样如此,因为你每天都将面对不同的顾客。据卡耐基基金会赞助的一项调查研究表明,即使在工程技术这个最不必擅长与人打交道的工作中,一个人所获得的薪水只有不到25%的是来自他的技术,而其他的75%强则来源于他的人际交往能力,也就是他的个人品质和才能的发挥。而在旅游活动中,沟通更是必不可少的一项工作,不管是从事饭店业,还是旅行社业,抑或是景区服务业,与客户之间的成功沟通是事业成功的保障。所以,在旅游活动中,人际沟通占据着十分重要的地位,发挥着至关重要的作用。

第一节　旅游人际沟通的特点和功能

一、旅游人际沟通的特点

(一)沟通频繁性

旅游是现代社会中一种广泛的交际活动,推动这项规模浩大的社会活动不断发展的是活跃在第一线的广大旅游从业人员。正是他们提供的专业化高技能的服务,才使旅游活动中充满了欢乐和笑声。旅游活动中的人际沟通,说到底是人对人的服务活动。

1.沟通以人为本

在旅游活动中,给旅游者创造出一种"家"的温馨气氛,在相当大的程度上是旅游服务人员通过优美而准确的语言来实现的。恰当地运用沟通艺术,对于改善旅游活动中的服务质量,树立旅游服务人员的美好形象,具有重大的意义。旅游企业的宗旨,是人人、时时、处处、事事直接或间接地为旅游者提供周到满意的服务,因此,在旅游活动中,沟通是十分频繁的,几乎无处不在。

以人为本,是旅游行业永恒的主题,因此,旅游业也被称为"好客工业"。旅游活动从它产生的那天起,就是以一种文化交流的形式出现的,而不是纯金钱消费。服务以人为本,就是要突出产品的文化特征。由此,旅游企业提供的服务不再仅仅是一种经济行为,更是一种社会行为。旅游企业为客人提供的产品,不仅仅是一餐饭、一张床、一次游览、一次购物,更是一种经历、一种精神享受、一种文化体验。旅游行业的人本服务思想,不仅对旅游的硬件设施提出了越来越高的要求,而且在旅游企业管理中的产品开发、产品内涵指标定量、产品流程、产品质量反馈等方面都要坚持以人为本。一般的产品流程主要是产、供、销以及售后服务,但旅游产品必须针对"千姿百态,众口难调"的广大旅游消费者,将环境因素(硬件)、服务因素(服务技能)、心理因素(顾客及服务人员的心理)等包含进去,进行整体的协调和运作。这就要求旅游服务人员有较高的综合素质。一名优秀的旅游服务人员的服务素质应包括:微笑,衣饰,气质,容貌,表情,礼节,礼貌以及交际能力,应变能力,个人知识广度,服务技能和良好、稳定的服务心理。这些素质与服务人员的沟通交往能力有着直接的联系。

知识链接 8-1
"致顾客"——淋漓尽致的人本服务思想

美国俄亥俄州卡顿市的希尔顿饭店客房中的"致顾客"卡片上,有着这样感人至深的温馨语言——"希尔顿饭店是为顾客服务的有感情的人的组织,而不是赚钱的机器。希望这儿成为您的第二个家,希望那些你爱的人梦里或头脑中和您在一起。也许我们不曾相识,但希望您像在家里一样舒适、愉快。也许是工作把您带到这里,希望您一切顺利;如果您将离开,祝福您一路平安。我们每个人都是人生的旅游者,从出生走向人生终点。希望您在每一个驿站都生活得充实、快乐,有益于社会,并与那些深爱您的人一同分享。"

2.沟通的服务性

旅游业作为服务性行业,从业人员的天职就是为客人提供优质的服务,让宾客感到满意。有人从英文单词"Service"(服务)的字母来阐述"服务"的内涵,认为它基本上包含了旅游服务产品的构成要素,对服务企业和从业人员把握"服务"二字颇有启发。

(1)S——Smile 微笑:促进对客交流的天使

微笑是人类最美妙的语言,地球上任何一个角落的人都能解读它。对于服务行业来说,微笑是"投入少、见效快"的优质产品,更是"宾客至上、服务第一"的生动体现。所以,几乎所有的服务性企业都把微笑作为自己赢得顾客的法宝。

(2)E——Excellent 出色:创立服务品牌的秘方

服务中"出色"包括三个方面,即基本功的出色、按程序操作的出色和个性服务的出色。基本功的出色要求旅游服务人员具备良好的仪容仪表、温文尔雅的礼仪礼节和娴熟高超的业务能力;按程序操作的出色则要求每一位员工不管在任何时候、任何地方、任何场合都要各司其职,各尽其能,一丝不苟地完成任务;个性服务的出色要求在细微之处见真情,处处体现服务的热心、细心和耐心。在服务中,往往一个问候、一张生日卡、一束鲜花、一碗姜汤,都会给客人意外的惊喜,使客人备感温馨。

(3)R——Repair 准备:保障服务效果的后盾

"不打无准备的仗"。对于一名旅游服务人员,服务准备一般包括接待计划准备、落实接待计划、物质准备、语言和知识准备、形象准备和心理准备。只有准备到位才能在接待、服务中得心应手,确保最佳的服务效果。

(4)V——View 看待:诠释服务风格的宝典

优质的服务应一视同仁,即不分地位、服饰、肤色、语种和风俗习惯,对每一位现在的、潜在的客人都应在服务态度上、礼貌礼节上规范统一,这既是起码的职业道德,也是旅游服务风范的基本要求。优质的服务不应有任何歧视的色彩。

(5) I——Invite 征询：改进服务的捷径

征询的内容与方式主要包括：服务项目和服务满意度，重点对象为长住户、VIP和会议组织者、领队、陪同等，因为他们的意见往往最能反映客人的迫切要求，最具代表性；向同行和旅游行业专家征询，他们的意见往往一语中的，能击中服务弊端的要害；通过总经理信箱、座谈会、接待日等方式征询基层员工的意见，无疑对企业改进服务大有裨益。征询是使服务走向成熟的第一步。

(6) C——Creat 创造：提高服务效率的发动机

创造性的思维定势，创造性的方式与作风，不仅能够使各种旅游服务独具特色，还能提高工作效率，节省劳动成本。因此，它被越来越多的旅游服务企业视为"最优质的服务"。有了创造企业就有活力，有了创造企业就能够更多地满足顾客个性化的要求。

(7) E——Eye 关注：完善服务的点睛之笔

这一含义可以引申为旅游服务的企业员工应以热情友好的目光始终留意宾客，揣摩宾客心态，预测宾客的要求，及时提供有效的服务，即必须学会察言观色。如酒店的客房服务，看到客人买回水果时，要及时提供水果盘和水果刀；就餐服务中，客人席间离座时要及时为客人拉椅子，等等。客人一有需求，服务就要立即到位，就是服务的至高境界，也正是优质服务的精髓所在。

知识链接 8-2

旅游企业优质服务的体现

● 服务设施。旅游景区，特别是旅游饭店应体现自己的风格，这样容易引起旅游者的兴趣与喜爱，能够提高旅游者享受的价值。

● 服务态度。服务人员要通过语言、体态和操作给予旅游者一种实质的享受。

● 服务技能。即反映出服务人员接待旅游者的能力和经验，要有一定的数量标准、质量标准和时间标准，并系统地将其转化为科学的操作规程。

● 服务技巧。即能体现出在不同的场合、不同的时间、不同对象接待旅游者并使其满意的能力。

● 服务项目。即只要是旅游者的需求，旅游企业就应当提供相应的服务。要针对不同旅游者的不同需求，提供个性化的全方位的服务，以最大限度地满足旅游者的需求。

● 服务效率。这是一个旅游企业风气和面貌的具体反映，集中体现在服务的快速有效上。

● 卫生安全。这反映了一个旅游企业的文明和道德规范，旅游企业不能以档次的高低、规模的大小划分不同的卫生安全标准。

3.沟通不平等性

旅游服务过程中的不平等性主要表现为旅游服务语言的不平等,而语言是沟通的工具,这种不平等性是旅游服务人员建立起良好服务心态的基础。旅游从业人员只有从内心接受这种不平等的现实,才能树立良好的服务意识,向顾客提供优质的服务。旅游作为一种特殊的服务行业,其从业人员与服务对象是一种服务与被服务的关系,这就要求从业人员不能与自己的服务对象争"平等"。这种不平等性是确立服务与被服务关系的前提和基础。不论是谁,只要他站到了旅游服务这一岗位上,只要他是在进行对客服务,此时的他与他的服务对象就是一种不平等的关系,是一种服务与被服务的关系。不难想象,如果一个时时处处都想跟宾客争平等的服务员,如何在对客服务中,做到热情、周到和微笑示人呢?又怎么能给宾客一种满意的服务态度呢?

在沟通中,语言的不平等,关键是把"对"让给宾客。"宾客永远是对的",这是旅游企业对员工进行岗位培训讲的最多的一句话,其目的就是要通过这一理念的教育来调整员工的心态,从社会角色上来接受服务人员和宾客之间不平等的现实。提出这一理念,目的是要求服务人员把"对"让给宾客,即使宾客有不对之处,服务人员也要给足宾客面子,不使宾客感到尴尬或难堪。

知识链接 8-3

旅游服务过程中"让"的艺术

● 不与观点不同的宾客纠缠。热情服务,处理好与不同旅游者之间的关系。

● 给错了的宾客一个体面的台阶,以避免事态的进一步扩大。

● 给吵闹的宾客多一点面子。在服务过程中要随机应变,把"理"和"面子"都让给宾客。这是旅游服务人员的职业需求。

● 对无恶意的宾客给予充分的体谅。面对尴尬的场合,要根据情况,区别对待。

● 给道歉的宾客一份安慰。服务人员给主动道歉的宾客以真挚的安慰,让宾客获得更多的感情回报,使"让"升华到一种更高的精神境界。

旅游服务的性质,决定了旅游活动中的人际沟通不仅是一件很频繁的事情,而且还极为重要,它直接关系到旅游服务的质量和旅游企业的效益。只有一流的服务才能构成一流的旅游企业,因此,旅游从业人员要在频繁的沟通中学习语言的艺术。

(二)关系交互性

在沟通交流的过程中,语言,尤其是口语,是作为一种交流的工具出现的。语言一般都是双向或多向的,是一个互动的过程。旅游服务语言交流作为服务人员对客服务的一种工具,一般都是以工作语言交流为主,以非正式语言的交流为辅。

下面我们看一个小案例，来具体理解一下沟通中的交互过程。

某宾馆面临改造，究竟该如何改造？哪些设施需要增添？哪些部门该如何加强？宾馆领导在多种方案中反复比较、斟酌，决定发挥员工的力量，集思广益。其中一条就是到客人中间去了解需求。

营销部的小王与宾馆常客的对话如下：

王：您认为我宾馆的风格如何？哪里最吸引您的注意？

客：宾馆建得很大方，建筑都很自然，而且员工比较热情、善解人意。

王：您觉得我宾馆的环境怎么样？

客：还可以，面积很大，绿色植物也很多，但是有时植物欠缺修剪，看起来很杂乱，园艺再改进些会更好，毕竟外部环境是客人对宾馆的第一感觉，也是宾馆的一种包装。

王：您对我们的餐饮有什么建议？

客：这次推出的川菜很好，但有时我的一些客户想吃西餐，这里没有，所以只能去外面的西餐厅了。

王：作为老客户，您对我们宾馆的改造还有什么建议？

客：贵宾馆改造我很赞成，我提几点建议吧，供参考。

……

接着小王又拜访了其他几位客户，从交流沟通中得到了不少心得体会，准备整理完毕后向上级汇报。

沟通中的互动是服务保持活力和效力的有效途径，尤其现在已经到了"体验经济"的旅游时代，让顾客"参与"会给企业带来更多的效益，所以"互动"显得更为重要。根据美国心理学家威赖特的心理实验研究表明，双向沟通优于单向沟通。信息沟通的单向性，不仅在流量方面限制了信息的输入或输出，而且很容易使接受者处于被动、消极的状态。所以，作为一名旅游服务人员在对客服务过程中，要尽量谋求自己与宾客语言的互动，在语言的互动中实现与宾客情感的交流与共鸣。如导游讲解，一味的单向式信息传播显然已经不能满足现代游客的需要。现代的导游讲解员必须是一种"互动"式的讲解，在讲的过程中，让游客参与进去，这样互动性越强，讲解的效果就越好。

旅游服务语言的交互性表现在以下几个方面。

1. 对象的特定性

旅游服务有特定的对象，就是旅游消费者。所以旅游服务人员在说话的过程中，必须针对具体的客人，要察言观色，投其所好，懂得这一点，服务人员就能收到良好的服务效果。

经典案例 8-1

一个下雨天，两位衣着入时的年轻人进入一家四星级酒店,大声问接待的服务员:"伞放哪里?"服务员感到客人口气不礼貌,心中不悦,便漫不经心地往身后一指。但那两个客人找了半天也没找到伞架在哪里,便转回来责问:"小伙子,你在跟我们开玩笑吧?"这位服务员一听更恼了,便强忍怒气一言不发地把客人领到伞架旁,转身走时,忍不住轻声嘟囔了句:"瞎子!"那两位客人听见了就上前与之争吵。最后,客人怒不可遏地投诉,该服务员不但做了检讨还被扣了奖金。

本案例说明,服务员缺乏角色意识,没有注意到自己说话的对象是特定的接收方——顾客,才引发了这场风波。

2. 时空的特定性

时空的特定性是指旅游服务人员与客人进行语言交流时,总是在一定的时间、地点和场景中的。

经典案例 8-2

某宾馆的前台,一位先生对着前台服务人员说要找宾馆的陈总经理,这时通过服务员的询问,客人报上了自己的单位和姓名。于是服务员拨通了总经理办公室的电话,当时接电话的人恰巧就是陈总经理。鉴于客人就在身边,而不知道陈总经理是否愿意接见,于是服务员机灵地说:"您好！我是总台,现在有一位某某单位的某某先生找陈总经理,请问陈总在吗?"陈总经理一听,就明白了总台小姐的用意,于是从容地决定了接见(或不接见)这位客人。

本案例中,这位服务员虽然已经听出了陈总的声音,但她并没有说:"陈总,您好！"而是说了句:"您好！我是总台,请问陈总经理在吗?"这样的处理,既没有给客人陈总经理在的确切信息,对陈总经理来说又是一种暗示,他无论怎么做,都不会得罪客人,可以从容地进行决定。这就给陈总经理比较大的选择余地。服务员的这种反时空的操作思路,从另一个侧面证明了旅游沟通时空性这一特点。

3. 场景的现实性

人际之间的交流总是在具体的场景气氛中进行的,作为旅游服务中的人际沟通,通常都是运用于酒店总台、客房、餐厅、康乐中心、商场以及景观、景点、交通等具体场合,这些场合又有特定的场景气氛,给人以强烈的现实感。

经典案例 8-3

宾馆的客人想换个房间,找到了经理助理。

助理:先生！早上好！我能为您做点什么吗?

客:我住在909房间,你能帮我换个房间吗?这个房间太吵了。我总是在你们服务的时间被电梯、行李的声音吵醒,我真的需要帮助。

助理:我非常抱歉。先生,909房间靠近走廊,在早晨安静的时候听到嘈杂声是可能的。

客:无论如何我也要换个房间。

助理:先生,没问题。我将帮您调换,但是今天已经没有空房间了,假如您等到明天的话,将有一些房间供您选择。

客:好,我希望能早点换房间。

助理:一定。我已记录下来,我们做事会更加小心。如果您有其他的事需要帮忙的话,请尽管告诉我们。

从这段话中,我们可以知道这是在某饭店经理的办公室里,经理助理正在接待一位客人,帮助他解决调换房间的问题。

(三)沟通时效性

旅游活动中的服务主要以语言和行动为主,所以在旅游活动中的沟通具有很强的时效性。如在旅游过程中,导游员及时向旅游者提示应注意的问题、酒店向宾客承诺的叫醒服务、旅游途中对旅游者所提出的各种问题的解答、旅游投诉的受理等,时效性都很强。

1. 沟通的即时性

在旅游活动的过程中,沟通的即时性表现得十分突出。旅游服务语言即时性不仅表现为服务人员的语言思维、语句组织、口头表达、宾客语言信息接受等几乎都是同步的,而且还表现在旅游服务的人员的语言价值和语言责任上。口语作为一种有声语言形态,是人们积极思维的结果反映,其目的是为了向交际对方表达某种情绪与情感,或某种思想与愿望,或某种请求以及对对方请求的答复。旅游服务人员对宾客的口语服务同样也是这样。口语服务要求规范、准确、流畅、音色纯正,创造一种语言美的实际效果。试想,作为一名服务人员,如果说话结结巴巴,语不成句,何以谈得上语言美,更谈不上顺畅的沟通了。在旅游服务实践中,经常出现一些服务人员未曾预料的"突发事件",按照常规性或习惯性思维方式很难解决,需要思维的灵活性和应变性,这对服务人员的素质是个重要的检验。

2. 沟通的现场性

现场性是指旅游服务人员在进行语言服务时,与服务对象(宾客)往往处于同一特定的语言环境中。所以旅游服务人员的语言服务,要以具体对象和具体的时间、地点为转移。如导游,带以脑力劳动为职业的团队,语言要注意典雅;而带以体力劳动为职业的团队,语言就要做到通俗化。大自然的景色,春、夏、秋、冬,早、中、晚,由于季节的不同、光照不同而变幻莫测。导游如何根据不同的季节、不同的时差,通过自己的语言,引导旅游者抓住最美好的瞬间去发现最美的景色;而在饭店,诸如服务人员经常对宾客说的"早上好"、"下午好"、"晚安"、"祝你生日快乐"等问候语言,现场性都特别强。

3.沟通的过程性

旅游服务活动过程中,语言是服务人员和客人的一种沟通载体,具有过程性,即旅游服务人员和客人交际的语言传播过程。这个过程包括以下几个阶段。一是信息发送阶段。有了信息源,就可以进行编码,而供选择的适当的词汇则是编码的材料。然后进行信息的传送,在信息发送过程中,也有反馈现象。所以在旅游服务语言表达过程中,当发出信息时就要利用这种反馈优势,自己边说边听,从听中发现自己说的毛病,以便及时调节。二是信息传递阶段。这个阶段是决定语言交际效果的关键阶段。但事实上,在信息传送的过程中经常会遇到各种各样的障碍,所以要防止干扰,排除障碍,即要做到突出主要信息,删去表达次要信息的词语,改变或增加传递方式,重复或增加主要信息,以提起注意。三是信息接收阶段。这个阶段是信息传递的最后一个阶段,别人听到你的信息后,以他自己的理解方式进行解码。解码是接收阶段最关键、最重要的步骤。由于视觉能力、听觉能力、文化水平和生活经验的局限,对不少人来说正确输入确有困难,但最困难的还是解码。因为它需要综合运用丰富的知识和各种能力,正确运用观察、思维、推理、联想等能力,才能完成解码的任务。对于这一点,旅游服务人员必须要有充分的认识。

4.沟通的关注性

旅游服务过程中语言沟通的即时性和现场性,并不意味着它像流星一样,一闪而过。旅游服务语言具有很强的驻留性,这是旅游服务语言作为一种特定的语言形态与一般口语形态的重要差别之一。语言的驻留性,是相对于语言接听方所接收的语言信息的数量以及遗忘的程度而言的。一般情况下的人际交往,人们从对方说话中所接收的语言信息量比宾客接收旅游服务人员的语言信息量要少得多。而在旅游服务过程中,由于宾客异地旅游的陌生感及利益关系,他们对服务人员所发出的语言信息通常能集中精力接收,所以语言的驻留性表现明显。一般来说,语言的驻留性越强,服务语言对宾客影响的两极发散性越强。提高旅游服务人员语言的表达能力,就是要使语言朝着积极的方向发散,从而使旅游企业对一线服务人员的语言表达能力的要求越来越高。

二、旅游人际沟通的功能

(一)沟通信息的功能

通过人际沟通为旅游组织的成员提供内部和外部的信息。内部人际沟通包括旅游组织成员之间交流信息、经验、知识、思想和情感,了解组织内部各部门之间的关系、组织成员的需要、组织成员的士气高低与凝聚力大小、组织管理的技能、组织发展的前途和困难等。外部的人际沟通包括同各协作单位及客户的联络,以求获得有关的国家法律法规、方针政策和市场动态等信息。内部顺畅的人际沟通能够提升员工的满意度,员工会将对工作的满意内化到工作质量中,即没有满意的员工就不会有满意的顾客。外部的人际沟通是旅游组织决策科学化的前提,知己知彼,才能百战不殆。在激烈的市场竞争的条件下,内部的人际沟通与外部的人际沟通相搭配是旅游组织搞好管理,使其立于不败之地的一个关键条件。

比如,上海波特曼丽嘉饭店采取的年度员工满意度调查可以从一个侧面了解员工的需求和不满,以及部门与部门之间的关系。通过这项调查,不仅可以了解饭店日常运作中所出现的细节问题,而且可以适时地采取有效的措施。这在很大程度上满足了员工的需求,调动了员工的积极性和团队合作精神,同时也有助于改善和提高部门之间的沟通能力和工作效率。

(二)调节关系的功能

人与人之间的沟通即信息的沟通,也是心理情感的交流。群体成员在沟通的过程中,彼此都传达了各自的意见、看法,表达了自己的喜怒哀乐,互相交往的需要和友谊的需要,由此能产生亲密感和依赖感,有助于加强团结,改善和调节人际关系。员工与员工之间、部门与部门之间、上下级之间的信息沟通,不仅是互通信息、协调工作,而且是建立情感联系、互相支持工作与密切配合的重要途径。在旅游组织中,工作人员之间的沟通能满足社交的需要,同时也能使旅游组织成员之间的思想、情感得以交流,增进相互之间的了解,有助于消除隔阂、误会、分歧和矛盾,增进团结,改善人际关系,进而有助于提高员工的士气,形成强大的团队凝聚力。旅游服务与游客的沟通,可以加强双方的了解,容易建立良好的人际关系,进而有利于旅游活动的顺利进行。

(三)心理保健的功能

旅游服务人员在工作中会有各种各样的心理压力,表现为新的岗位压力、紧急任务压力或重大任务压力、新技术工种压力、工作环境中的人际关系压力等。如果压力过大对员工个人和组织都有较大的消极影响。全球500强企业都很关注压力管理,松下公司就专门建有"出气室"供员工排解压力。旅游组织的员工之间、上下级之间,通过人际沟通,说出各自的意见和看法,表达喜怒哀乐的情感,从中获得同情、帮助和支持,有利于解除内心的烦恼,减轻压抑和紧迫感,从而使人保持愉快、舒畅的心情,有益于增进身心的健康。员工遇到挫折或产生心理压力后会产生一些不满情绪,很希望向他人倾诉,这时,如果管理者能倾听员工的想法,就可能会有效地降低员工的挫折感并且排解员工的压力。所以管理者要花时间去听那些承受压力的同事和下属的抱怨,让员工能够畅所欲言。

(四)协调行业的功能

旅游行业是由许多不同的部门、成员所构成的一个整体。为了要达成组织的目标,各部门、成员之间必须要进行密切的配合与协调。只有各部门、各成员之间存在着良好的沟通意识、机制和行为,才能彼此了解、相互协作,进而促使团体意识的形成,增强组织目标的导向性和凝聚力,使整个组织体系密切合作、同心同德,从而完成组织的使命及目的。

第二节 旅游人际沟通的影响因素

人际沟通是一个古老而年轻的概念。"一个不会交往的人,犹如陆地上的船,永远不会飘流到人生的大海中去"。在心理学领域里,社会心理学家把人际沟通看成人与人之间相互交往、相互知觉、相互影响的过程,交往与相互作用被看成人际沟通的两个基本特征。人们相互沟通和相互知觉的结果,是形成一定的情感关系——人际关系。人际沟通不会风平浪静,人际冲突是人际关系发展史中不可回避的困境,同时也是一种正常的社会心理现象。在发展人际关系的时候,我们应该对可能影响人际沟通的因素以及可能发生的冲突有所准备,只有冲破冲突构成的风浪,才会最终赢得有利于我们的良好的人际关系。

一、个人因素

个性因素在人际沟通中起着很重要的作用。信息沟通在很大程度上受个人心理因素的制约。个人的性格、气质、态度、情绪、见解等的差别,都会给人际沟通带来一定的影响。在旅游活动中,个人因素显得尤为突出,在旅游的人际沟通活动中起着重要的作用。

(一)知识经验

在沟通中,如果相互沟通的双方经验水平和知识水平差距过大,就会对相互之间的交流造成一定的影响。此外,个体经验差异对交流沟通也有影响。在现实生活中,人们往往会凭经验办事。一个经验丰富的人往往会对信息沟通做通盘考虑,谨慎细心;而一个初出茅庐者往往会欠思量。例如,一次乘大巴往景区途中,车停在一个加油站旁边,导游说道:"大家想'唱歌'的赶紧去,后半程不停车了。"一位第一次跟团出来的游客很纳闷,他看到很多人都下车去了,就疑惑地问身边的人:"大家都很喜欢唱歌吗?这里怎么唱啊?"别人告诉他说:"'唱歌'就是'去厕所'的意思,这是导游的习惯用语。"正是由于双方经验上的差距,所以才造成了交流的不畅。

(二)个人记忆

在管理中,信息沟通往往是依据组织系统分层次逐次传递的,然而,在按层次传递同一条信息时往往会受到个体素质的影响,从而降低信息沟通的效率。如饭店里的叫醒服务,如果由于服务员的疏忽而遗忘了其中一位客户的叫醒工作,则会造成该客户的投诉,从而影响企业的名誉和利益。

(三)态度差异

这又可分为不同的层次来考虑。一是认识差异。在管理活动中,不少员工和管理者忽视信息作用的现象还很普遍,这就给正常的信息沟通造成了很大的影响。比如酒店的服务人员,通常对客人不经意的一句吩咐并没有在意,而忽视了客人的需求,造成服务失节,从而影响了酒店的形象和利益。二是利益观念。在团体中,不同的成员对信息有不同的看法,所选择的侧重点也不相同。很多工作人员只关心与他们的物质利益有关的信息,而不关心组织目标、管理决策等方面的信息,这也对信息的有效沟通造成了一定的影响。

(四)信任程度

顺利的交流沟通要以相互信任为前提,这样,才能使向上反映的情况得到重视,向下传达的决策迅速实施。旅游工作者在与客户沟通时,相互信任才能让客户更加满意服务者的态度。而酒店管理者在进行信息沟通时,应该不带成见地听取意见,鼓励工作人员充分阐明自己在工作中的见解,这样才能做到思想和感情上的真正沟通,才能接收到全面可靠的情报,才能做出明智的判断与决策。

延伸阅读 8-1

沟通中的时差

英语语法中,过去时、现在时和将来时各自有不同的表达方式并且严格区别。其实很多人从精神层面上来看,他们分别有生活在过去、现在和将来的。也许听起来很不可思议,但是这并不难解释。例如,你在向刚从另一家酒店跳槽过来的员工说明酒店现行的制度,而这位员工却一再强调:"我以前任职的那家酒店从没有这么做过。"(过去)很明显,你的交流伙伴还完全沉浸在过去这个时间段,那么你要做的就是把他从过去拉到现在来,你可以这样对他说:"是的,我清楚你以前从未这样做过,但是如果你能严格遵守公司现在的制度,我想你的晋升空间会更大一些。"尽可能让他真实地感觉到"现在"可能会给他带来的好处,当你们处于同一个时间框架内的时候,交流才能有效地进行。

此外,交流中最好先弄清楚你的伙伴关注的是短期、中期还是长期的行为,判断你们的时差所在,再与交流伙伴共同调整解决,找出相同的时间参照物,使他能逐渐进入你所关注的时间框架中来。

二、人际因素

(一)客户关系

客户是旅游企业最重要的外部公众。如果旅游企业有较好的客户关系,即使在日常服务中出现了一些不尽如人意的地方,客户的宽容度也较大,旅游服务人员比较容易和客户沟通,取得客户的谅解。如果没有较好的客户关系,服务稍有闪失,客户就会产生不满的情绪,服务人员可能就很难做说服工作。因此旅游企业的管理者应该清楚地认识到,协调好与客户的关系至关重要。

因此,旅游工作者对客户的服务要从"礼貌服务"转化到"温情服务"上来。以此来增加对客户的吸引力,与客户之间建立良好的关系。"温情服务"从语言上来说就是旅游服务人员对宾客说的话要亲切、热情,要善于运用语言的"亲和"性功能。在旅游接待过程中,把宾客当成自己的亲朋好友,营造出一种生动活泼、亲切随和的服务气氛,通过语言实现服务与被服务两者之间情感上的交流和沟通,实现心与心的融合。在这种气氛中,服务与被服务的双方都可以感受到一种轻松自然、水乳交融的温馨与舒适,为企业协调好与客户之间的关系打下坚实的情感基础。

(二)社区关系

社区是旅游企业生产与发展的重要环境。良好的社区关系有助于旅游企业营造优越的周边环境,从而为旅游企业的生产和发展铺平道路。只有密切与社区的关系,旅游企业才能更好地生存和发展。旅游企业的经营活动依赖于社区的各项服务。旅游企业聘用的许多职工,尤其是旅游旺季请来的临时工或叫季节工,多半是来自社区内的居民。良好的社区关系,不仅可以在社区居民中树立良好的企业形象,同时也利于与外部公众的沟通。

(三)媒体关系

可供旅游企业利用的大众传媒有报纸、杂志、行业刊物、广播、电视以及互联网。对旅游企业而言,媒体兼具双重意义。一方面,媒体是有效的传播工具,是企业对外沟通的媒介,通过它可以与各种各样的公众进行沟通,树立企业良好形象,实现企业的目标;另一方面,媒体又是旅游企业非常重要的一类沟通对象,因为媒体对社会舆论有着很大的影响力。比如,有些人在媒体上看到对某餐厅特色菜肴的介绍而对该餐厅产生兴趣,并前往就餐;有些人在媒体上看到对某一旅游胜地的介绍而前往观光旅游,等等。所以,旅游企业应重视与媒体的关系,利用好媒体进行沟通传媒,树立良好的公众形象。

三、组织因素

旅游组织的管理幅度与组织结构对旅游人际沟通具有重要的影响作用。管理幅度是指管理者所直接控制的下属的数量。对一个旅游组织来说,如果每一层管理者只控制一个较小的幅度,这就意味着需要更多的组织管理层次来缓慢地传递和改变信息。在这种情况下,从旅游组织的金字塔顶端到它的底部之间的距离较高,这种组织结构被称为锥形结构(以宾馆管理为例,见图 8-1)。相反,如果每一层管理者控制一个较大的幅度,这就意味着需要较少的组织管理层次来迅速传递信息。在这种情况下,从旅游组织的金字塔顶端到它的底部之间的距离较短,这种组织结构被称为扁平结构(以宾馆管理为例,见图 8-2)。

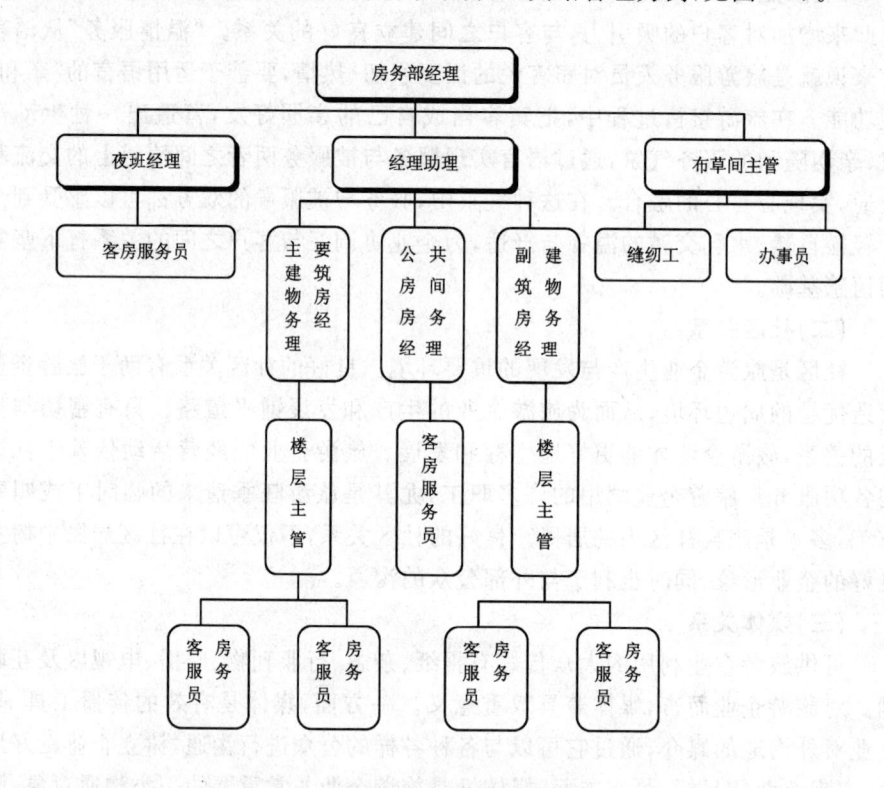

图 8-1 宾馆的锥形组织结构

从图 8-1 可以看出,每一层管理者都只有较小的控制幅度,这样,沟通就要通过许多层次来完成,组织结构的层次就多。因为信息在组织结构的每一层停留,所以一个组织层次越多,信息传递就越慢,而且失真率就越高。在图 8-2 中,通过增加每一层管理者的控制幅度,组织结构的层次就可由原来的 5 层减少至

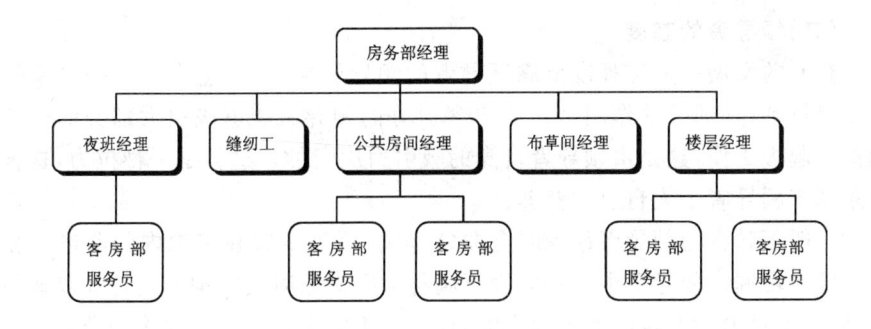

```
                    ┌─────────────┐
                    │  房务部经理  │
                    └──────┬──────┘
      ┌──────────┬─────────┼─────────┬──────────┐
   ┌──┴───┐  ┌──┴──┐  ┌───┴────┐ ┌──┴────┐ ┌──┴────┐
   │夜班经理│ │缝纫工│ │公共房间经理│ │布草间经理│ │楼层经理│
   └──┬───┘  └─────┘  └───┬────┘ └──┬────┘ └──┬────┘
      │              ┌────┴────┐    │    ┌────┴────┐
   ┌──┴──┐        ┌──┴──┐ ┌──┴──┐ ┌─┴───┐ ┌──┴──┐ ┌──┴──┐
   │客房部│        │客房部│ │客房部│ │客房部│ │客房部│
   │服务员│        │服务员│ │服务员│ │服务员│ │服务员│
   └─────┘        └─────┘ └─────┘ └─────┘ └─────┘
```

图 8-2　宾馆的扁平组织结构

3 层。当然锥形结构与利于各层管理者对下属给予更全面的指导。旅游组织选择什么样的组织结构，这与管理者的能力、下属的能力、行业的性质以及企业规模环境等因素都有关系。

四、技术因素

(一)管理手段因素

在现代组合结构形式中，以网络为代表的先进信息技术的管理手段，极大地改变了人际沟通的速度和方式，克服了传统组织结构给沟通带来的信息过滤和信息延误的障碍。如美国由于其信息技术十分先进，员工的沟通可以十分迅捷地通过互联网等先进手段进行；而我国由于技术相对落后，正式沟通还是以文件传递为主。当然现在许多新的技术手段正在被引进旅游组织的沟通中，使沟通进行得更迅速、更便捷，也使得管理幅度变宽，这就意味着可以相应地减少管理人员和管理层次。

以一家旅馆为例，我们看一下通信技术是如何影响沟通的。电话自动记录和回答机正在被用于布件间和洗衣服务部的工作，使得一些服务人员不需要昼夜值班，对讲机和手机也能被用于房务部员工之间的沟通。在客房状态沟通方面，计算机系统正发挥着越来越重要的作用，更多的计算机终端被分别安置在总台、房务部经理办公室以及饭店楼层里，以方便房务部和总台之间的沟通。例如，计算机终端能自动显示哪一个房间办了离店手续，哪些客房已经打扫好和可以入住的信息。

随着互联网的迅速发展，还出现了网络型组织、虚拟组织等许多形式。网络化的组织形式可以充分利用现代化的通信技术，使得沟通更为迅速和便捷，旅游组织的各种通知、指示、汇报都可以通过 E-mail 发出，避免了传统传递方式可能造成的信息延误或扭曲等。

(二)领导者的态度

企业的发展在一定程度上靠领导者的领导风格、个人魅力以及领导者的权力威信拉动,这部分的作用力约占20%。好的领导者能够吸引大部分的员工跟随他一起去工作,这是由领导者自身的吸引力决定的。这就是一种拉力,这种拉力来源于领导者个人自身的修养。

一般下属在与领导者接触时会非常谨慎,因为下属在组织内的前途在相当大程度上掌握在领导手中。一方面下属与上级沟通时会对沟通内容加以选择和控制,以尽量消除对自己的不利影响,迎合上级的喜好。这就使得沟通发生了扭曲。另一方面,下属对上级所传达的信息同样也会因为上下级关系而发生扭曲。下属想从沟通中得到更多的信息,可能会从字里行间去揣摩其含义,往往捕风捉影,自以为是。上级一句漫不经心的话,可能会被下属解释得带有特别意义。

正因为上下级之间的这种微妙的关系,领导者如果想要得到真实的信息,其对人际沟通的态度就显得至关重要。领导者应经常利用一些员工之间的非正式接触,比如社会往来,非正式的宴会、聚餐、聚会、聊天等形式开展人际沟通。同时领导者在与下属接触的时候,由于领导者接触的范围较广,知道的事情可能较多,因此要避免领导者一个人滔滔不绝地讲而下属只是听的单向沟通。

(三)企业文化因素

企业文化必须依靠物化才能生根。所谓物化,就是企业制作出优秀的产品,为客户提供优良的服务。企业文化作为意识形态,需要以物质作为支撑,反过来物质又能推进意识的深化和升华。企业应力求搭建良好而通畅的沟通渠道,使企业文化在企业内部有效地传播,犹如宗教信仰般在员工心目中形成潜移默化的影响,成为企业员工的精神纲领,指导员工的言行举止,以此体现企业的形象与风范。同时,一个企业内部人际沟通是否顺畅也依赖于有没有良好的企业文化,具有良好企业文化的组织都会鼓励员工畅所欲言,尊重每一个员工,给员工提供一个宽松的环境。

第三节 旅游人际沟通的障碍

一、语言障碍

一种观念或一个信息并不能像有形物品那样由发送者传送到接受者。在沟通过程中,所有传递于沟通者之间的,只是一些符号,而不是信息本身。语言、身体动作、表情等都是一种符号。传递者首先把要传送的信息"翻译"成符号,而接受者则要进行相反的"翻译"过程。由于每个人的"信息—符号存储系统"各不相同,对同一符号常存在着不同的理解,由此造成的障碍叫语言障碍。

语言是以言语为物质外壳、以词汇为建筑材料、以语法为结构条件而构成的符号体系。言语又与思维方式不可分离。进行语言交流时,如果不注意语言的这些特点或使用不当,就容易造成语言障碍。语言障碍通常表现在三个方面:一是语义不明造成歧义;二是语构不当造成费解(语构即语言的结构,包括语句、语段的结构);三是思维方式差别导致分歧。

经典案例 8-4

一位英国老妇人到中国游览观光,对接待她的导游小姐评价颇高,认为她服务态度好,语言水平也很高,便夸导游小姐说:"你的英语讲得好极了!"小姐马上回应说:"我的英语讲得不好。"英国老妇人一听生气了,"英语是我的母语,难道我不知道英语该怎么说?"老妇人生气的原因无疑是导游小姐忽视了东西方语言使用的思维差异。

为了使语言交流达到良好的效果,用语言进行沟通要精准、精练。所谓精准,就是语言表达要合乎规范。在人际交流场合,要求每一位参与交流的人,尽量使用标准普通话。如果是与外宾交流,外语应该使用标准外语。只有把语言说得准确,在语音、词汇、语法等方面遵循统一的标准,人们才能更好地传递信息,交流思想,联络感情。

所谓精练,就是简单明了,在口语交流中更应该精练。在实际生活中,有的旅游服务人员不顾场合,说起话来口若悬河,滔滔不绝;有的旅游服务人员表达同一意见或观点,翻来覆去不断解释,生怕别人不解其意,或是说话中插入一些不必要的交代,节外生枝,不着边际,这样很难达到预期的交流效果。而有的旅游服务人员,说的话尽管不多,但语句简单明了,有理有据,反而能达到很好的交流效果。

二、习俗障碍

习俗即风俗习惯,是在一定文化历史背景下形成的,具有固定特点的调整人际关系的社会因素,如道德习惯、礼节、审美传统等,习俗世代相传是由于长期重复出现而约定俗成的习惯做法,虽然不具有法律强制力,但通过家庭、亲朋、邻里、社会的舆论监督,往往促使人们入乡随俗。

许多人往往对习俗不太重视,视之为可有可无,因而引起许多沟通问题。比如"这山又陡又险,您年龄大了登不上去,就在这里歇会吧",这句话对于中国人来说,是一种关心,但是在西方人听来,却有一种瞧不起人的意思。因为与西方人强调个性、强调自我实现的观念是相悖的。"你怎么知道我就登不上去呢？越是登不上去，我越要试试！"如果改换成一种激励或鼓励的表达方式，效果就会好得多。

习俗障碍不仅在中西方之间存在，就是西方国家之间、中国的不同地区之间也存在。当然往往是距离越远，习俗的差异就越大。

经典案例 8-5

某年夏天，上海的导游员王先生接待了一个美国旅游团。那些游客很随和，经常和他开玩笑。为了使气氛更和谐，他也常用一些美国的俚语作为回应。当遇到交通堵塞需要改道时，他使用"short cut"（抄近路）的说法；当路过麦当劳餐厅客人们指手画脚时，他便风趣的说，美国人喜好吃"junk food"（垃圾食品）；当他想表示领队的权威地位时就说"wear the pants"（当家作主）……游客经常被王先生逗得哈哈大笑，并不时和他交流一些美国的俚语和方言，旅游过程中气氛非常热烈、友好。

不久，王先生又接待了一个澳大利亚的旅游团，他试着用一些上次使用过的俚语，但游客们都没什么反应。一位好心的游客告诉他，美国俚语和澳大利亚俚语不一样，所以他讲的"妙语"游客们都不大理解，自然也就没有反应。

从这个案例可以看出，旅游服务人员在使用俚语时要根据游客的特点，因人而异，不同国家、民族、地区的人，有着不同的风俗习惯和语言表达方式，只有充分了解他们的语言文化特点，才能有的放矢，取得理想的效果。

总之，各国、各民族、各地区的风俗习惯的差异是客观存在的，在旅游接待工作中以及与外国人、少数民族、异乡人之间的交往沟通中，要注意了解和尊重对方的风俗习惯。

三、角色障碍

每个人在社会生活中都会有一个特定的角色位置，从而其思想观念和行为方式也会有所不同。如果固守自己的角色，不注重对其他角色观念、角色行为的理解，就会导致角色与角色之间的冲突，造成角色障碍。在旅游人际沟通中常见的角色障碍表现如下。

(一)年龄不同形成的代沟

在现实生活中，代沟是不容忽视的。所谓代沟，就是"因年龄差异而形成的生活态度、价值观念、行为方式等方面的差异、对立乃至冲突"。代沟现象不仅限于家庭，也出现于群体和社团中。形成代沟的原因很复杂，较普遍的原因有：年龄差别造成不同年代人的心理差别，时代不同造成不同时代的人不同的生活方式等。尽管代沟现象是反映不同年代人之间的差异现象，但这种差异并不是绝对的,不同年代人的生活有差异之处,但也有共同之处。这样的认识对于我们科学地理解代沟问题是有益的。

(二)行业不同形成的障碍

因社会分工而产生的千差万别的职业,也为从事不同职业的人之间的沟通增加了困难。行业之间的沟通障碍的主要表现是:行业与行业之间的封闭与保守,造成"隔行如隔山";从事不同职业的人的特殊行为方式,造成相互之间理解上的困难。行业之间的差别会造成不同行业的人在沟通方面的困难,但也会形成同行业的人较一致的行为方式,使同行业的人之间的交流较为顺畅。

(三)职位不同形成的障碍

职位障碍通常存在于有地位差异的沟通者之间。这是由沟通双方因职位、地位不同而产生的"自我感觉良好差距"所造成的。旅游组织中的每一个员工都处在不同的位置上,都具有不同的职位。员工所处的职位不同,看问题的方式和角度便不同,就会产生不同的态度、观点以及不同的利害关系。

如果领导者居高临下,认为"我手中有权"、"我能管你",下属很可能就不会买你的账,或者敬而远之,或者产生逆反心理,其结果必然是阻塞了信息沟通的渠道。如果领导者将私人感情与工作混为一谈,做事没有原则,也是不行的。试想,今天喝酒,领导与下属称兄道弟,明天早上下属迟到,领导能拉下脸面批评他吗?今天领导的女儿满月,下属来送礼,明天他多报销五百块钱,领导能严厉批评他吗?有些组织的风气就是被这种兄弟关系搞坏的。所以好兄弟与经理人的成功混合体是不存在的。

美国通用电气公司的前董事长杰克·韦尔奇在回忆录中提到这样一件事:公司的一位副总裁有一次对别人说:"杰克昨天晚上请我吃饭,他非常热情地给我夹菜,又给我斟酒,走的时候还跟我拥抱,但是我知道那家伙叫我走的决心是不会改变的。"三天后,人事命令下来,那位副总裁被撤换了。杰克·韦尔奇的做法说明,作为老板,工作关系与朋友关系必须分清,不能将私人感情混在工作中。

因此,在旅游组织中,管理者应该在头脑里消除命令和服从式的上下级关系,同时也不能和下属"称兄道弟",应在组织内部建立人与人之间平等和互相尊重的氛围,这样才能消除因职位的差异而带来的沟通障碍。上海波特曼丽嘉酒店的座右铭就是:我们的绅士淑女们为绅士淑女们服务。这种"把员工当绅士淑女看待"的企业文化让所有的员工,不论职位尊卑,都感受到了自身的价值,使员工充满自信,工作效率也很高,他们拥有的权利足以让他们快速高效地解决客人们的问题。在这样的酒店工作不会有压力,因为这里的员工、管理者和客人是平等的,员工的尊重需要、参与意识、被重视的感觉得到最大限度的满足。

四、心理障碍

人的心理包括四个因素：知、情、意、行。由于每个人在人格上具有差异，从而导致了在认知、情感、意志、行为等方面的不同。在沟通活动中，心理障碍的影响比上述三种障碍更为普遍。心理障碍主要有认知障碍、情绪障碍、个性障碍和态度障碍。

(一)认知障碍

认知障碍主要包括自我认知障碍、社会认知障碍。

1. 自我认知障碍

自我认知是指个体对自身以及外界关系的认知。个体通过自我认知，产生自我意象、自我观念、自我评价，从而形成自我态度和对与之产生关系的他人和群体的态度。

人们往往很难做到主动地、客观地、全面地认识自己，因而容易发生自我认知的偏差，不能正确认识自己、评价自己、把握自己，从而形成沟通障碍。如自卑，它来源于对自己的不正确的认知和估计，过分注意自己的短处，而对自己的长处缺乏足够的认知，因而产生了自惭形秽的感觉。例如，有的导游员私下讲解得很好，但是面对客人讲解就紧张，无法顺利地表达。自卑是一个旅游服务人员最大的心理障碍。要想拥有良好的心理素质，首先要摆脱心理上的沉重负担，实事求是地认识自己、认识客人。要认识到即使是接待服务过程中偶然发生的一些失误或者疏忽，那也是正常的。不要因此而否定自己，一定要用一颗平常心来对待工作、对待自己，这样才可以在反复的实践和磨砺中使自己逐渐成熟起来。

2. 社会认知障碍

社会认知主要是指对他人的认知，即指个人在与他人的交往接触中，根据他人的外显行为，推测与判断他人的心理状态、动机和意向的过程。如果认知者的认知方法不正确，会人为地形成偏见。在沟通过程中一旦发生对他人的认知偏差，就易产生"信任危机"，引起沟通障碍。

旅游服务人员在工作中希望得到的不只是金钱的回报或职位的晋升，他们还需要获得同事、主管的认同，并希望周围的人对他产生良好的认知，使自己融入旅游组织中，获得社交需要和尊重需要的满足。旅游组织对员工的良好认知表现在把员工真正看做企业的成员来对待，而不能把他们当做企业的雇员。

(二)情绪障碍

在每一项活动中，情绪总是伴随着我们的行为出现。人与社会之间以及人与人之间的关系都可以通过情绪反映出来。在人际交往与沟通中，也是离不开情绪的，比如爱与恨、快乐与悲伤、期望与失望、羡慕和嫉妒等。

在一家饭店,一位情绪烦躁的饭店服务人员,觉得客人妨碍了他的工作,于是很不耐烦地对客人说:"起来,让开!站远点!"客人感觉服务员根本没有尊重自己而像是在摆布一个物品一样,两人不可避免地吵了起来。可见,消极的情绪会严重影响沟通。

在工作中,旅游服务人员要克服消极的情绪,这就要求服务人员要学习约束和控制自己的行为,学会调节情绪,加强性格方面的修养,同时也要求管理人员为营造一个好的人际关系环境作出努力。上海摩托罗拉公司的副总经理在视察生产车间时,经常面带微笑地跟员工打招呼,"good boy"、"good girl"。工人们听到副总经理能和自己这么亲切地打招呼,对他们来说这就是激励,使他们能愉快地投入到工作中。

有些人认为作为领导,下属给自己敬礼、问好是应该的,其实人与人之间是要互相尊重的。"老王,吃过饭了吗?""老李,脸色不好,多注意休息啊。"这么简单的一两句话就是激励,能给人以温暖的感觉。

(三)个性障碍

每个人都有自己的个性。个性障碍是由个人在个性意向(如需要、兴趣、动机、理想、信念、世界观、人生观)和个性心理特征(如气质、性格、能力)等方面的差异而引起的。由于每个人的生理、心理发展水平不同,常常表现为明显的个性差异,构成各种特质组成的人格类型。个性障碍引起的交往障碍,较其他障碍更难消除。这是因为人的个性具有比较稳固的、习惯化的特征。

(四)态度障碍

态度是由认知、情感、意图组成的。当上述三个因素不协调时,就会形成偏见,偏见就是交往中的态度障碍,常见的有以下几种。

1.认知偏见

认知偏见指对交往对象的认识、理解和评价上的定式效应和刻板印象。我们认识他人时,常常按照其外部特征对他们进行分类,从而产生了定式效应。如在日常生活过程中,与某人初次见面,见其健谈,就认为他聪明、豁达、可交;见其易发脾气,就认定他一定很固执。这些偏见的形成就是定式效应。定式效应对旅游服务人员的人际交往很不利。所谓刻板印象就是对各类人持有一套固定的看法,并以此作为判断、评价其人格的依据。但是由于人的行为可能每天都会有区别,因此这种社会刻板印象往往会形成态度障碍,阻碍人与人之间的正常认识和交往。

2.情感偏见

偏见者在持有偏见的看法和预期作出认识反应的同时就有强烈的情绪情感伴随产生,在将要与偏见的对象接触时,不管是直接的或间接的,都有高度的消极情感体检。情感偏见即对交往对象所产生的不正常的喜怒哀乐情感,如:偏爱有钱的客人,看不起业务低的同事,不愿与某领导来往,等等。

3.行为倾向

行为倾向指对交往对象选择的倾向,如:乐于和同龄人来往,喜欢和女性游客交谈,等等。一般来说,青少年的行为倾向比较明显,乐于交往的对象整天黏在一起,对不喜欢的交往对象行为举止中都体现无疑。

4.知、情、意的不一致

知、情、意的不一致指认知、情感、意图三者处于不协调状态。如有的旅游服务人员说"我知道他有优点,但我不喜欢他"或"我知道这样做不好,但感情上转不过来弯"。这种不协调的态度也影响着人际交往。

延伸阅读 8-2

为什么会有误解

说话者没能表达清楚自己的想法是产生交流误解的部分原因,但是作为倾听者没能对听到的内容作出充分的反应,就无法得到说话者的帮助,那么同样也会导致误解。之所以会发生冲突和误解,其原因在于我们在倾听、过滤和储存外部知觉信息(听到、看到或感受到)时,按照自己的世界观和意志进行了取舍。

如果只是被动地听,那么用不了多久你就会对听到的内容发生误解,这是因为你出于自身的要求对听到的内容进行了过滤和曲解。在接受信息时,如果只顾细节而不顾整体就会发生误解,如果你对交流伙伴厌恶和怀疑时,那么你就会很容易从自己的喜恶出发曲解对方所讲的内容。当然出现误解的另一个常见原因就是我们过于相信自己听到的一切,从而忽视了非语言交流。

延伸阅读 8-3

对方说什么并不重要,重要的是他需要什么

假设你刚参加完一个会议,一位参加完会议的同事对你谈起对会议的看法,他认为这个会根本没有必要,"领导根本就不关心我们真实的想法,既然这样他们给大家发个邮件不就得了",他显然有些愤愤不平。而你这时回答道,"领导这样做也许是想当面通知大家,所以觉得开个会是一种比较合适的方式"。

即使你说的没错,但你的同事需要的并不是什么解释,他需要的是你的认同。由此,此时你比较合适的回答应该是:"说得对!这点事发个邮件不就结了。听你的口气好像还要什么更好的主意,你觉得他们应该怎样做才更好?"

这样回答既可以让他的表达愿望得到满足,同时又可以为进一步的交流打下良好基础。

当然,如果你不希望继续深究这个问题,你也可以只说一句"嗯,是这么回事"。

本章小结

在社会生活中,我们每天都需要与社会上的陌生人打交道,中间就存在人际关系中沟通的问题。有些人能够自如应对各种陌生人,很快与人建立良好的、融洽的人际关系。但是,更多的人觉得与人沟通是一件很困难的事。人际之间的沟通,遇到障碍是在所难免的。通过找出障碍的成因,就能对症下药,帮助我们克服人际沟通中存在的一些问题,提高我们的交际能力。而在旅游活动中,人际沟通显得尤为重要,认清沟通中的障碍,将会帮助我们克服障碍,达到成功交流的目的。

经典案例 8-6

装饰典雅的某饭店多功能厅,一批客人正在观看饭店的特色表演,有杂技、魔术等。

但不知为什么,今晚有好几个节目都没有表演到位或表演得不太成功,台下一些客人的脸上露出了愠色和失望。整场表演结束后,经理走上前向客人道歉,并解释说:"本饭店的表演一直以来享有盛名,因为需要扩大我们的表演团队,今天演出中的部分演员是实习生。今天是他们第一次表演,请大家多多支持和谅解……"没想到,听了这番解释后,客人的脸色顿时由愠色变成了愤怒。

第二天,客人将投诉电话打到了饭店领导的办公室,愤然表示他们对饭店的特色表演很失望,而且请实习生来参与表演是对他们不尊重的一种表现。作为高星级的饭店,应该等实习生练习充分了再让他们参加表演,否则客人会有质价不符之感。

作为表演现场的督导人员,对所发生的不成功的演出事件,首先应对客人表示真诚的歉意,同时一定要注意语言得体、解释得当,切不可不加思索随意乱讲。

问题

1. 在这次失败的演出中,该饭店犯了什么错误?
2. 为什么经理向客人解释后客人反而更加不满?
3. 经理的语言表达有何不妥,通过此案例我们可以得到什么启示?

经典案例 8-7

柔美的小提琴声在高雅的饭店表演厅内回旋。不过胡先生可没有心思欣赏,他在焦急地等待一位客户。这次洽谈非常重要,它关系着胡先生公司未来的发展。

终于,胡先生的重要客户来了,胡先生非常高兴地迎上前去,同客人握手,然后落座,开始了热烈的讨论。因为双方观点不同,谈着谈着,胡先生的嗓门越来越高,最后竟有点像争论了。

"先生,请您小点声好吗?"当训练有素的服务生一边为他们填水一边委婉地小声提醒时,胡先生才发现自己的声音竟引起了周围其他客人的频频注视,而刚才的小提琴声现在也显得刺耳起来。没有与客户达成一致,争论的焦灼和不耐烦令胡先生极为焦躁,几乎未加思索,他带着怨气地盯着服务员说:"我说话嗓门就这么大,你看着办吧!"

片刻的沉默后,服务员展开笑容:"先生你真幽默,出这样的题目来考我。我觉得您和您的朋友都是素质很高的人,也一定不希望周围的听众和你们分享谈话内容吧,也许听听我们的小提琴声会让您的心情更愉快的。"说完,她很快转身走了,并且始终没有回头。

胡先生和他的朋友沉默了一会儿,再次谈话的时候他们都不禁放低了声音,与整个表演厅的气氛显得协调多了。

问题

1. 本案例中这名服务员的做法是否适用于所有客人?
2. 如何在服务中给予客人足够的尊重?
3. 如何培养饭店服务人员的随机应变能力?

第九章 人际交往中的沟通技巧

本章目标
- 了解倾听在服务中的作用
- 了解赞美、幽默、委婉批评的作用
- 了解有效说服的方法
- 了解体态语的作用和特点

本章重点
- 掌握倾听的方法并能灵活运用
- 熟练运用赞美、幽默、委婉批评的语言表达方式
- 掌握有效说服的步骤
- 掌握体态语在服务中的运用

生活在一个人来人往的世界里,有一个丰富多彩的人际关系是每一个正常人的需要。可是,很多人的这个需要并没有得到满足。于是他们便慨叹世界上缺少真情、缺少帮助、缺少爱,那种强烈的孤独感困扰着他们,折磨着他们。其实,很多人之所以与他人缺少交往,仅仅是因为他们缺乏与人沟通的技巧,或没有掌握沟通的技巧。建立良好的人际关系,必须学会与人沟通,并讲究一定的沟通技巧。

第一节 学会倾听

我们知道,在为满足人们不断增加的信息需要和提高员工士气与工作效率的努力中,许多组织已经开始致力于提高书面信息的质量和数量。然而,我们也看到,仅仅使人们接受更多的信息未必能改善组织的交流环境。有一项"我们听到多少"的研究,是在 2 个月的时间里,通过每隔 15 分钟记录白领职员的工作和生活状况,看看他们是如何度过一天的。研究发现,除了睡觉时间,他们每 10 分

钟有 7 分钟是处在某种交流状态。这些状态记录如下:9％写作,30％讲话,合计39％在传递信息;16％阅读,45％听,合计 61％在接受信息。按照这项统计,即除了睡觉时间以外,一般的白领职员约有 31.5％的时间用来听。正是倾听在多数组织中承担着大部分的交流任务。不管在社会生活中还是在工作中,倾听是交流中非常重要的领域,特别需要引起重视,绝不是无足轻重的和能自动掌握技巧的。

一、倾听概述

(一)倾听的类型

1. 主动型倾听

倾听并不是要你双唇紧闭、纹丝不动地坐着。倾听是一个积极主动的过程,需要你参与其中。为了充分理解沟通的意思,你通常要提问并作出反应。在提问与反馈的过程中,你才会对所谈内容有一个更充分的理解。这样,你在沟通过程中就是一个合作者而非被动吸收者。下面阐述主动倾听的途径。

(1)复述

复述是指把某人刚刚讲的话,按照自己的理解,用自己的话再陈述一遍。复述对于有效的倾听是绝对必要的。它让你忙于理解和弄清对方的意思,而不会出现倾听障碍。你可以使用这样的开场白来复述,诸如:

"我听下来,感觉你说的是……"

"换句话说……"

"你的基本感受是……"

"按我的理解,你的事情是这样的……"

每次你都应该将对方所讲的重要的话进行复述。试一下,你会得到五大收获:人们会因为你倾听其讲话而深深感激你;复述会制止怒火升温,化解危机;复述会避免误传,当场纠正错误的推断、差错和误解;复述有助于你记住说过的话;复述是解决大多数倾听障碍的一剂良药。

(2)澄清

澄清通常与复述相伴而行。它是指你要不断地询问直到彻底明了。既然你的意图就是要充分理解别人所说的话。你就得常常询问更多的信息、更多的背景,你必须了解详情。澄清能帮助你明确倾听重点,让你听到比模糊的概况更多的东西。能让你结合某人的所思、所感以及相关历史去了解事件的真相。澄清还能让别人知道你很感兴趣,它传递着这样的信息——"我愿意下功夫了解您"。

(3)反馈

主动倾听离不开反馈。你已经对交谈内容做了复述和澄清。相信理解了它,这时你就可作出反馈了。你可以客观地与人分享你的想法、感受或感觉。这不是说反馈沦为争论或等同于反应。它仅仅意味着与人共享你的内心世界。反馈还能帮助对方知道其沟通的效果。这是又一个纠正错误和误解的机会。对对方来说这还是一个获得全新和有价值观点——你的观点——的机会。

作出反馈有三条重要原则,即及时、诚实和婉转。

①及时。及时是指反馈要在你充分理解了谈话之后(复述和澄清之后)尽快作出。延缓作出反馈,即使只有几小时,反馈的价值也会大大降低。

②诚实。你要作出真实的反馈——而不是出自某种虚伪。你不必为作出反馈而打断某人的讲话。实际上,野蛮行为很少是诚实的。

③婉转。讲话温和,以免伤害对方和引起防范心理。例如,"我觉着你有些事不想告诉我"比"你在对我隐瞒什么"婉转,"我想你可能是弄错了"比"你老是做蠢事"委婉。

经典案例 9-1

《爱相随》——倾听的魅力

某酒店西餐厅,正值晚餐时间,宾朋满座。西餐厅内,几位琴师弹钢琴、拉小提琴,奏出美妙的音乐,宾客沉浸在温馨的艺术氛围里。这家西餐厅的演奏曲目由琴师自行安排,并没有为客人提供点曲服务。

服务员朱丽正在巡台,偶尔听到一位太太对她的先生说:"我现在特别想听的曲子是《爱相随》,用钢琴加小提琴协奏,效果棒极了。"朱丽听到后,等到一曲终了,便向琴师说明情况,请他们演奏一曲《爱相随》。即刻,一曲优美的《爱相随》飘荡在餐厅里,那两位客人惊奇地抬起了头,满脸惊喜地倾听着这动人的曲子。朱丽微笑地走到他们身边,悄声说:"这首《爱相随》送给太太您,祝二位今晚有个好兴致!"两位客人连声道谢。高兴之余,他们又点了一些食品和饮品,增加了消费额。

本案例说明,服务员在做好分内工作的同时,若能善于倾听、主动倾听,甚至是通过必要的"偷听"来捕捉客人的愿望,客人会将惊喜化作对服务员的感激,这就是倾听的魅力。

2. 移情型倾听

移情型倾听只需懂得一条原则:每个人所做的努力都是为了生存。你不必喜欢每一个人,或同意每个人的观点,但必须承认你和他们一样在为生存而奋斗。每时每刻,你都在经历着身心两方面的生存斗争。任何想法、任何选择、任何行为都是为了让你活下来。

移情型倾听就是你要对自己说:"这很难让人听下去,但它是另一个人在为生存而努力。"你要自问:"尽管这种信念或决定最终可能会碰壁,但它是如何减轻此人的焦虑,或满足某些需求的呢?"某人发怒、挑刺、自怜时,你的倾听能力自然会下降。如果你发现听的时候很难做到移情,可以提出如下的问题:这种表现(发怒等)出自什么需求?此人正经历怎样的磨难?他迫切需要的是什么?

3. 坦荡型倾听

当你在进行评判和挑毛病时,就很难去倾听。各种信息纷至沓来,但你却罗织证据来驳斥某人及其观点。你不得不有选择性地倾听,凡是有道理的东西一概充耳不闻,却对那些看似有错和愚蠢的东西抓住不放。你收集和密藏这些"奇谈怪论",以便日后与同好共享。否定别人的确能带来巨大的满足感,但你得为之付出如下代价:如果你的看法证明是错的话,你是最后一个知道的人;你不会变得聪明,因为你只听取与自己相同的观点;你与原本值得学习的人失之交臂,因为你和他们意见相左;你让人讨厌,因为你只会争吵而不会倾听;你错过重要的信息。

几乎每个人在坦荡型倾听方面都有问题。你不想听到有损自己形象的东西;你不愿意面对某些事实;你本能地想争辩,想让他闭嘴。很多人都害怕自己被证明是错的。因为你的观点和信念与自尊密切相关。证明自己错了就等于说自己愚蠢、不好或毫无价值。如果你能把信念和观点看作暂时的假设——坚持到它被驳倒或修正为止,那么你就向前迈出了一大步。坦荡型倾听最重要的原则,是在下结论之前要听完全部的陈述和整个沟通过程。不成熟的评价毫无意义,因为你没有掌握所有的信息。

4. 警觉型倾听

警觉型倾听有两种方法。一种是把你的所闻与自己所熟知的历史、人物和事物作比较。比较的时候不作评判,只是注意一下所谈内容与已知事实吻合的程度。第二种方法是衡量所闻与所见的一致性。这个人的声调、语气、面部表情和体态姿势是否与他讲话的内容相符。如果有个人跟你说她父亲刚刚去世,但他微笑着、身子悠闲地向后靠着、两手交叉托着后脑勺,那么这则消息纯属无稽之谈。因为你看见的和听见的不相符。如果身体、面容、声音和话语不相符,作为一名听者,你就得弄清这些矛盾之处,并给予反馈。如果你忽略这一点,你接受的只能是不完整的或混乱的信息。

经典案例 9-2

三个小金人的故事——倾听的价值

古时候,曾经有个小国到中国来,进贡了三个一模一样的金人,金碧辉煌,把皇帝高兴坏了。可是这小国不厚道,同时出一道题目:这三个金人哪个最有价值?皇帝想了许多的办法,请来珠宝匠检查,称重量,看做工,都是一模一样的。怎么办?使者还等着回去汇报呢。泱泱大国,不会连这个小事都不懂吧?最后,有一位退位的老大臣说他有办法。皇帝将使者请到大殿，老臣胸有成竹地拿着三根稻草。第一根稻草插入第一个金人的耳朵里，稻草从另一边耳朵出来了；第二个金人的稻草从嘴巴里直接掉出来了；而第三个金人，稻草进去后掉进了肚子，什么响动也没有。老臣说：第三个金人最有价值！使者默默无语，答案正确。

这个故事告诉我们，最有价值的人不一定是最能说的人。老天给我们两只耳朵一个嘴巴，本来就是让我们多听少说的。善于倾听，才是成熟的人最基本的素质。

(二)倾听的过程

倾听是人际沟通活动中最主要的一个方面，遗憾的是很多旅游服务人员并不具备作为倾听者应有的能力，其不良的倾听习惯会导致误解甚至曲解。倾听有效性在于完整的倾听过程。

旅游服务中倾听是一个听加思考的过程，是一种感知游客需求的能力。实际工作中，旅游服务人员通过对有用信息进行处理，采取有效服务措施，达到令客人满意的效果。因此旅游服务人员要学会倾听，要善于倾听。

旅游服务是以游客为中心的，服务人员不一定要积极地表述自己的意图，而是要作为一个良好的倾听者，能够倾听到游客的声音，了解游客的想法，才能尽快满足游客的需求。

例如，一个客人买完东西后又匆匆跑到收银处，"小姐，你刚才找错了50块钱。"收银小姐满脸不高兴，"你刚才为什么不点清楚，银货两清，现在我可不管了。""那就谢谢你多找了50元钱给我。"说完顾客扬长而去。

可见，听是了解游客需求的重要手段。有效而准确地倾听信息，将直接影响服务水平。一位擅长倾听的服务人员通过倾听，能够从同事、游客那里及时获取信息并对其进行思考和评估。在旅游服务过程中，服务人员的倾听通常包含以下几个过程。

1. 感知

表面上看，倾听是游客发出的语言信息传到服务人员的耳朵里，其实倾听需要服务人员在服务过程中不仅仅靠耳朵来收集信息，还要配合眼睛、鼻子等器官一起来收集信息。虽然游客讲的话是通过耳朵传达到服务人员大脑的，但倾听的效果却是受各种因素的综合影响，因而需要旅游服务人员学会察言观色。

2. 筛选

游客的信息传达到服务人员的大脑后，并不是所有的信息都为旅游服务人员所接受，服务人员总是对一部分信息表现出特别的关注和兴趣，同时又忽略了另外一些信息。此外，在服务过程中，一些环境因素也会影响旅游服务人员接收信息。例如，餐厅里会有各种各样的声音：走路声、说话声、碗和碟子等接触发出的声音等,这些声音会影响餐厅服务人员接收信息。作为服务人员要尽量不为其他声音所干扰,把注意力集中在服务对象上。

3.组织

这主要靠大脑中枢进行活动。服务人员要把杂乱无章的信息分门别类地收集起来,为下一步服务做好准备。

4.思考

信息分好类后,服务人员将这些信息与自己已知的知识和经验进行对比分析,通过判断、推理获得自己认为正确的解释或理解,从而了解游客的需求。

5.行动

服务人员根据自己的理解来采取行动,完成对客服务。如果是服务瞬间,应马上作出反应该如何做。如果不是服务瞬间,服务人员应根据判断来采取行动,提供个性化服务。

经典案例 9-3

一天早上,服务员小刘来酒店上班,正好遇到住在141房间的一对夫妇出门游玩,他们边走边谈,小刘无意间听到女士说:昨天的雪花梨真甜,特产就是好吃,回去时多买点!小刘听这话心里非常高兴,因为毕竟是在夸自己的家乡。

小刘把客人话记在心里,暗暗思量,以后给141房间送水果时多些梨。她还写了张纸条:尊敬的客人,你们好!得知你们喜欢吃本地的雪花梨,我感到万分荣幸,我们酒店可帮你们预订整箱新鲜、正宗的雪花梨。如果有需要可随时通知我。祝你们度过愉快的假期。电话:××××××××。

晚上,这对夫妇回到酒店,非常高兴地打电话请小刘帮他们预订雪花梨,并向总经理表示了赞许和感谢。

这是个典型的通过倾听、感知做到超前服务的案例。服务人员在对客服务中就要具备"千里眼"和"顺风耳"的功能,凭借敏锐的洞察力和丰富的经验准确判断客人的潜在需求。用心倾听客人所说的每一句话,及时捕捉各项服务信息,并高效提供具有针对性的个性化服务,让客人处处感受到诚挚的关心和爱护。

因此,作为旅游服务人员平时应该加强倾听的能力训练,在听别人讲话时,一定要听明白。因为只有在完全明白了讲话者的意愿后,才能作出正确的决策,提供优质的服务。

(三)倾听的作用

认真地倾听是给游客留下良好印象的有效方式之一,许多旅游服务人员不能给游客留下好印象,就是因为他们在倾听的过程中,没有注意力集中。倾听是对游客的一种尊重,意味着重视游客、理解游客,并最终达到满足游客要求的目的。在旅游服务过程中,倾听起着非常重要的作用。

1. 促进理解和宽容

谈判是双方沟通和了解的活动,掌握信息是十分重要的。一方不仅要了解对方的目的、意图、打算,还要掌握不断出现的新情况、新问题。因此,谈判的双方十分注意收集整理对方的情况,力争了解和掌握更多的信息。但是没有什么方式能比倾听更直接、更简便地了解对方的信息了。这也同时意味着理解对方处境,只有相互的理解,才能建立融洽的人际关系。

宽容是信赖的途径,旅游服务人员需要学会宽容,懂得宽容待人的好处,这就意味着要从心里接纳客人,理解对方的处世方式,尊重对方的处世原则。服务人员在接受游客的长处时,也要接受游客的短处、缺点,求同存异,这样才能与游客和平相处,工作才能更加顺利。

理解和宽容的基本心理素质对从事旅游服务工作的人员来说,是非常重要的。一般来说,服务过程中服务人员会遇到不同性格、不同层次的游客,但不管对方情况如何,服务人员都要以宽容的心态对待游客。即使有时遇到个性较强的游客,服务中也不能产生过激行为。

倾听意味着理解和宽容。倾听能够使服务人员获知游客的需求,同时通过察言观色,发掘游客的隐性需求,理解游客的内心。满足游客的需求是留住游客的最佳途径。倾听能使服务人员自责自省,衡量自己的认知是否存在偏差,并予以纠正,从而创造出和谐轻松的氛围,推心置腹地与游客进行沟通。

经典案例9-4

某公司王经理入住酒店,行李员把他带到客房后刚退出,服务员小林就面带微笑进入房间,送上毛巾和茶:"王经理,请用茶,用毛巾。"客人说:"小姐,我不用旧毛巾。"小林赶忙说:"对不起,请稍等,我马上给您送过来。"很快从工作间取了一条新毛巾送来。这时候,客人又指着冷水瓶说:"这冷水不新鲜。"小林微笑着说:"王经理,请稍等,我马上给您送来。"转身又去了工作间,换上新开水,加进冰块,送回客房。"请问您还有什么事需要我做吗?"小林再次询问,客人挥挥手,示意离开。

不久,王经理打电话给服务台,请服务员再送些茶叶。小林很快把茶叶送到房间,他却大为不满:"我不要绿茶,我要红茶!"小林心里感到委屈,但她没有丝毫的流露,马上给客人道歉:"对不起,我马上给您送来。"接着去换了几包红茶给客人送来。客人很受感动,连连道谢:"小姐,谢谢你!谢谢你!"小林还是很有礼貌的说:"不用谢,这是我应该做的。"随后,道了声晚安,便退出房间。

服务人员对客人的态度应该是和善、友好、绝不苛求。作为服务人员要有配角意识、服务意识,有耐心、忍让的态度。冷静对待矛盾,倾听客人的心声是服务人员最佳的选择。

大量事实证明,旅游服务过程中的人际沟通失败的原因,很多时候不在于旅游服务人员说错了什么,或者是应该说什么,而是听得太少,或者不注意听所致。比如,客人的话还没有说完,服务人员就武断地打断对方的谈话,讲些不得要领、不着边际的话。还没听清客人讲话的目的,就迫不及待地发表自己的见解和意见,这样的人际沟通怎么会成功呢?

倾听是一门学问,很多旅游人员在听游客述说的时候,是一边听,一边紧张地想对策:我要证明他是错误的,我要为我或我的公司进行辩解,我要澄清问题的症结所在。不等客人说完,就急急忙忙地打断客人的话,结果只能让客人更加恼火。

作为服务人员,一定要请客人先说话,然后自己再讲,这一点十分重要。客人总是有着各种各样的希望和要求,但大多数顾客自己也说不太清楚自己的准确要求是什么,这就需要服务人员礼貌、仔细地倾听客人说话,找出"弦外之音",然后,再开口讲自己的理由进行推销。总之,礼貌、仔细地倾听,有助于旅游服务人员了解顾客的真实需求。

2. 满足游客的自尊

游客到旅游服务企业消费除了需要得到生理需要、安全需要、情感需要以外,还需要得到尊重,即满足自己的尊重需求。自尊心是游客的"一根最敏感的神经"。服务人员与游客之间的交往能够顺利进行,在很大程度上,取决于服务人员是否懂得保护游客的自尊心。

对客人的尊重,不仅仅是尊重客人的人身权利,礼貌的行为、热情的服务态度、认真地倾听、平等地对待每一位客人、站在客人的立场上考虑问题,这些都是尊重客人的表现。尊重客人是对旅游服务工作最起码的一个要求,它是塑造旅游企业形象和建立和谐社会的坚实基础,也是赢得客人的一个必要条件。对旅游服务人员来说,游客是上帝、朋友、亲人,是衣食父母,其重要性是不言而喻的。服务人员与游客的交往构成人际交往中非常重要的一部分,不尊重客人的唯一结果是将自己的客人赶到竞争对手那里去消费。所以,旅游服务人员应尊重游客,用自己的服务言行来满足游客的尊重需要,保护游客的自尊心。

经典案例 9-5

一位上了年纪的客人入住了小李所在的酒店,小李很热情地为这位客人服务,这位客人非常挑剔,刚到客房,就说道:"小姐,我要换新的床单,我不用别人用过的。"小李有点面泛难色地对她说:"对不起啊,太太,这些床单都是新换的,您看,我们在客人入住前都做好了清洁工作的。"客人听了后,很不耐烦地说:"我说要换就要换。"小李只好去工作间拿来新的床单换上,接着客人又相继提出其他不同的要求,这时小李有点耐不住性子了,但还是按照要求提供了服务。客人觉得小李提供的服务很好,于是就跟她拉起了家常,提到了她的小孙子的学习成绩、运动能力以及他将来的抱负。但是小李心存怨气,一直心不在焉。

第二天,酒店就接到了这位客人的中途退房的要求,还有一封投诉信。信上说:"我本很中意这家酒店,觉得它能给我带来舒适的环境,但是我现在决定另换一家了。"原因是这位客人觉得她没有受到应有的尊重,她觉得服务生对她的要求很不耐烦,而且对她引以为荣的事情却毫无反应。

从这个案例中,我们可以看出,服务人员认真倾听可以让客人感到受到尊重,从而使沟通更加顺畅。同时,在倾听的过程中,服务人员也可以获得大量的信息。在旅游服务过程中,有些信息可能只是游客的一时灵感,但是对服务人员来说往往具有启发作用。通过倾听服务人员可以了解对方要传达的信息,同时感受到对方的感情,还可以据此推断对方的性格、目的和诚恳程度。通过提问,服务人员可以澄清不明之处,或是启发对方提供更完整的资料。倾听可以训练旅游服务人员以己推人的心态,锻炼思考力、想象力、客观分析能力。

事实上,"尊重顾客"是所有优秀企业的一个最基本的行为准则。托马斯·沃森在1914年创办IBM公司时制定的行为准则就是"尊重个人、追求卓越、服务顾客"。IBM最重要的资产是员工,必须尊重员工,同时也希望每一位员工尊重顾客。

3. 提高游客满意度

让游客满意是所有旅游服务企业的最终工作目的。由于旅游服务产品没有"成品"形式,无法在向游客提供之前就对其进行质量检查。而一旦质量问题出现,游客就已经感受到了,因此无法对其进行任何形式的控制。若游客在消费过程中产生了不满的情绪,只有事后补救措施非常周到,才能平息游客的不满。一般情况下,不良印象通常是挥之不去的。所以几乎每一个旅游服务企业为了达到令游客满意的目的都制定了一系列的服务规则和规范来确保旅游服务质量。例如,餐厅服务规程上明确规定,当客人餐碟中的杂物超过三分之一时就必须及时撤换;当客人杯中酒水不足三分之一时应及时添至八分满;当烟灰缸里有两个烟蒂时,就必须要更换等。这些规定对保证旅游服务的质量有一定的作用,但关键是旅游服务应以不打扰游客为原则,否则服务规程就显得毫无意义。

经典案例 9-6

服务员小张一直在按照酒店的规章制度来要求自己规范地服务,席间不断地倒茶添菜。介绍菜名、分菜、换毛巾、换骨碟、斟酒,不断地使用礼貌用语"先生,请问您喝绿茶、红茶还是花茶,我们还有菊花茶……""先生,您喝什么酒?""女士,请问您喝什么饮料,我们这里有可乐、雪碧、酸奶……""不好意思,打扰一下,为您换毛巾……"

最后一位客人终于忍无可忍发话了："你可不可以安静一点，站在一边，需要服务时我会吩咐你的。"此时，服务员小张的服务热情被一盆冷水浇得不知所措，一脸茫然地站在那里。

在这个案例中，不可否认，服务员小张的服务态度和服务礼仪、服务规范都做得不错，但她的错误就在于服务非但没有给顾客带来舒适和享受的感觉，反而使顾客生气。旅游服务要求每一个服务人员通过倾听感知不同的服务对象所要求的不同服务氛围。有的情况下，操作越简单，客人越高兴。那么，如何把握分寸呢？先"察言"，根据客人之间的交谈，确定客人属于哪种类型；再"观色"，通过客人的面部表情、情绪等，决定对客人的服务分寸。哪些话该说，哪些话不该说，哪些服务应加强，哪些服务可删减，这些都依赖于倾听。

服务人员要想把服务工作做好，仅凭热情是不够的，还要研究服务心理，要不断提高观察能力、应变能力和语言表达能力。很多服务人员认为"口才"是做好服务和推销工作的重要因素，因而对于"听"的工夫不怎么在意。实际上，在某些时候，学会倾听比能说会道更令游客满意。有的服务人员口才好，锋芒毕露，常有言过其实的感觉。话说多了，游客会认为是夸夸其谈、油嘴滑舌。而且，言多必失，口若悬河容易导致祸从口出。静心倾听则可以消除以上沟通中的种种弊端。注意倾听还有助于形成大方稳重、诚实可靠的良好形象。认真倾听，能减少语言中一些不成熟的评论，避免人际间不必要的误解。

在旅游服务过程中，服务人员应通过倾听感知游客的情绪变化，主动引导他们的情绪向积极方向发展，并利用情绪对游客行为的影响，协调游客与各方面的关系，创造良好的沟通氛围，达到服务的最佳境界。学会倾听，把说话的权利让给别人，这是旅游人员学会人际沟通的第一步，也是成为一名优秀的旅游服务人员的基础。

二、干扰因素

根据研究发现，人们倾听时的效率约为25%，大约75%的内容流失了。导致倾听效果如此之差的原因，在于主观和客观两方面干扰因素形成的许多障碍。主观障碍源自听者自身，客观障碍来自听者所不能控制的外部因素。

(一)个人因素

1. 表达能力欠缺

（1）语言表达欠佳

语言是一门艺术，在沟通中有些障碍因素的出现是由于语言表达缺乏艺术性。旅游服务人员应该尽量引导游客作出决定，多让游客做选择题，而不是是非题。比如：不要说"您是要一间标准间吗"，而应该说"您是喜欢标准间呢，还是喜欢单人间,或者是商务套房呢"。服务人员应该坚持使用正面的说法,避免使用否定语。比如:"真不巧,只剩下最后一间客房了"或者"还有最后一间最便宜的房间,您要吗"之类的语言都是不合适的,而应该说"您真幸运,还有一间非常适合您的房间"或者"您的选择非常理智,祝您住宿愉快"等。

(2)不恰当的发音

沟通的过程中,得体的声音能够显示服务人员的沉着、冷静,吸引游客的注意力,有时甚至能让过于激动或正在生气的客人冷静下来,使游客能静下来倾听服务人员的解释。但不少旅游服务人员欠缺得体的语音表达,影响游客的倾听,在沟通过程中出现障碍。比如有的服务人员发音错误并且含糊不清,会使游客感觉他思路混乱、观点不清,或者对这一话题态度冷淡;有的服务人员高声尖叫,使游客心烦意乱;有的服务人员说话声音低沉、有气无力,会让游客感觉其缺乏热情、没有生机;有的服务人员用鼻音说话,发出的声音会让游客十分难受;有的服务人员内心紧张时往往会发出又尖又高的声音。其实,语言的威慑力和影响力与声音的大小是两回事,大喊大叫不一定能说服和压制他人,声音过大只会使游客不愿听你说话,影响沟通。

2.倾听态度差异

(1)焦点错位

在思考状态下,人的注意力会收缩,很容易忽视当前的信息,出现听而不闻的状况。如总经理在布置记者招待会的有关事宜时,秘书却在想着招待会后餐饮该如何安排。这是注意焦点出现错位,提前思考了后面的问题。

(2)预判内容

人们在听话时,常常自作聪明地琢磨对方将要说什么,"你想说⋯⋯"或心里嘀咕,"你一张嘴,我就知道你想说什么!"又或"想糊弄我,可没那么容易!"预判极容易出现偏差和误解,难以达到沟通时的互信和谅解。

(3)急于反应

不等对方把话说完,或把意思表达清楚,就急着回应,忙于考虑自己该说些什么。这样不但倾听效率低,而且很难与别人真正沟通。有些是性子急,有些是立场不同,有些则是地位居高临下,因而缺乏耐心。

(4)缺乏兴趣

每个人的知识面、职业背景、思维特点、业余爱好等都不一样,很容易对兴趣之外的话题兴致不高。因此,在对方说兴趣之外的,或者过于复杂、过于深奥的内容时,听者容易厌倦走神,脑袋常常一片空白。

(5)过分关注

过分关注说话人本身,而对说话人所说的话缺乏关注,导致倾听注意力的本末倒置。由于是人与人之间面对面地对话,因此难以避免对人的观察和好奇。例如,听者可能会琢磨"这人的嗓子真有磁性"或者"他今天的着装很奇怪",又或者过分关注说话人的一颦一笑、举手投足,这些都会减弱听者对说话内容的接收和领悟。

3. 倾听习惯差异

(1) 思维封闭

有些人总是与不同的信仰不共戴天,与不同的思想观念势不两立,也无法与不同的思维方式相互沟通,表现出极强的封闭性和排他性。他们听不进别人的意见,只关注自己要说的话。这时的沟通,往往只有对立而没有统一,只有相互排斥而没有相互融通。

(2) 感情用事

有些人依据与人关系的亲疏、个人的好恶,来调节倾听时的状态。他们基本不用理性判断。不喜欢这个人,就听不进他的意见;对某些说法或字句反感,就简单地全盘否定对方说的话。正如有些服务人员,喜欢听和自己意见一致的游客的话,偏心和自己观点相同的游客。

(3) 体态语言

有些服务人员在听游客说话的时候,东张西望,双手交叉抱在胸前,跷起二郎腿,甚至用手不停地敲打桌面;有些服务人员在游客讲话或讲话快要结束的时候,起身走到办公室门口,把手放在门把手上,意思是"时间到了";也有些服务人员从倾听开始就没停下手中在做的事情。这些消极的身体语言都会大大妨碍沟通的质量。

经典案例 9-7
　　"难言之苦"的替代品"微笑"——沟通的桥梁

某地一家旅游商品市场比较混乱,假冒伪劣商品充斥市场,还漫天要价,如果有人阻止宾客购买,就会遭到报复。一天,一位导游随自己的团队来到这个市场,一些旅游者有购物的欲望,但又觉得把握不住,于是纷纷来到导游面前征求意见。导游自然有难言之苦,他没有用语言回答,只是付之一笑。多数旅游者立刻心领神会,打消了购物的念头,避免了不必要的损失。事后,这些旅游者了解了事情的原委,对导游的"机灵回答"大加赞赏。

这个案例说明,体态语在不同的场合表达出的意义不尽相同,因此要用好体态语,让它在沟通中发挥出应有的作用和价值。

(二) 环境因素

环境因素是影响双方沟通的最常见的因素之一。交谈时的环境千差万别,时常转移人的注意力,如背景音乐、电话铃声、意外来访、身边来往的人、环境布置、气候状况等,从而影响专心倾听。置身于不同的环境,给人带来的感受不一样,也会导致不同的沟通效果。面对大海的开阔,置身园林的幽静、舞厅的喧闹、家庭的温馨,挂一幅画,插几朵花,都会影响人的情绪和思维状态。有些能对倾听起到促进作用,让人更为专注。有些则相反,会分散人的注意力。具体来说,环境主要从两个方面影响倾听效果。

1. 干扰信息传递过程

外在环境的干扰对于一个倾听者来说是一个持续不断的问题,排除外部干扰的第一步是在倾听的过程中找到干扰的潜在因素。在沟通过程中,干扰倾听的外在因素主要表现在以下几个方面:一是环境的封闭性。环境的封闭性是指谈话场所的空间大小,有无遮拦设施,光照强度(暗光给人更强的封闭感),有无噪声等干扰因素。封闭性决定着信息在传递过程中的损失概率及影响人们注意力的程度。一般环境的封闭性越强,信息损失的概率越小,人们的注意力越容易集中。二是环境氛围。环境的氛围是环境的主观性特征,它影响了人的心理接受定式,也就是人的心态是开放的还是排斥的,是否容易接受信息、对接受信息如何看待和处置等。不同的环境氛围,如和谐愉快、对立、轻松、紧张等,会直接改变人的情绪,从而作用于心理定式。三是环境空间的大小。空间环境也影响倾听,进而影响人与人之间的沟通。社会学家曾经组织的一项调查研究表明,由于各种因素的干扰,相距 10 米的人,每天谈话的可能性只有 8%～9%,而相距 5 米的人,每天进行谈话的可能性达到 25%。

2. 干扰倾听者的心境

这是环境从主观上影响倾听的效果。内在干扰因素主要包括偏见、思想僵化、缺乏信任等。当服务人员由于工作和心理的压力而心事重重的时候,很难做到有效地倾听。归纳起来,干扰倾听者心境的因素主要包括两个方面:一是来自说话人的因素。对于倾听者来说,倾听的干扰表现在说话人的一些具体细节问题上,如说话人的发音特点、衣着打扮、脸部表情、体态语言等都会直接或间接影响倾听者的有效倾听。二是对应关系因素。这是指说话者和倾听者在人数上的差异,是一个人说话一个人倾听,还是一个人说话多人倾听,或者多人说话多人倾听,对应关系的不同会导致沟通者不同的心理角色、心理压力和注意力的集中度。一对一的对应关系使倾听者感到自己角色的重要性,注意力自然比较集中。在旅游团中导游对游客的讲解,是一对多的沟通,游客会认为自己在此场合并不重要,心理压力小,所以经常开小差,无法集中注意力,倾听效果较差。

经典案例 9-8
司机甩团后——环境因素影响下的耐心沟通

冬天的北方寒风刺骨,从南方到沈阳游览的游客在参观完沈阳故宫和少帅府后,准备返团。游客们都在等着上旅游车,可不知什么原因车门却打不开。司机在车内按着开关,但是车门却纹丝不动。北方的风雪天说变就变,在车外等候的游客已经快冻成"冰棍"了。一位游客王小姐前去拍车门,此时,在车里的司机大为不悦,从车窗探出头来说:"拍什么拍,没看我在修吗?真没素质!"导游立即上前阻止,几个回合,话语越来越激烈,司机关上车窗,发动了旅游车,不管导游怎么阻止,司机只留下一句话:"对不起导游,我跟你也不熟,我不伺候了,谁敢拦我我撞谁!"扬长而去。

见此景,大家都惊呆了!司机敢甩团?导游员骑虎难下,不知该怎么办。此时,停车场另外一个大巴的游客游览尚未出来,导游立刻与司机联系,让游客在这位热心的司机车上避寒,接下来,导游则立即联系了旅行社将刚才的事作了汇报,公司表示会马上派另一辆车来"救场"。在等车这段时间里,导游员给车里的游客讲东北话,使车里的气氛轻松了许多。半个小时,游客登上了旅行社派来的车,同时,大家也非常感激导游在此过程中所做的沟通,全团人员都向她投来了感激的目光。

延伸阅读 9-1

从沟通环境了解沟通对象

你所在的地点以及那里发生的一切都会对你的交流方式产生一定影响——甚至在你开口之前这种影响就已经在起作用了。所以,当你与他人进行沟通时(无论是办公室还是家里),你同样都要仔细观察一下你交流伙伴所处的那个环境以及他身处其中的感受。

● 你的交流伙伴对环境感受的自信心强度(例如在家中可能自信心很强,而在一个陌生的会场中则可能缺乏自信)如何?

● 你的交流伙伴所处的环境是整洁有序还是杂乱无章?

● 你的交流伙伴看起来是否小心翼翼、谨小慎微?

● 他的墙上是否挂有画作、匾牌、证书或奖状(品)?

● 有没有家人、朋友或名人的照片?照片上的名人是谁?

● 环境中有哪些线索提示你的交流伙伴的地位和影响力?

● 你的交流伙伴还有哪些兴趣爱好(健身器材或花草)?

延伸阅读 9-2

环境流露心迹,沟通迎刃而解

有一位表情严肃、沉默寡言的首席执行官(CEO),他的办公室没有一件物品可以透露被他那完美职业形象所掩盖的东西。他的办公室布置得非常仔细——照片、证书一概没有,几乎找不到一件与他性格特征产生关联的东西,他总是给人一种难以琢磨的感觉,与他打交道时常令人不自在。

但后来有一次我却发现他的办公桌上有一只非常小巧精致的鱼钩。尽管我对鱼钩一窍不通,但我还是抓住机会夸奖了一番,结果了解到他曾经当过渔民,那只鱼钩还是他亲手制作的,而且还起了个有趣的名字。于是我问了他一连串的问题……这位 CEO 竟然对钓鱼如此痴迷,谈起钓鱼的事可以一口气讲上两个小时。从此我们成了朋友,交往也变得更加有效了。

(三)文化差异

尽管我们把世界视为地球村,但文化的千差万别,包括宗教、政治、文学、艺术、语言、民俗等方面造成对词义的理解不尽相同。文化差异常常会误导人们对倾听内容的理解。而中国的文化博大精深,在旅游服务中,常常会遇到因为文化的差异造成的一些意想不到的情况,或发生一些令服务人员窘迫的事情。为了不使客人失望,或不得罪客人,服务人员必须迅速适应,根据不同的情况巧妙地进行解释,说出得体的话语,以缓解矛盾的语境,最终消除客人的不满。

经典案例 9-9

"筷落"的文化——服务中应变的技巧

台湾的姚先生首次来大陆投资,在广州某家大酒店用餐。宾朋满座,兴致高昂,正在此时,服务小姐上菜时,一不小心将他的筷子碰落到了地上,服务小姐心里很是不安,连忙道歉,但姚先生还是非常生气:"说对不起有啥用,还没吃饭,筷子落地,真不是好兆头!"原因是这样的,出门做生意,总想讨个"吉利",图个好"兆头",特别是港台地区的商人对此非常讲究。

这时餐厅经理及时赶过来,说:"姚先生,实在很抱歉,给您添麻烦了。"说完,赶紧让服务员给换上了新筷子。姚先生生气地说:"今天真是倒霉透顶了,碰上这么个毛手毛脚的人,好事都被她搅合了。"餐厅经理温和地说:"姚先生,请您不要生气,这可是吉兆呀!""什么?这是吉兆?"客人满脸疑惑地问。餐厅经理诚恳地说:"真是吉兆呢,可知道中国人从炎黄开始,就讲究阴阳平衡,连说话作诗也讲究和谐音律,筷落筷落的谐音就是快乐快乐啊,姚先生,看来您的生意一定会顺顺利利,快快乐乐!"听餐厅经理这么一说,姚先生提着的心放了下来。他想,"筷落的谐音就是快乐,如果从音律上讲,是再符合不过了,我怎么没想到呢,偏要想反了。看来,'筷落'真是好事而不是坏事啊。"

餐厅经理运用娴熟的语言应变能力,使客人转怒为喜,化干戈为玉帛,这正是在旅游服务过程中所要提倡的一种智慧的服务。

延伸阅读 9-3

利用错位感巧妙结束谈话

面对面的交流和打电话一样,总有结束的那一刻,在结束谈话时,既要做得自然,又要干脆果断。

错位是主动结束谈话的一种常用手段。有意在遣词造句、声音语调或身体语言等方面与交流伙伴发生错位，就是发出结束谈话信号的一种绝妙手段。具体方法包括使用非感官的理性词语，把身体转向别处，改变语速或中断与对方的目光接触等等。采用这些方法中止谈话时，既不要犹豫不决，又不要有失礼貌。

例如，如果一次会面已经取得了预期的效果或这次谈话没有再进行下去的意义时，那么结束这次谈话的最好方法就是直接说"时间不早了，看来我该走了"。如果你想多说几句，那么可以推说自己工作太忙，还有很多的其他事情要做，等等。如果你不能果断地终止交谈，那么一些小小的借口通常也不会起到多大的作用。

延伸阅读 9-4

排除沟通中的干扰

沟通交流中的干扰可能来自外部，也可能来自内部。

内部干扰包括：①直觉与偏见；②个人经历与交流技巧；③个人感情及偏好；④自己的想法；⑤当时的身体状况。

外部干扰包括：①你手上正在做的事；②交流伙伴正在做的事；③周围正在发生的事。

当出现内部干扰时，要把注意力集中到自己的目的上来。防止外部干扰的有效办法是不去理会它，或者干脆离开干扰源换个环境继续交流。当你的交流伙伴走神时，你就要用提问的方法或使用鼓励性的手势，或采用"请接着说"这类鼓励性的话语把他的思路拉回来。

在沟通中被人打断无疑是让人不快的事，但如果有人已经打断了你正在进行的谈话，你可以尝试以下做法：①称呼对方的名字，以吸引他（她）的注意力；②简要复述一遍对方说过的话；③与对方重新商定一个会谈时间（当对方确实临时有事）。

相反，有时为了避免自己正在进行的工作被别人谈话打断，我们也要技巧地避免自己正在进行的重要工作被别人插入的谈话打断，或者说我们要设法中止对方并不重要的谈话。当有人来到你的办公室而你又没有时间和他交谈的时候，你可以先站起来，走到来人的跟前和他打招呼，然后就站在原地和他说话。实际中，办公室里一把多余的椅子都不要放，不要让他们打开话匣子，这样你也就不必去听来人细说缘由了。

站得时间一长，人自然就会感到不舒服，这样就会缩短来人在你办公室逗留的时间。如果没有重要事情，以后他们就不会随便到你的办公室闲聊了，如此一来，你就有更多的时间去完成手头上的重要工作了。

三、如何倾听

对于倾听,似乎只要是我们没有生理的听力缺陷,我们就能从出生那一天起自然地有听的能力,因此不需要有人来教。当你与他人谈话时,他们似乎也在听着,但实际上,他们也许想着别的事情,更常见的,是在想他们马上要说些什么。因此,倾听似乎被忽视了,只是有时被当成一种被动的技巧。但是倾听对良好的交流是很关键的,除非有人听到信息并理解了,否则就没有交流,只有噪声。

(一)倾听的方法

1. 创造良好的环境

倾听环境对倾听的质量有重要的影响。如在安静、无人的环境中沟通总是要比人多的环境中沟通效果好。在良好的环境氛围中,沟通双方往往会有放松和安全的感觉,并有着与他人平等的感觉。这种环境可以是正式的,如游客到旅行社总经理办公室投诉;也可以选择非正式的环境,如酒吧或咖啡厅。讨论诸如工作上重要的事情时,应该选择一个严肃的、封闭的环境。良好的环境氛围有助于双方建立信任和平等的关系,这样才能保证倾听的效果。

2. 选择合适的时间

服务需要一个长时间的准备过程,而真正实现对客服务往往是瞬间完成的,通过瞬间的服务来实现和检验服务的效果。要处理好服务瞬间,应该重视与游客接触的每一个瞬间。服务中的每一个瞬间都可能影响到游客的感受,从而判断接受与不接受服务人员所提供的服务。通过每一个瞬间去倾听、感知、发掘游客的需求,然后尽力满足游客的需求。

在旅游服务过程中要选择合适的人际沟通时间,要时刻关注游客的情绪,恰如其分地解决问题,急游客之所急,忧游客之所忧,形成个性化的服务,使游客形成良好的记忆,满意而归,这是现代旅游服务获得"双赢"的关键。

3. 选择适当的地点

地点的选择必须保证倾听不受干扰或困扰。比如选择较为封闭、有隔音设施的地方进行沟通,而不要选择嘈杂的地方进行交谈。在旅游人际沟通中,倾听会发生在很多不同的场合,如在餐厅、前厅、旅游景区等等有关旅游活动发生的地方。无意的倾听可能会产生意想不到的效果,但如果是有意的倾听,就要选择好一个良好的环境,能够专心地倾听并服务于客人,以满足客人的需求。

4. 明确倾听的目的

明确倾听的目的,有利于达到良好的倾听效果。事先为此次谈话进行大量的准备,可以促使服务人员对谈话可能出现的问题或意外有解决的思路。在旅游服务中,倾听的目的是为了更好地为游客服务。要更好地为游客服务,就要求服务人员学会倾听游客的弦外之音,即把握游客语言中隐含的信息和游客用身体语言表露的信息。

(二)倾听的表现

1. 精神状态保持良好

在许多情况下,服务人员不能认真倾听游客的谈话,往往是由于自己的状态不好,肌体和精神的准备不够,因为倾听是包含肌体、感情、智力的综合性活动。在情绪低落和烦躁不安时,倾听的效果不会太好。这就要求服务人员学会控制自己的情绪,在服务过程中投入自己的激情。服务人员在倾听的时候,要集中注意力,随时提醒自己沟通的目的是为了使游客满意,倾听时应保持与游客的眼神接触。另外,服务人员要努力维持大脑的警觉,这样有助于使大脑处于兴奋状态。不仅要用耳朵,而且要用整个身心去倾听游客的心声,所有这些都是倾听者必须具备的精神状态。

2. 恰当运用肢体语言

旅游服务人员应该学会使用肢体语言向游客表明"我在认真听您讲话,我对您讲话的内容很感兴趣"。例如,赞许性的点头、恰当的面部表情与积极的目光接触等相配合。在倾听的过程中,用对方能理解的各种动作与表情表示自己的想法,如点头、微笑、皱眉、迷惑不解等表情,给游客提供准确的反馈信息,以便其及时地调整。还应通过动作和表情,表明自己的态度,表明自己"以服务工作为荣"的态度。

避免出现一些表明思想走神的举动,如看表、心不在焉地翻阅文件、手里忙着自己的活等。这些都会让游客感觉服务人员很烦或者对自己的谈话不感兴趣;另外,游客会担心服务人员没有集中精力倾听,会遗漏一些重要的信息。

3. 适时适度提出问题

在倾听的过程中,服务人员恰当地提出问题,往往会有助于相互的沟通。旅游服务中沟通的目的是为了获取信息,了解游客在想什么,要做什么。服务人员通过恰当的提问可以获得这些信息,同时也可以从游客回答的内容、方式、态度、情绪等方面获得其他信息。

在倾听过程中,服务人员应力求让游客多说话,并且尽量不要打断,这样游客会感到很愉快。如可以说"对您刚才说的那些事,我想知道的更多一点。""我可能没有听懂,您能否再讲的具体一点?""还有哪些方面需要考虑的呢?""您能详细说明一下您刚才所讲的是什么意思吗?"等等。

在倾听的过程中,服务人员不要轻易改变游客的话题,也不应该对游客所讲的内容进行评论或评价。服务人员应该给自己多留一些时间对听到的信息进行"消化",慢慢适应游客的讲话方式,这样就会理解得更多一些。

在倾听中的提问要注意以下几点。

(1)提问的数量

数量要少而精,太多的问题会打断和影响游客的思路和情绪,改变谈话的主题,因此,掌握提问的度很关键。

(2)提问的内容及语速

应紧紧围绕着谈话的内容提问,如果漫无边际地提一些不相干的问题,会很容易分散游客的注意力,导致交流的中断。语速很快易使对方感到咄咄逼人,说得太慢则会使对方不耐烦。

(3)提问的态度

设身处地为游客着想,以理解的态度交谈,诚恳地提出一些双方都能接受的问题,有利于双方的沟通。

(4)提问的时机

交谈中若遇到某个问题未能理解,应在对方充分表达清楚的基础上再提出问题。过早或过晚提问,都会显得不礼貌。

(5)提问的方式

一是开放式的提问,再回答时要进行具体的说明;二是闭合式提问方式,其结果往往是可控制的,与预期结果相近。在倾听中,两种方式应综合应用,以求达到最佳效果。

4.以开放性动作呼应

人的身体姿势会暗示他对谈话的态度。根据达尔文的研究,交叉双臂一般表现出优雅而富有感染力,使人自信,但在倾听时使用这种姿势往往被认为是防卫姿势,一般认为做出此姿势的人持保留态度。开放性动作是指自然地、身体略向前倾的姿势,代表接受、容纳、兴趣和信任。开放性动作还意味着控制自身偏见和情绪,克服心理定式,在开始沟通前可以培养自己对对方的感受、意见的兴趣,做好准备积极适应对方的思路,去理解对方的话,并及时给予回应。

5.倾听中的及时反馈

积极倾听的一个重要环节是用自己的语言复述对讲话人所表达的思想与感情的理解,即给讲话人以反馈,从而完成倾听的全过程,并告诉他信息已被听到并理解了。

反馈的方式有以下三种:

(1)逐字逐句地重复讲话人的话。例如,客人:"一份宫保鸡丁。"服务人员:"好的,一份宫保鸡丁!"

(2)重复讲话人的话,只是把"我"改成"你"。例如,甲:"我正在找另一份工作。"乙:"你正在找另一份工作。"

(3)用自己的语言解释讲话人的意思。例如,甲:"我不喜欢我的老板,再说,那个工作也很烦人。"乙:"你对你的工作不满意。"

此外,服务人员也可以以确定性的语言提问或陈述自己对信息的理解和判断,并对以后可能出现的情况作出预测。这也是倾听中的一种反馈方式。

经典案例 9-10

"王"非"黄"——倾听错误造成的投诉

2007年9月28日,王先生打电话到某酒店订房处,"我是你们酒店的一名常客,我姓王,想预订10月1号到4号的标准间。"预订员小马查阅了10月1日到4日的预订情况,表示酒店将给他预留4012房间至10月1日下午18:00。

10月1日下午13:00,王先生来到前厅,看到公示牌上显示酒店标准间客满,因为已经提前预订了,他便不慌不忙地拿出证件,要求办理入住手续,并表明自己已经预订。接待员小何查了预订记录后抱歉地说:"对不起,王先生,您没有预订啊?""怎么可能,我明明在9月28号预订了4012房间啊!""对不起,我已查过了,4012房间已出租,入住的是位黄先生,请问您是不是搞错了?""不可能,我预订好的房间,你们也答应了,为什么不讲信誉?"

小何一听,赶紧核查预订记录,原来预订员小马没听清,将王先生听成"黄先生"了,而10月1日上午正好有一位黄先生入住,小何就以为是预订人,便把黄先生安排在4012房间。于是小何抱歉地说:"王先生,实在抱歉,本酒店标准间已经客满,要不请您入住7230豪华套间,给您八折优惠,虽然价格高一些,但还是物有所值。"王先生不同意,并且非常生气,认为酒店有意欺骗他,立即向大堂经理投诉。

从本案例中,我们不难发现,服务人员的倾听能力直接影响服务水平。电话预订由于语言障碍、电话清晰度以及服务人员听力水平等影响,容易出错。因此,预订员在接受电话预订时必须认真记录客人的预订要求,并在记录完毕后,向对方复述一遍,以便确认。

6.适时恰当运用沉默

许多旅游服务人员乐于畅谈自己的想法而不是倾听游客说话。如果你发现不能有效倾听是因为你说得太多,不妨停止说话,保持沉默,因为每个人都不可能做到同时又听又说。

倾听时适当地运用沉默则能够达到以无声胜有声的效果。但一定要运用得体,不可不分场合故作深沉而滥用沉默。而且,沉默一定要与语言相辅相成,不能截然分开。沉默并不意味着严肃和冷漠。旅游服务人员在倾听的过程中,适时、恰当地运用沉默,可获得如下效果:一是松弛彼此紧张的情绪;二是促进思考;三是控制自我情绪。

第二节 善用语言

旅游服务语言不同于一般的交际语言,它属于职业化的语言交际范畴,有特点的语言交际对象——宾客;特定的语言交际内容——食、住、行、游、娱、购;特定的语言交际规范——旅游行业服务规范;特定的语言交际角色定位——服务与被服务。由此就决定了旅游服务语言所要采用的一些基本技巧。

一、积极赞美

赞美是同批评、反对、厌恶等相对立的一种积极的处世态度和行为。一个人不管是通过语言还是通过行为,只要表达出对别人的优点和长处真诚的肯定和喜爱,都可以说是赞美。赞美是一种堂堂正正、正大光明的处世艺术。

人们对赞美并不陌生,然而,真正善于赞美别人的行家毕竟是少数,大部分人还需要学习怎样赞美别人,以更好地工作、生活、发展。或许你每天都能听到很多对你的称赞和表扬,但又有多少在你的脑海里留下了深刻的印象?或许你每天也少不了给别人很多赞美,但又有几次得到了别人的回应?原因就在于大家虽然都对赞美不陌生,但并没有很好地把握赞美及其规律,应用起来也就难以收到很好的效果,甚至有的赞美适得其反。

(一)赞美的作用

人性中最本质的愿望是让别人赞赏自己。当服务人员看到客人所做的事或所得到的成就值得赞美时,要把它说出来,并且告诉他你非常羡慕他所拥有的成就。赞美并不是虚伪地吹嘘、拍马屁,而是发自内心的欣赏。赞美是尊重游客的一种方式,是肯定游客的一种态度。赞美不仅是推销服务的好方法,而且恰当地赞美游客不仅能体现服务人员高深的文化修养,还能提高游客对服务的满意度。从某种意义上讲,对于旅游服务人员而言,赞美游客意味着成就自己。

旅游服务人员与游客的关系,原本就应该是一种快乐的关系,游客从服务人员那里得到的,不仅是商品,还应该是快乐。而赞美就是一个不需要成本的让游客快乐的方法。因为每个人都渴望得到别人和社会的肯定和认可。旅游服务人员在付出了劳动和表现出热情之后,都期待游客的赞许。旅游服务人员只有把自己需要的东西慷慨地奉献给游客,才会得到游客的欣赏和尊重。

经典案例 9-11

恰当的赞美——人际关系的润滑油

一次,酒店保安人员小肖正在引导一辆车子停入车位,刚安排停妥,突然一辆白色的轿车很娴熟地停在了回车道上。当小肖走到车子旁边时,驾驶员正准备离座下车。"先生,您的倒车技术真棒,既快又准,我在这里可从来没有看到像您这样技术好的。如果拜您为师,学上一手,那多好啊!"小肖说道。小肖的话使驾驶员脸上露出得意的表情,这时小肖又接着说:"对不起,先生,请您帮个忙好吗?把车子停到那边去?这里车来车往,万一碰到个技术差的驾驶员……"没等小肖说完,驾驶员就重新发动车子,很快便把车子停到指定位置。

在本案例中,酒店保安人员小肖能让客人有一种愉悦的心情,接受意见停放车子,关键是他读懂了客人的心理,善于察言观色,给足客人面子。爱面子、喜欢听好话,这是人类的天性之一,也是大众普遍存在的心理现象。

赞美是人际关系的润滑油,旅游服务人员在与顾客相处的过程中,应不吝惜地赞美顾客,使赞美发挥神奇的效果。每个人身上,都有或多或少的闪光点,而这些正是个人价值的生动体现。一个受人欢迎的旅游服务人员,往往独具慧眼,是赞赏别人的"专家"。恰如其分的赞美可以获得游客对自己的好感,拉近与游客之间的心理距离,也容易使游客对自己及旅游产品产生认同感。因此,善于运用赞美,能够巧妙地接近游客并快速促成交易。

(二)赞美的技巧

任何一个人,丑陋也好,平庸也好,总会有他自己的闪光点,服务人员发现不了,只能表明在这一环节上不够用心。在旅游服务中,服务人员可以赞美游客的衣着、游客的小孩、游客的行为、游客拥有的东西等。赞美具有一种不可思议的力量。真诚的赞美犹如沙漠中的甘泉一样,能让游客的心灵得到滋润。而当服务人员赞美游客的时候,游客也会在乎服务人员存在的价值,从而使服务人员也获得一种成就感。

在旅游服务过程中,要做到恰如其分地赞美游客,是件不容易的事。如果称赞不得法,反而会遇到对方的排斥。为了拉近与游客的距离,必须尽早发现对方引以为豪、喜欢被人称赞的地方,然后对此大加赞赏。在尚未确定对方最引以为豪之处前,最好不要胡乱称赞,以免自讨没趣。试想,一位原本已经为身材消瘦而苦恼的女性,听到别人称赞她苗条、纤细,又怎么会感到由衷的高兴呢?

俗话说"交浅不可言深"。对于不了解的人,最好先不要深谈。要等你找出他喜欢的是哪一种赞扬,才可以进一步交谈。最重要的是不要随便恭维别人,以免留下溜须拍马的印象,这样对方不但不接受,而且还会对你产生反感。游客与旅游服务人员大多属于初次见面,该怎么赞美才能让对方感觉自然舒服呢?

1. 内容具体

赞美讲究方式,不能只有溢美之词,没有具体内容。赞美要恰到好处,把握分寸,适时适度,要让游客听着舒服。空洞的表扬不但起不到效果,还会使对方产生抵触情绪。在旅游服务过程中,游客常常听到的赞美不外"您今天好漂亮啊"、"您看起来气色很好"等话语,这些赞美太过含糊、笼统,听起来不真实,会使服务人员的赞美大打折扣。

对于初次见面的游客,可以称赞他的行为或所属的物品等看得见的具体事物,如果了解到游客过去所取得的成就,也可以赞扬。应当避免赞扬对方的人品或性格。如果赞美游客"您真是个好人",即使是由衷而言,对方也会容易产生"才第一次见面,你怎么知道我是个好人"的疑惑和戒备心理。

如果赞美对方过去的成就或行为,情况就不同了。因为赞美这种既成的事实和交情的深浅无关,对方也比较容易接受。也就是说,不直接称赞对方,而是称赞与对方有关的事情,这种赞美方式在初次见面时比较有效。如果对方是女性,则对她的服装和装饰品的赞扬是最佳的方式。例如,一次,卡耐基被介绍给一位朋友的夫人,由于当时没有适当的话题,他就顺口说了一句:"你佩戴的这个坠子很少见,非常特别。"企图以此掩饰当时的尴尬。出人意料的是,这个坠子果然很特别,只有在巴黎圣母院才能买到,是那位夫人的心爱之物。卡耐基的这句话,使那位夫人联想起有关坠子的种种往事,并向卡耐基详加介绍。交谈中,双方了解日益加深,很快二人便成了好朋友。

由此可见,赞美必须有具体事实,尽量针对某人做的某件事,才会产生良好的效果。对游客的赞美切忌空泛化,空泛的赞美让人感觉虚幻、生硬,易使人怀疑其动机,而具体化的赞美则能显示出真诚。因此赞美要尽量有详细、具体的描述。

2. 情真意切

在赞美别人的时候,态度诚恳、表情认真是极为重要的。倘若你以漫不经心的态度,向对方说一些听起来令其愉悦的话语,有时对方非但不接受你的心意,反而会对你产生虚伪的不良印象。因此,诚恳认真的表情是改变对方心理的重要策略。纵然所说的话的确与事实稍有不同,但是只要极具诚意,对方仍然会相信这是你由衷之言,对你就会产生良好的印象。在以认真的表情赞美对方时,有时还必须把干脆、果断的说法和语气派上用场。比如说,在与人寒暄"你看起来容光焕发,神采奕奕"之后,马上加一句:"看起来比你实际年龄年轻多了!"相信对方必然会产生一种满足感,对你更是产生良好的印象。因为喜欢被人赞美年轻是人之常情。

献媚和吹捧绝不是友好的赞美。一旦游客觉得旅游服务人员在违心地称赞他们时,心中一定会产生反感和不悦。献媚和吹捧与赞美的最本质区别,就在于是否真诚、是否发自内心、是否实事求是。

3.把握频率

尽管人人都渴望赞美,需要被人赞美,但对他人的赞美是否多多益善呢?事实证明,在特定的时间内,一个人赞美他人的次数、尤其是赞美同一个人的次数越多,其作用力就越低。所以旅游服务人员在沟通中应当注意,尽管人们需要赞美,但千万不要滥用赞美,超过一定的度,就会走向反面。如果你太频繁地赞美别人,别人对你的赞美也就会觉得无所谓了,甚至还会认为你是个言而不实的人。在这种情况下,你多赞美别人一次,别人会增加一份对你的警惕和反感。

美国心理学家的研究也表明:虽然人们总是喜欢那些对自己赞美有加的人,但在自始至终都赞美自己的人和由最初贬低自己逐渐发展到赞美自己的人两者之间,更喜欢后者。因为相对来说前者容易让人认为他是一个"和事佬",而人们对后者的印象是:刚开始时他说我不好一定是经过考虑、分析的,可能有他一定的道理;现在他说我好,一定也是深思熟虑的结果,从而认为对方可能更有判断力,因此更加喜欢他。

4.间接赞美

(1)以第三者的口吻赞美

有时,服务人员为了博得他人的好感,往往会赞美对方一番,若自己说出"你在事业上很成功"之类的话,不免有恭维奉承之嫌。赞美通过别人做杠杆来进行,可能会获得较好的效果,比如换个说法,"听某某说,你在事业上很成功"。不管对方是否真的向你说过(没有人会去调查此事),你赞美的对象不仅不会认为你在奉承他,而且对你的感激肯定会超乎你的想象。在一般人的观念中,"第三者"所说的话总是比较公正、实在的。因此,以"第三者"的口吻来赞美,更能得到对方的好感和信任。

(2)在当事人不在场时赞美

间接赞美的另外一种方式就是在当事人不在场的情况下进行赞美。当着与某位客人有紧密关系的人的面前赞美客人,往往可以收到意想不到的效果。这种方式有时比当面赞美所起的作用更大。一般来说,背后的赞美都能传达到被赞美者那里,更能让被赞美者感到你对他的赞美是真诚的,因此更能增强赞美的效果。

需要提醒一点的是,赞美只能是旅游人员用在游客身上,千万不能用在自己的身上。对于旅游服务人员的才能和品质,通过在旅游过程中的交往,游客心中自然很清楚。如果经常在游客面前夸耀自己,极其容易引起游客的反感。有时候旅游服务人员也会因为服务好而受到游客的口头表扬或感谢。一般来说,服务人员要以一种标准的服务用语应答,如"请不必客气"、"这是我们应该做的"、"您太客气了"、"您过奖了",等等。另外,还有一种更为高明的做法就是,将这种赞美反射到游客身上,这样会显得你聪明伶俐,同时又体现自己的气度。例如,你向客人推荐了一套衣服,客人十分满意,赞美你说:"小姐,你真是有眼光,这件衣服和这条裤子搭配真的很好。"此时,你这么说会效果更好:"您过奖了,其实不是我的眼光好,而是您的身材好、气质好,所以才显得很协调。"

总之,赞美应该无处不在,只要恰当,赞美应该无时不有。要学会赞美,懂得赞美,适时赞美,才能使赞美获得期望的效果,在赞美中完成服务的目标。

延伸阅读 9-5

如何打开对方的话匣

在每一次沟通中,我们都希望双方的谈话能够有效地、愉快地、连续地进行下去,但如何打开对方的话匣也许是大家普遍困惑又迫切希望了解的问题。提问可以吸引对方的注意并引导他讲下去,在长期的人际交流实践中向对方征求建议似乎比单纯地向对方提问更加有效。

当你请别人发表意见时,他们往往会因为顾及你的面子而谢绝评论。但如果你换一种方式以征求建议的姿态向他们"求助"时,情形就大不同了,"如果让你再提一个建议,那么你会提些什么?"也许正是这一非常诚恳的征询语气,你会由此得到许多意想不到的收获。

我曾经向一位客户了解他们对一份旅游活动策划书的意见(我对该策划书很不满意),但客户竟回答说不错。当时我并没有对其回答提出反驳,而是问他"如果让您改进,你有什么更好的建议"?结果这位客户一连提了四个好建议,最后我们一起完成了一份较以前大为改观的高质量策划书。

二、恰当幽默

幽默在沟通中的作用是不可低估的。首先,幽默能使人感到轻松愉快,而这又是提高人的大脑及整个神经系统的张力和充分发挥潜力的必要条件。适当地制造幽默,可以活跃沟通的气氛,使沟通的效果更趋完美。幽默可以调节沟通的气氛,还可以驱除沟通中的疲劳感。同时,它还可以使人身心健康、延年益寿。据说,位于亚平宁半岛的意大利,5700万人口中就有1900万人在75岁以上,平均3万人中就有一个百岁老寿星。这里的人都有一个共同的特点:心胸坦荡、乐观开朗、幽默善谈。他们很爱辩论,虽然有时争得面红耳赤,但却极少真的互伤感情,因为他们总以十分幽默的语言来缓冲刺激、调节气氛。长期的观察证明,意大利人长寿的原因之一,是生活中充满了幽默。从某种意义上说,幽默是化解人类矛盾的调和剂,是活跃和丰富人类生活的兴奋剂,是一种高雅的精神活动和绝美的行为方式。学会幽默将对人的一生有重大意义。

（一）幽默的作用

在人际交往中，幽默的作用是不可低估的。美国一位心理学家说过："幽默是一种最有趣、最有感染力、最具有普遍意义的传递艺术。"幽默的语言能使社交气氛轻松、融洽，利于交流。人们常有这样的体会，疲劳的旅途上、焦急的等待中，一句幽默话、一个风趣故事，能使人笑逐颜开，疲劳顿消。在公共汽车上，因拥挤而争吵之事屡有发生，任凭售票员扯破嗓子喊"不要挤"，仍无济于事。忽然，人群中一个小伙子嚷道："别挤了，再挤我就变成相片啦！"听到这句话，车厢里立刻爆发出一阵欢乐的笑声，人们马上便把烦恼抛到了九霄云外。此时，是幽默润滑调解了紧张的人际关系。

在人际交往中，还可以寓教育、批评于幽默之中，具有易为人所接受的感化作用。在饭馆里，一位顾客把米饭里的沙子吐出来，一粒一粒地堆在桌上，服务员看到了很难为情，便抱歉地问："净是沙子吧？"顾客摆摆头说："不，也有米饭。""也有米饭"形象地表达了顾客的意见，以及对米饭质量的描述。运用幽默语言进行善意批评，既达到了批评的目的，又避免出现使对方难堪的场面。

幽默还有自我解嘲的功用。在对话、演讲等场合，有时会遇到一些尴尬的处境，这时如果用几句幽默的语言来自我解嘲，就能在轻松愉快的笑声中缓解紧张尴尬的气氛，从而使自己走出困境。一位著名的钢琴家，去一个大城市演奏。钢琴家走上舞台才发现全场观众坐了不到五成。见此情景他很失望，但他很快调整了情绪，恢复了自信，走向舞台的脚灯对听众说："这个城市一定很有钱。我看到你们每个人都买了两三个座位票。"音乐厅里响起一片笑声。为数不多的观众立刻对这位钢琴家产生了好感，聚精会神地开始欣赏他美妙的钢琴演奏。正是幽默改变了他的处境。

幽默虽能够促进人际关系的和谐，但倘若运用不当，也会适得其反，破坏人际关系的平衡，激化潜在矛盾。在一家饭店，一位顾客生气地对服务员嚷道："这是怎么回事？这只鸡的腿怎么一条比另一条短一截？"服务员故作幽默地说："那有什么！你到底是要吃它，还是要和它跳舞？"顾客听了十分生气，一场本来可以化为乌有的争吵便发生了。所以幽默应高雅得体，态度应谨慎和善，不伤害对方。幽默且不失分寸，才能促使人际关系和谐融洽。

幽默是一种优美的健康的品质，也是现代人应该具备的素质。那么，应当怎样培养自己幽默谈吐的能力呢？首先，要有渊博的知识和宽阔的胸怀，对生活充满信心与热情。其次，要有高尚的情趣、丰富的想象、开朗乐观的性格，才能成为幽默风趣、自然洒脱的人。

从旅游管理的角度来讲，幽默逐渐成为一种激励员工的重要手段。适当的幽默可以缓解员工的工作压力,提高士气,提高工作效率。因为员工的情绪是影响服务质量的一个重要因素。如今一些著名的跨国公司,上至总裁下到一般部门经理,已经开始将幽默融入日常的管理活动中,并把它作为一种崭新的培训方式。

(二)幽默的方法

幽默是文明人思维活跃的一种标志,恩格斯曾说:"幽默是有智慧、有教养和道德优越感的表现。"含蓄有力,使人在解颐之余回味无穷,并能得到智慧的启迪,这便是幽默。幽默来自现实生活,其形成的方法不一而足。

1. 词句歧解法

许多词语是多义的,在具体的语言环境中,一个词语一般只有一个确定的意思,如果故意将词义作歧解,从中就会形成意思的反差,幽默感就出来了。一个句子,往往有多个逻辑重点,言者和听者分别理解的重点不同,同样会形成幽默的反差。例如,阿牛数学成绩不好,老师为培养他的数学细胞,举一个生活例子来作引导:"阿牛,如果你哥哥有 5 个苹果,你拿走了 3 个,"老师用手比划着,"结果会怎么样?"阿牛脱口而出:"他肯定会揍我一顿!"老师说的"结果会怎样"根据上文,意思非常明白:还剩下 2 个苹果。而阿牛对"结果"的理解却是指拿走苹果这个行为所导致的后果,阿牛回答的可笑之处正是对"结果"一词的歧解。

2. 悬念设置法

悬念就是吊人胃口,在人急切想知道的心态下,获知的结果却与期望中不相符合,而更多的是出人意料,这种出人意料中就富含幽默。例如,绘画课上,某生交上一张白纸。老师问:"你的画是什么呀?"该生不慌不忙,答道:"画的是牛吃青草。青草让牛吃光了,之后牛也跑了。"老师的问话帮我们设下了悬念,希望能有个合理的解释,而某生的回答实属意料之外,又言之成"理",不能不让人大笑不已。

3. 相关推及法

有时候,以赞同对方的说法,进而做相关的推导和归缪,引申出的结果往往会让人忍俊不禁。例如,丈夫推门进来,气喘吁吁地说:"我跟着公共汽车跑回来,节省了五毛钱!"妻子一听就来气了:"那么你为什么不跟出租汽车跑,那就能节约十块钱哪!"妻子的可笑在于她做了一个推论:跟公共汽车跑回来节省五毛钱,那么跟出租车跑就能节约十块钱。这种推论还可帮她深入:可能的话跟着火车飞机跑,更要节约成百上千元呢!

4. 避重就轻法

答非所问,回避问题的严重性,故意将人引入歧路,一问一答的效果风趣有味。例如,一顾客发现所喝的酒里漂着一根白头发,便招来侍者指着头发问:"这酒里怎么漂着根白头发?"侍者耸肩点头,微笑而语:"可见我们的酒是陈年老窖啊!"顾客的责问是针对酒的卫生质量方面的,而侍者为了回避酒的卫生质量问题,抓住白头发"老"的特征以拟人的手法强调酒的"老"——"陈年老窖",在侍者的意思中,酒老会长白头发,其本身就新奇可笑。见者无不为这样风趣的回答颔首而笑。

5. 顺势陡转法

有时双方对话的语势正自然、顺畅地发展着,但突然一个急转,对话的结果出来了,却是出人意料的结果,这种结果是对答话者的啼笑皆非的幽默。一位老太太拿着一本破旧的作业本,让巴尔扎克看,让他猜猜这个孩子的前途如何,巴尔扎克看完本上潦草不堪的字迹,评价道:"这个孩子既懒惰又任性,我想他一辈子都不会有出息。"老太太非常严肃地说:"唉,这正是你小时候的作业本!"巴尔扎克的评价是他看完作业本的真实感受,孰料最终的评价对象却是自己,而评语和事实的截然相反正构成了反讽,除了尴尬的巴尔扎克,谁会不乐!一个富翁碰到正在思考问题的萧伯纳,便心怀恶意地问:"你在想什么?"萧一见问者,便微笑道:"不用问,我正在想的东西一钱不值。"富翁来了兴趣,追问道:"那你究竟想的是什么东西?""想的正是你。"萧伯纳微笑着答道。前面的对话如水流淌,自然顺畅,而自然中已被做了埋伏;"想的正是你"既出人意料,又在意料之中,前面的顺畅正是在蓄势,陡然一转,讽刺之用心显露。对恶人的讽刺便是会心的幽默。

幽默来自思维的睿智与灵活,了解掌握一些常见的幽默之法,可以成为自己日常应变的手段。它既可以在笑声中融洽关系,更能够活跃气氛。健康的幽默是人际关系的兴奋剂,是现代人高素质、高品位的一种表现。

(三)运用的规则

现代人喜欢幽默,因为幽默是社会交往和人际沟通的法宝,旅游人际沟通不同于一般的人际沟通,所以运用幽默的手法要遵循一定的规则。

1. 场合适宜

在旅游服务过程中,运用幽默要选择合适的场合。按照中国的传统,在正规的场合不适宜开玩笑。在有陌生人在场时,也不宜过分地开玩笑。而当一个人身处困境或遭遇尴尬时,运用幽默是一种最稳妥、最有效的办法。

经典案例 9-12

"鳜鱼"朝着"贵客"——适时的幽默

某日,小林在餐厅当班,来了几位朝气蓬勃的年轻人,点菜、斟酒、上菜,一切都还算顺利。可是客人还没动筷子,麻烦就来了。其中有一位主宾大声说:"小姐,你对我有意见?这么多人,你偏偏把鱼头朝向我?""不敢不敢。"小林急忙摇头。"那你得给个说法,不然,这鱼头酒,你替我喝了。"客人有点刁难小林的意思。

小林想了想说:"您看,这是条鳜鱼,您呢,是今天的贵客,您说,鳜鱼不朝着贵客,朝着谁呢?"客人们都笑了。

服务员小林通过"鳜鱼应朝着贵客"这一谐音幽默,打破僵局,使就餐气氛迅速升温,不仅使自己摆脱了窘境,而且还很好地调动了客人的情绪。

2.因人而异

同样是幽默,说给甲听,效果很好;说给乙听,可能就会引来不必要的麻烦。因此,幽默要因人而异。在旅游服务过程中,服务人员会接待不同性格的客人。对性格开朗的、喜欢说笑的客人,可以适当地开些玩笑;对性格内向,少言寡语的客人,千万不要开过分的玩笑。

另外还需要注意:性格开朗的人有时也会遇到烦心事,而性格内向的人有时也会"人逢喜事精神爽",所以如果遇到这两种情况,对前者就不可以再随便地开玩笑,免得惹其变脸;而对后者,恰如其分地开个小玩笑,相信他也会笑脸相对。

3.格调健康

在旅游服务过程中,服务人员适宜的运用幽默的语言,其真正的目的是增进友情,促进身心健康。因此,在沟通中运用幽默一定要注意格调健康的问题。低级庸俗的玩笑往往会有损个人良好的形象。

4.避人忌讳

在旅游服务过程中,服务人员要接待来自四面八方的客人,每个人都或多或少有自己的忌讳,所以运用幽默时要注意避开客人的忌讳。

比如,甲说自己是色盲,乙说那不是很好吗?甲问为什么,乙说那就不用买彩色电视机了。这是善意的戏谑,是调侃,甲不会为乙的这番话感到不快或过于烦恼。因为,色盲对于人来说还不算是很严重的缺陷。但如果甲是盲人,乙说挺好,省得花钱买电视了。这就不是幽默了,而是缺乏同情心,拿别人的缺陷来取笑,这样的人永远不会赢得对方的好感。

三、委婉批评

旅游人际沟通离不开批评。批评是对他人的行为方式或所持有的观点、态度等的消极评价。渴望被肯定、受尊重是人类普遍的心理需求。因此,批评他人时就不能不格外谨言慎语,不能不十分注意讲话方式、语言艺术。实践证明,快人快语的直言式批评固然不乏用武之地,但对多数人来说,含蓄的委婉批评则往往更有利于启迪心扉,更能收到化消极因素为积极因素的良好效果。

(一)批评的作用

1. 忠言逆耳利于行

如果说"忠言逆耳利于行",那么从心理学以及实际效果看,忠言而"顺耳"就更为有利于行。心理学研究表明:一般人在听到批评自己的逆耳之言时,整个身心都处在一种明显的收缩状态中,这种封闭性状态使人难以接受他人批评,即使明知言之有理,但却关上心灵窗扉,坚守"思想城堡",甚至于恼羞成怒,反目相向。反之,批评而顺耳就会使被批评者肌体放松,这种状态有利于冷静地听取意见,乐意于闻过而改。

中国历史上不知有多少忠臣良将因直言进谏而获罪并殃及家族,但魏征却是一个例外。他在辅佐唐太宗李世民的17年中,进言数百事,多为太宗采纳,成为成就"贞观之治"的重要因素。谈到魏征,人们常称道他的"敢于进谏",却较少注意其"善于进谏、巧于进谏",至于"善"和"巧"表现之一的"婉曲进谏"则更是罕见提及。其实,如果没有包括"婉曲"在内的种种高超的说谏艺术,那么魏征不仅不可能功成名就、声闻朝野,就是欲终其天年都恐不可得。因为,即使是开明大度如李世民者,也不总是"闻过则喜"的。

经典案例 9-13

"贞观之治"——批评铸就太平盛世

贞观之初,唐太宗骄奢作风、享乐思想有所滋长,魏征多次婉曲批评,提出"居安思危"忠告。一次说:"我听说鲁哀公对孔子讲过:'有个健忘的人换了住处就连妻子都记不得了。'孔子回答:'还有比这更厉害的呢,我看夏桀和殷纣,连自己的身子都忘掉了。'"又有一次说:"从前齐桓公和管仲、鲍叔牙、宁戚四人饮酒,鲍叔牙为桓公祝酒:'希望您不要忘记逃亡在莒的困境,管仲不要忘记在鲁国被囚禁的时候,宁戚不要忘记受馁挨饿车下喂牛的情景。'桓公离席答谢:'我同两位大夫能不忘记先生的一席话,国家就不会发生危险了!'"旁征博引,借古喻今句句忠言,声声悦耳,太宗深受启发,由衷感动,不仅铭记在心,而且付之于行。

2. 含而不露免冲突

这方面,周恩来同志堪为典范。一次,周总理在云南视察工作之余,去昆明市园通公园观赏樱花。当他看到说明牌上将"樱花"写成"樱花"时,便亲切平和地对有关人员说:"我们的国家大,文字比较复杂。国务院1957年颁布的第一批简化汉字里,没有这个'樱'字,大家最好不要使用。"第一句话说明汉字复杂难写的客观原因,既包含了"写错个别字不足为怪"之意,更隐含着"使用汉字不能粗心大意,必须特别仔细"的教诲。第二句用柔婉温和的语气要求不写不规范的简化字。这饱含爱护、尊重之情的话语怎能不令人心悦诚服,闻过即改!1972年7月,周恩来同志在欢迎美国总统尼克松宴会上的祝酒词中说:"我们两国人民一向是友好的。由于大家都知道的原因,两国人民之间的来往中断了二十多年。"而这"大家都知道的原因"是指过去二十多年间美国政府对中华人民共和国的潜在态度、不友好行为,是用得十分成功的婉曲批评,既表达了维护国家尊严的鲜明态度、坚定立场,又不失外交礼仪。诸如此类的谈吐给当年来华会谈的尼克松留下深刻难忘的美好印象。

(二)批评的方式

1. 就轻式

把缺点、错误往轻里说、少里说,或使语气变得轻柔、温和。首先要描述需要作出修正的事情或行为。比如,一位部门经理向部门下的旅游服务人员说:"这个月有三个游客向我投诉,说你没有按照计划的景点安排活动。"这样一个描述是客观的,它的意思比较严格地限定在客观行为之间,以此来评估下属的行为,下属肯定不会虚心接受。这个部门经理接着说:"虽然接到的投诉比较而言有超标现象,但是可能还有游客本身的原因造成服务的不周,下次要依据规程来,尽量避免可能性的投诉。"部门经理巧妙地把错误往轻里说,让下属接受得心服口服,并且会在下次工作中加强注意。

2. 比喻式

把批评蕴蓄于喻体中。例如,酒店的大堂经理对那些不按照酒店规程自作主张的一些服务人员进行了善意的批评:"我们现在有些同事,连封建时代的刘邦都不如,倒有点像项羽……有出戏叫《霸王别姬》,这些同事如果总是不改,难免有一天要"别姬"就是了。"这段话,份量不可谓不重,但倾听人听了不由哈哈大笑,在笑中领悟到批评的含义。

3. 幽默式

以幽默语言批评他人,使严肃的批评内容与温和的语言形式和谐统一,让人在轻松友善的气氛中,羞赧会心的笑声里,接受意味深长的忠告。著名作家奥多尔·冯达诺在柏林当编辑时收到一青年寄来的诗稿,并附一信:"我对标点向来是不在乎的,请您帮助填上吧!"冯达诺退稿并回信道:"我对诗向来是不在乎的,下次请您只寄些标点来,诗由我自己来填好了。"风趣而不乏力量,和善而内含锋芒。

4. 自赎式

把对他人的批评隐含在自我批评中,明为说己,实说他人;或批评对方时,不用第二人称"你"、"你们",而用包括听、说双方的"我们"、"咱们"等。加拿大有位酒店大堂经理发现在传达报告时,副理常把他口授的信件拼错字,几乎每一页总要错上两三个字。一天,他指着一个错字对副理说:"这字好像少了点什么,也是我常拼错的许多字之一,幸好我随身带有拼音簿,我现在对拼音十分注意,因为别人常常从这点来评断我们,而且拼错字也确实显得我们不够内行。"自从那次谈话以后,副理就很少再拼错字了。

第三节 有效说服

旅游企业经营中,所有的员工不可能有同样的想法,在内部沟通过程中,常常需要去说服别人,比如下属说服领导听从自己的建议,放弃原先的想法;领导说服下属按照决策层的意愿去行动。在旅游服务过程中,服务人员要善于引导游客,如一些景点不允许拍照、不允许使用喇叭,旅游服务人员要说服游客,这样才会得到游客的理解和配合。但说服并不是一件容易的事情,尤其是对那些固执的人,说服要有一定学问和技巧。

一、有效说服的方法与步骤

(一)有效说服的方法

在生活中需要说服的对象有很多,他可能是你的父母、你的上司、你的顾客、你的朋友、你应聘的主考官……有时候,在工作的场合,巧妙地使用说服技巧,会使人得到意想不到的效果。在旅游活动中,随时可能遇到要说服别人的情况,如果不掌握技巧,说服就难以达到理想效果,以下总结几种说服的方法。

1. 调节气氛,以退为进

在说服时,首先应该想方设法调节谈话的气氛。如果你和颜悦色地用提问的方式代替命令,并给人以维护自尊和荣誉的机会,气氛就是友好而和谐的,说服也就容易成功;反之,在说服时不尊重他人,拿出一副盛气凌人的架势,那么说服多半是要失败的。毕竟人都是有自尊心的,谁都不希望自己被他人不费力地说服而受其支配。

2. 善意威胁,以刚制刚

很多人都知道用威胁的方法可以增强说服力,而且还不时地加以运用。这是用善意的威胁使对方产生恐惧感,从而达到说服目的的技巧。

经典案例 9-14

在一次旅游活动中,当大家风尘仆仆地赶到事先预订的旅馆时,却被告知当晚因工作失误,原来订好的套房(有单独浴室)中竟没有热水。为了此事,领队约见了旅馆经理。

领队:对不起,这么晚还把您从家里请来。但大家满身是汗,不洗澡怎么行呢?何况我们预订时说好供应热水的呀!这事只有请您来解决了。

经理:这事我也没有办法。锅炉工回家去了,他忘了放水,我已叫他们开了集体浴室,你们可以去洗。

领队:是的,我们大家可以到集体浴室去洗澡,不过话要讲清,套房一人50元一晚是有单独浴室的。现在到集体浴室洗澡,那就等于降低到通铺水平,我们只能照统铺标准,一人降到15元付费了。

经理:那不行,那不行的!

领队:那只有供应套房浴室热水。

经理:我没有办法。

领队:您有办法!

经理:你说有什么办法?

领队:您有两个办法:一是把失职的锅炉工召回来;二是您可以给每个房间拎两桶热水。当然我会配合您劝大家耐心等待。

这次交涉的结果是经理派人找回了锅炉工,40分钟后每间套房的浴室都有了热水。

威胁能够增强说服力,但是,在具体运用时要注意以下几点:第一,态度要友善;第二,讲清后果,说明道理;第三,威胁程度不能过分,否则反会弄巧成拙。

3. 消除防范,以情感化

一般来说,在你和要说服的对象较量时,彼此都会产生一种防范心理,尤其是在危急关头。这时候,要想使说服成功,你就要注意消除对方的防范心理。如何消除防范心理呢?从潜意识来说,防范心理的产生是一种自卫,也就是当人们把对方当做假想敌时产生的一种自卫心理,那么消除防范心理的最有效方法就是反复给予暗示,表示自己是朋友而不是敌人。这种暗示可以采用种种方法来进行,如嘘寒问暖、给予关心、表示愿给帮助,等等。

4. 寻求一致,以短补长

习惯于顽固拒绝他人说服的人,经常都处于"不"的心理状态之中,所以自然而然地会呈现僵硬的表情和姿势。对付这种人,如果一开始就提出问题,绝不能打破他"不"的心理。所以,你得努力寻找与对方一致的地方,先让对方赞同你远离主题的意见,从而使其对你的话感兴趣,而后再想法将你的主意引入话题,从而最终求得对方的同意。

(二)有效说服的步骤

在旅游企业经营与管理中,所有的员工不可能都有同样的想法,在内部沟通过程中,常常需要去说服别人,比如下属说服领导听从自己的建议,放弃原先的想法;领导说服下属按照决策层的意愿去行动。在旅游服务过程中,服务人员要善于引导游客,如一些景点不允许拍照、不允许使用喇叭,旅游服务人员要说服游客,这样才会得到游客的理解和配合。但说服并不是一件容易的事情,尤其是对那些固执的人。说明是有学问的,一般应按照准备—倾听—述说的步骤进行说服。

1. 充分的事前准备

充分的准备包括四个方面。首先是体力的准备。要想让自己体力好,就必须做一些体力上的训练。一是每天做一些深呼吸,早、中、晚各 10 次,共 30 次;二是永远只吃七八分饱;三是水果在饭前吃,不要在饭后吃;四是做运动要做有氧运动,比如散步、游泳、慢跑、骑自行车等。其次是专业知识的准备。你必须对你的服务内容有非常足够的了解。再次是对顾客了解的准备。你必须非常了解你的顾客,了解他的兴趣、爱好,这样便于沟通,便于投其所好。最后是精神上的准备。在处理重要的事情之前,先静坐 5 分钟。

经典案例 9-15

事前分析客人的情绪——巧妙说服化解

在一个高档的酒店里,一位用餐的客人往地毯上吐了一口痰,服务员小陈看到后走过来,对那位客人说:"先生,您不能往地毯上吐痰,这会弄脏地毯,形成难以清除的污渍。"客人不屑一顾的说:"不吐地毯上,叫我吐哪里?"小陈只好再次向客人解释:"实在对不起,您不能往地毯上吐痰,这很不卫生。"客人生气地说:"我是花钱来这儿吃饭的,弄脏了你可以清洗,我不用你教训,酒楼多的是,我才不要来这鬼地方。"说罢欲愤然离去。

这时,服务员小李走了过来,面露微笑,亲切地说:"先生,您好,我送您一包纸巾,如果您要吐痰,就请您吐在纸巾上,让我们收拾好了。"客人接过纸巾,脸色潮红,竟有点不好意思。小李继续说:"在地毯上吐痰容易弄脏您的饮食环境,影响您的健康,所以,如果您不介意的话,我们愿意为您服务得更好。"此时,客人的面色由红变白,又由白变红。他羞愧地说:"这太麻烦你了,我不吐就是了。"

在此案例中,服务员小陈与小李面对同一个有过错的顾客,为什么客人的反应差距这么大?小陈的错误就是在于直接说"您不能……"而引发了客人的抵触情绪,并且,小陈从对酒楼不利的角度解释"随地吐痰会弄脏地毯",引起了客人的不满。而小李则表达出了为客人利益考虑的心情,既维持了酒店的规则,又保住了客人的面子,化解了客人的抵触情绪。

2. 建立顾客信赖感

建立顾客的信赖感,首先是建立自己的形象,一个人的第一印象非常重要。一旦第一印象建立好了,那就成功一半了。而第一印象就是通过你的形象表现的,所以一定要注重自己的谈吐、举止和气质。

第二要学会倾听。与顾客保持适度的距离、适度的目光接触,倾听不要打岔,不要发出声音,同时微笑点头即可。还要做好记录,顾客讲完后,要重复一次确认。不要想即将说的话,要听出他真正的意思,用关心的态度跟他沟通。

第三要模仿对方的谈话。模仿对方的文字、声音和肢体语言,与对方相似,引起共鸣。在模仿肢体语言的时候,要模仿对方的表情和语气,注意千万不要同步模仿。要学会听,应该养成良好的倾听习惯,倾听是赢得信任和尊重行之有效的方法。旅游服务人员应该反思自己在平时谈话过程中的习惯,逐条对照,发现自己在交流过程中的不足,并有意识地修正自己的不足,不断提高自己倾听的技巧。

3.了解顾客的需求

顾客的需要是多样化的且较难理解的,因为顾客不会主动明确地说出需要,这可能是顾客缺乏消费经验,不善或不便表述。例如:顾客向旅行社表明需要预订一间五星级酒店的客房,这是他用语言表明的需要,而他真正的需要则是选择五星级有高贵身份的象征。顾客往往还有没有表明的需要,比如:期望得到优质服务,为了减少时间、精力的消耗和购买风险。同时顾客还希望得到令人愉悦的感官享受,如:酒店里有室内游泳池可以休闲娱乐,晚上可以在酒吧和善解人意的服务员聊天等。顾客还可能有一些不愿言明的需要,如:入住酒店可以获取积分奖励,方便与某人约会等。所以,酒店应着力于不断研究顾客的需要,开发能够满足顾客的产品和服务,创造特色,要设法做得比竞争对手更出色,这样才能长久吸引顾客。

在全球化的今天,如果忽视顾客的需要,任何企业都会被顾客拒之门外。例如:全球最大的零售商沃尔玛在 2006 年 5 月败走韩国。沃尔玛在 20 世纪 90 代末进入韩国的时候,曾有专家指出,作为超市购物主力的韩国女性顾客喜欢的是明亮的百货商场式的购物环境,不习惯沃尔玛的会员制卖场。特别是货架过高对顾客来说不方便,他们建议沃尔玛将货架改成一米多高的卖台,此外还应改善采光,营造舒适的购物环境。另外,韩国消费者通常不习惯一次性购买大量的商品,而是喜欢精挑细选,对价格却不敏感。但是沃尔玛没有采取积极的措施去适应韩国市场,而是期待顾客改变习惯,去适应沃尔玛的经营模式。沃尔玛忽视了顾客的需要而导致了在韩国的经营失利。

了解顾客需求,针对其需求提供产品和服务会做到事半功倍。众所周知,肯德基在中国的发展速度大大超过了麦当劳,这一切都归功于肯德基产品能够围绕顾客的需要不断推陈出新。为摆脱大众对与洋快餐不健康的抨击,肯德基重新定义了新快餐,不健康的油炸食品只剩下极少数产品,取而代之的是多种烹饪方式的多品种的产品,如:老北京鸡肉卷、玫瑰烤翅等。为了迎合中国人爱吃蔬菜以及爱喝汤的习惯,肯德基推出了各种蔬菜沙拉、蔬菜鲜汤等。目前,肯德基在中国的新产品的比例已经达到了40%,尤其单独提供的营养早餐,全球都没有先例。丰富的产品,构成了肯德基在中国成功的理由,但其背后的真正原因是肯德基中国公司的管理团队完全由本土化人才构成,因为他们更善于了解本土顾客需要的是什么。

了解顾客需求的四种常用方法:即询问—聆听—思考—观察来了解顾客需求。

顾客因其产品知识的局限或其他原因,可能无法准确地描述、表达出他们的需求,这种情况下,服务人员应根据所问、所听、所观察到的线索和客户的言语来思考、分析并最终确定客户的需求,并相应提供产品和服务。

对于旅游产业的从业人员,我们必须了解我们的产品,同时关注顾客的需求,才能针对每个顾客提供个性化的产品推介和服务,提高顾客的满意度从而提升企业乃至行业的美誉度。

4. 做好顾客的服务

服务包括售前服务和售后服务。做服务要让顾客成为忠诚的顾客,而不仅仅是满意的顾客,因为满意不等于忠诚。售前服务包括四个步骤。

(1)写感谢信,先道歉,深感遗憾,希望有机会继续为您们服务;

(2)(一个月后或半个月后)寄资料给对方;

(3)再寄资料;

(4)持续半年、一年、两年、十年。

服务的诀窍:定时回访。李嘉诚说:上门找顾客累,顾客上门来才轻松。当顾客有抱怨时,要做额外的补偿,会抱怨的顾客是潜在的最有价值的顾客,绝对不能损失顾客。只要顾客不理不睬,就继续道歉。这样即使不成交,至少不会传播"恶言"。

延伸阅读 9-6

清楚表达自己的要求

已经是下午4点了,我的酒店客房还没有服务员来清理。于是我向主管提出了正式交涉:

"你们酒店这种服务太让我失望了!"(我此时的感受)

"现在都已经4点了,床还没整理,房间还跟我出去时一样乱(我的想法)!我要求给我的房价打折(希望)。"

"我都住你们酒店三次了,这事你不能帮我办一下吗?"

结果酒店主管立即派人给我打扫了房间,并且请示经理为我提供了一份免费晚餐。只有清楚自己的要求并知道如何提出自己的要求,你才会得到出乎意料的满意结果。

如何与对方达成共识

我们在表达自己的想法、感受并希望与对方达成共识时，不要忘了说"我"，否则可能会让人误解这些都是他人的东西，从而漠视或者引起戒备心理。你可以遵照下列步骤进行。

● F(Feelings)代表感受——说说你对目前的状态或交流伙伴的行为有哪些感受。

● T(Thoughts)代表想法——就以上情况可能产生的影响和后果谈谈自己的看法。

● E(Expectations)代表希望——然后提出你的行为和建议，并征求对方的意见。

● A(Agreement)代表共识——如果对方持有异议，则通过进一步协商来达成共识。

二、针对不同对象的说服

(一)说服上级

工作中，我们常常会遇到这种局面：上司因为没有预先了解困难或对遇到的问题估计不足，对下属提出一些"不可能完成的任务和目标"，由此形成了一份不合实际的项目可行性报告（合同），将时间进度计划表等反馈给客户，使员工感到无所适从。作为下级，面对上司的一些"不合理的要求和目标"，一定要调整好心态，抱着解决问题的方式，勇于与上级展开交流沟通，并适时地提出自己的解决方案。

当然，由于彼此工作职务的差异，下属说服上司必然不同于说服下级或同事。为了更有效地说服，需事先对整个事件准备一套或几套完整可行的解决方案和准确的数据，针对实际具体问题，多陈述事实材料和数据，让事实说话，然后对其进行"顺水推舟"的提醒和说服，进而达到说服效果。

1. 开始精心的准备

通常情况下，上司欣赏准备工作细致充分、做事井然有序的下属。同样，当你想说服上司的时候，他们同样希望看到一位有备而来的下属，这样可以深入实质性问题进行了解和沟通，发现问题并能及时解决问题。因此，下属在说服前，应详尽完整地把握事态和相应数据，分析问题，尽量避免出现含糊不清或想当然。同时，下属在考虑可能性的前提下，提出一套或几套应对措施和方案，一方面可以向上司表明你在解决此问题上的立场和决心，理性的立场和决心有利于说服对方，另一方面也可以说明你对此问题已经深思熟虑而非随性而为，从而增加了上司对你工作的信任感。

2.寻找合适的时机

现代心理学研究表明，心境和情绪决定人类的情商，情商制约着实时的思维模式。于是，心境和情绪的不一样，对不同意见的认可接受程度也不一样。要善于把握他们心境愉悦、情绪高涨最佳的时机。如一项艰巨工作任务圆满完结时、心情愉快时、取得好成绩时、受到肯定时等，此刻，上司易于听进不同意见，哪怕是否定的意见，也易于笑纳和认同。

3.寻求上级的帮助

我们通常在想，如果上司就是我们项目组的成员，那该有多好。这样他就能清楚明白项目的进展和困难，从而改变起初的任务目标。但这种现象通常是不成立的。不成立并不代表不存在，先准备整套项目的现状材料和备用方案去找上级帮忙是使其成为临时"组员"的有效方式。届时，上级会非常乐意帮助有准备的下属，共同探讨如何解决问题和化解矛盾，使其自然而然地进入组员状态体会整个项目的情况。

(二)说服下级

领导过程其实就是说服的过程。领导者要说服自己的下属，除了应具有说服的一般特点外，还需要注意以下几个方面。

1.讲究"三性"

一是针对性。作为一个领导者，实际工作中应针对不同的人来明确任务，确定他们在近期内应实现何种转变，说服他们到底应该做什么及怎么做。如果企业家不为他们树立一个他们认为可以实现的目标，对方就会谈不拢，充其量也只能使他们消极服从。同时还应认识到，任何具有持久效果的转变都是渐进的，想使你的说服工作一蹴而就只会降低你的说服力，而"别人能，为什么你不能"的态度则会使说服者仅有的一点说服力荡然无存。因为，一个只会苛求于人而不理解人的人，人们不会认为他是一个好领导。

二是系统性。领导者要说服人们最终具有奉献精神是一项系统工程，这只有基于领导本人已被说服，认为人之产生奉献精神必须有一定的环境条件。向别人索要一种奉献精神，对领导没有任何帮助。

三是关联性。实际工作中，除了领导能影响员工外，员工们彼此也在相互影响。每一个人内在而隐秘的服从模式是复杂的，应认识到每一个人的背后都有更多的人，每一个人的头脑都与他接触到的不同的人享有某些共同观念，这种领导可能根本无从知晓的交互影响局面，既可能强化领导的说服力，也可能钝化、弱化领导的说服力。要对有待说服的对象有更多的了解，要创造服从效应，必须要善于利用这种关联效应。

2.明确对方的态度

领导者在说服别人时,所面对的被说服者可能有三种类型,即支持者、反对者、中立者。对于这三种可能的态度,如果细致地区分,还可以区分为更多的类别。在说服时,就必须针对以上不同的态度来区别对待。

如果说服的主要对象是中立者与反对者,在识别出他们持有哪种态度的同时,还应考虑到这些人的人数,因为说服的工作量及复杂性将因有待说服的对象之数量而同步增长。尤其当这些人构成了可以识别的反对者"群体"或中立者"集团"时,他们内部之间就会因一种联带关系诱导出一种相互服从。一旦反对者公开陈述其立场,并说服其他人也支持他的观点,对这种反对者群体的说服就会变得极其艰难。

所以,对于有待说服的对象,不管是一个人还是一千人,在说服之前都应确定其所持的态度,估计其所持的立场,由此估算出相对于你所要求的目标与他们之间的距离。继而在准备进行说服时需要做好计划,预想到说服工作将可能是一个漫长的过程,从而保持一份充分的耐心。

3.巧妙传达信息

沟通中人们发出和接受的信息包括语言信息与非语言信息。前者涉及的是领导者选择的话题、运用材料及组织技巧;后者则是从领导者的神态、情绪与声调中表现出来的。具体说服的过程中,须注意如下几点。

一是要有诚恳的态度。诚恳意味着诚挚、恳切,其本质是以对方为中心,一切为对方的利益考虑。在中国古代,有的大臣甚至会以"死谏"的方式来说服君主改变态度,这种不惜一死以竭力说服君主的精神,可说是诚恳到极致了。对于现代的领导者来说,一种参天化地的坦荡胸怀,一定能使他诚恳地面对疑虑者、反对者。这种精神,就是一种最伟大的说服力。

二是要从灵活的话题切入。有效的谈话话题是能吸引对方谈话兴趣的话题,这种话题的展开使人感到轻松。也就是说,说服不是机械地灌输,而是观点及态度的有机"移植",它只有在对方内心生根发芽,说服才能取得成功。话题要注意哲理性,具有历史感、幽默感。

三是要精心组织需要的材料。说服的策略与艺术是不使辩论公开化,但无论如何这里都隐含着辩论,这些障碍只有通过为对方提供丰富而全面的信息才能消除。因此,你必须了解什么是支持你的主张的论据,并且把这些论据有效地加以组织,进行论证,从而有理、有利、有节地表达自己的意见。

4.步步为营策略

说服别人需要一定的技巧。其中最重要的是依循一定的步骤,步步为营,才能稳中求胜。

一是吸引对方的注意和兴趣。也就是说,务必要吸引对方将注意力集中到自己设定的话题上。利用"这样的事,你觉得怎样?这对你来说,是绝对有用的……"之类的话转移他的注意力,让他愿意并且有兴趣往下听。

二是明确表达自己的思想。明白、清楚的表达能力是成功说服的首要要素。对方能否轻轻松松倾听自己的想法与计划,取决于领导者如何巧妙运用你的语言技巧。因此,准确、具体地说明自己所想表达的话题,就能够顺利地让对方在脑海里产生鲜明的印象。

三是动之以情。说服前只有准确地揣摩出对方的心理,才能够打动人心。通过你说服对方的内容,了解对方对此话题究竟是否喜好、是否满足,再顺势动之以情或晓之以理,不断刺激他的欲望。一般而言,人的思维和行动都是由意识控制,无论他人和外界如何地建议或强迫,也不见得能使其改变。因此,想要以口才服人的人,必须意识到说服的主角不是自己而是对方。

四是提示具体做法。在前面的准备工作做好之后,就可以告诉对方该如何付诸行动了。你必须让对方明了他应该做什么、做到何种程度最好等。到了这一步,对方往往就会很痛快地按照你说的去做。

5.消除对方戒备心理

为了让自己的说服更加有效,适时消除对方的戒备心理,对于整个说服过程的成功与否,往往能起到催化剂的作用。特别是说服的对象持有顽固的见解时,直来直去地阐述自己的观点往往会碰壁,遇到这种情况最好能够采用这种方式。

其实,适时消除对方的戒备心理。就是说,把对方的注意力从他敏感的问题上引开,绕个弯子,再回到正题上来,这样可以消除对方戒心避免陷入僵局。正如同卡耐基告诫人们的:"与人交谈,要让对方接受自己的观点,不要先讨论双方不一致的问题,而要先强调,并且反复强调你们一致的事情。让对方一开始就说'是'、'对的',而不要让对方一开始就说'不'。"

总之,领导者在说服自己的下属时,与其喋喋不休,倒不如通过巧妙的方法进行点拨,进而达到事半功倍的效果。

(三)说服同事

1.建立平和的心态

同事之间相处有误会产生时需要进行说服和交流。否则,误会越来越深,以至严重干扰和破坏人际关系的正常交往。在说服时要注意心平气和,也要做好多次说服的准备。

对嫉妒者还要采取鼓励的态度。因为嫉妒者是在处于劣势时产生的心理失落和不平衡,虽表面气壮如牛,但内心是空虚的,且隐含着一种悲观情绪。所以对嫉妒者采取鼓励的态度十分必要,主要是客观地分析他的长处,强化他的信心,转变他的错误想法,而且还要在力所能及的情况下,为嫉妒者提供一些实质性的帮助,使嫉妒转向公平竞争。

知识链接 9-1

美国斯坦福大学心理系教授罗亚博士认为,人人生而平等,每个人都有足够的条件成为主管,平步青云,但必须要懂得一些待人处事的技巧。教授的建议是:无论你多么能干、多么自信,也应避免孤芳自赏,更不要让自己成为一个孤岛。

在同事中,你需要找一两位知心朋友,平时大家有个商量,互相通气。想成为众人之首,获得别人的敬重,你要小心保持自己的形象,不管遇到什么问题,无须惊慌失措,凡事都有解决的办法,你要学习处变不惊,从容对付一切难题。你发觉同事中有人总是跟你唱反调,不必为此而耿耿于怀。这可能是因为"人微言轻",对方以"老资格"自居,认为你年轻而工作经验不足,你应该想办法获得公司一些前辈的支持,让人对你不敢小视。若要得到上司的赏识与信任,首先你要对自己有信心,自我欣赏,不要随便对自己说一个"不"字。尽管你缺乏工作经验,也无须感到沮丧,只要你下定决心把事情做好,必有出色的表现。凡事尽力而为,也要量力而行,尤其是你身处的环境中,不少同事对你虎视眈眈,随时准备指出你的错误,你需要提高警觉,按部就班把工作完成,配合实际行动,是每一位成功主管必备的条件。利用午饭时间与其他同事多沟通,消除彼此之间的隔膜,有助你的事业发展。

2. 建立相同的感情

同事间为人要宽容,能给人余地,自己也安乐;沟通讲究和颜悦色,说理可以清楚,语气用字却不宜带有情绪,否则难免伤人留下怨恨。

与同事相处的第一步便是平等。不管你是职高一等的老手还是新近入行的新手,都应绝对摒弃不平等的关系,心存自大或心存自卑都是同事间相处的大忌。

和谐同事关系对你的工作不无裨益,不妨将同事看作工作上的伴侣、生活中的朋友,千万别在办公室中板着脸,让人们觉得你自命清高,不屑于和大家共处。

面对共同的工作,尤其是遇到晋升、加薪等问题时,同事间的关系就会变得尤为敏感。此时,你应该抛开杂念,专心投入到工作中,不要手段、不玩技巧,但决不放弃与同事公平竞争的机会。

当你苦于难以和上司及同事相处时,殊不知你的上司或同事可能也正在为此焦虑不堪。相处中你要学会真诚待人,遇到问题时一定要先站在别人的立场上为对方想一想,这样一来,常常可以将争执淹灭在摇篮中。

世间有君子就一定会有小人,所以我们所说的真诚并不等于完全无所保留、和盘托出。尤其是对于你并不十分了解的同事,最好还是有所保留,切勿把自己所有的私生活都告诉对方。

(四)说服客户

1.善意诱导

只有当受众对说服者给予的信息感兴趣,说服才能获得成功。因此,以善意的诱导来激发受众的兴趣显得尤为重要。一般激发受众的兴趣可以采用以下三种方式。

(1)通过明确受众的利益激发其兴趣

以明确的受众利益激发受众的前提是必须分析受众的受益处。被说服者的受益处是指他们在接受你的产品、服务和信息后,或者根据你的建议执行相关活动的过程中所能够得到的好处和收益。简单来说,就是解决"什么能打动他们"的问题。首先,说服者要寻找对方的价值需求。这是成功说服的前提。不同的人期望的利益不同,沟通者需要深入了解和发掘。其次,说服者要掌握尽可能充分的信息。假如你想劝说人们到你的饭店消费,仅仅说明可以在这里解决饥饿问题显然很难吸引顾客,必须要根据顾客的不同价值需求安排不同的沟通信息。饭店应针对不同对象提供具有不同特色的产品和服务(见表9-1)。

表9-1 针对不同就餐者提供的产品和服务

人群	特色
外来打工族	快餐式中饭;适合同事聚会、客户洽谈的轻松场所
孩子尚小的家庭	高座椅、儿童椅,供孩子们嬉戏的娱乐设施等
常常外出吃饭的人	富于变化的食品和装饰
囊中羞涩者	经济食品,而且不用付小费
特殊要求者	低钠食品、低热量食品、素食、清真食品
以外出用餐作为消遣者	音乐伴奏、歌舞演奏、幽雅环境,餐后观看表演的订座服务等

在向受众介绍产品和服务时,仅强调其特色未必能吸引受众的购买欲望,只有把特色同受众的利益相结合,并提出必要的细节,才会使受众欣然接受。所以在许多时候,对符合受众利益的产品或服务的特点描述一定要具体。

(2)通过可信度激发受众的兴趣

通过确立"共同价值观"的可信度激发受众。如果在一开始就能和受众达成一致,在以后的沟通中就更容易改变他们的观点。从共同点出发,即使说服的内容是与出发点不相关的话题,也能增加你在说服上的力度。此外,还可以以传达良好的意愿与"互惠"技巧激发受众。遵循"投桃报李,礼尚往来"的原则,通过给予对方利益而得到自己的利益;通过己方让步换得对方的让步。另外,还可以运用可信度与惩罚技巧激发受众。但这种方式只有在你能确保对方会顺从且确信能消除不良行为的产生时，才能奏效。

(3) 通过信息结构激发受众兴趣

就是利用信息内容开场白、主体和结尾等结构的合理安排来激发受众。通过开场白来激发受众，就是从沟通一开始就吸引受众的注意力。通过沟通内容的主体激发受众，就是在沟通过程中通过适当的内容安排以增强说服力。通过对信息结尾的安排来激发受众，就是通过简化目标实现的步骤以激发受众兴趣。例如，列出便于填写的问题表或易于遵循的检核清单，或列出下一步骤或下一行动的具体内容。

2. 换位思考

由于沟通双方在目标、规范、信仰和价值观等方面的不同，对于同事物的判断不一样，因此，在沟通的过程中就经常会出现冲突，这时就应采取换位思考的方式来解决这些冲突。

说服过程中最难的对象是价值观，沟通双方的价值观都是在长期与社会环境相适应及个人认知的过程中形成的，价值观是区别不同个体之间差异性的本质特征。因此，价值观的不一致是客观存在的，它就像人体的 DNA，要想从根本上转变人的价值观，就像要修改人的 DNA 一样困难。正是因为价值观的固有性和刚性，在旅游人际沟通过程中，要避免向他人单向输出自己的价值观，而应该采取诱导的方式。当你发现沟通双方的价值观不一致时，要记住两个基本原则：一是不要强迫任何一方接受自己的价值观，不要试图让别人简单化地接受你的目标和规范，也不要试图去改变别人的信仰；二是寻求共同点，在求同存异中寻求双方的一致性。

经典案例 9-16

杏仁露替代白酒——在客人的立场上思考

一位商务客人在酒店宴请客户，5 位客人在 1 小时内喝下了 3 瓶 52 度的五粮液，那位客人为了面子，还执意让服务员再上白酒。服务员看出这几位客人白酒已喝得不少，再喝肯定要醉倒的，于是她按照客人的要求先拿来一瓶白酒，但不急于开瓶，而是用清脆的嗓音把具有解酒功能的杏仁露等饮料推荐给大家。此时客人已对再喝白酒开始推辞了，听到服务员的介绍后，马上都嚷着要饮料，作为主人的那位客人此时也乐意将此作为台阶，不执意要白酒了。宴请结束后，那位商务客人悄悄对服务员说："你可救了我，要不然非把我喝趴下不可。唉！你知道喝多的滋味有多难受啊！谢谢！谢谢你！"

延伸阅读 9-7

善解人意不容易

善解人意意味着根据自己的想象或经验来全面体验另一个人的感受和动机。善解人意不是同情,而是承认他人某些感受的合理性,即使自己没有同感也要如此。只有当你对交流伙伴的感受表示认同之后,对方才会开始倾听你讲述的事情。但应切记既要善解人意但又不能感情用事,当你要通知某人一个坏消息时,这一点尤其重要,这时你要让对方做好心理准备,一开始就要对他说有一个坏消息告诉他,这样可以让对方有一个准备的时间。你可以按照以下步骤来缓解一下紧张气氛。

(1) 选择一个合适的时间地点,告诉对方你将讨论的话题,使其有一个心理准备。

(2) 说出坏消息并讲清缘由,谈谈可以提供的帮助。如果是批评意见,你则要讲清问题出现的具体原因及可能产生的后果。

(3) 了解对方对此事的看法,他是否同意或理解。

(4) 探讨其他可行的方案。

对于好消息,上述步骤同样也适用,当某位员工取得工作成绩时,无论成绩大小,都要予以肯定,这会成为他们今后工作的重要激励。

另外,在我们评价他人前也应做到善解人意,首先要注意倾听交流伙伴的感受,然后再去评价引发这种感受的事实。体会交流伙伴的心理感受,这样才能全面了解他传递出的信息,要充分分享对方的喜悦、痛苦与悲伤,只有这样你才会感受到交流伙伴语言背后的真实含义。

不要急于提供解决问题的办法,因为有时你的交流伙伴仅仅只是想渲泄一下自己。要顺其自然,让你的交流伙伴感受到你的关注、理解和同情。

"即使是最直的尺子在水里也会变弯,所以你在评价他人或对当前话题发表评论时,如果尚未掌握全部情况,就不要急于下结论。"在各种事实面前,人们只注意那些与自己所感知的现实相符的事实,这时,人们往往会说:"瞧,我说的没错吧?"或者"事实和我想的完全一样!"正因为如此,莎士比亚曾感叹:"世上并无好坏对错,所谓好坏对错只是人们自己的想法而已!"所以在倾听时,要设身处地体会一下说话者所处的环境,然后再去评估你自己所感知的现实。

第四节 用好体态语

当我们沟通时,信息传递语言方式仅占 7%,说话的声音占 38%,而我们的肢体语言占 55%,也就是说体态语是沟通中信息传递的主要构成要素。因此,提高运用体态语能力是提高沟通能力的更有效的方法,能使你与别人沟通更容易。用那些有力的、恰当的肢体语言,你的沟通技巧会更好。

一、体态语的作用和特点

体态语言对表达思想感情、塑造自我形象具有很大作用。著名的人类学家霍恩教授告诫我们:"一个成功的交际者不但需要理解他人的有声语言,更重要的是能够观察他人的无声语言,并且能够在不同的场合正确使用这种信号。"

(一)体态语的作用

1. 此时无声胜有声

良好的沟通技巧是做好服务的必备条件。沟通技巧很多,语言是人类最基本、最常见的技巧之一。但在与客人沟通时仅靠语言是不够的,还要有目光、手势、手语等。这类体态语往往比有声语言更具感染力,运用得当会起到"无声胜有声"的效果。心理学家曾提出一个有趣的公示,一条信息的表达=7%的语言+38%的声音+55%的肢体动作。可见,人们获得信息大部分来自视觉印象,如有意识的停顿、沉默等。

旅游服务过程中,需要服务人员用心、专心、尽心,才能发挥语言沟通的作用。例如,当宴席气氛热烈,客人说话声音越来越大,服务员悄悄地把背景音乐的音量降低一些;见到客人走向电梯时,服务员上前一步,为客人按亮电梯开关;看到客人提着行李,主动上前提供帮助等等,诸如此类"此处无声胜有声"的贴心服务都会使客人感受到浓浓的人情味。

2. 完整接受信息

在旅游服务过程中,沟通是非常重要的,因为客人的需求在不断地发生变化,所以在及时与客人互动沟通过程中,通过客人反馈的不同信息,判断出客人需求的变化,从而才能不断满足客人持续变化的需求。而在这个过程中,最大的问题是服务人员经常不能读懂客人的身体语言,不能了解客人的感受,更不懂如何正确地应对。服务人员只有善于观察,才能正确接受客人的无声信息,然后有针对性地提供适当的服务。

(二)体态语的特点

1. 相随性

体态语一般情况下总是作为有声语言的一种辅助手段，补充有声语言表达形式的不足，它不能作为一种独立的语言形态，这是由其语言的模糊性所决定的。如有人瞪眼睛，结果发现它可以表示愤怒、好奇、诧异、仇恨等多个意思。由此可见，一个具体的体态语只有与说话者的语言相配合，人们才能比较准确地理解其具体的含义。

2. 可视性

无论是动态的体语，还是静态的体语，都具有可视性，人们都要通过视觉去感悟。可以想象，盲人之间或盲人与非盲人之间是无法用体态语进行交流的，而在视觉正常人的交往中，用视觉进行感悟的比例很大。客人需要服务时往往会先用肢体语言来进行表达，这就要求服务人员应通过观察，读懂客人身体语言，并以最快的速度将"服务提供于客人开口之前"。

例如，一位楼层服务员在走廊打扫卫生，看到客人拿着一支烟走过来，像是要找烟灰缸，于是他急中生智拿起一张纸，为客人接住烟灰。当时客人并没向服务员提出要烟灰缸，但服务员从客人的行为预感到客人的需求，并超常规提供服务，超出客人的期望，使客人感到惊喜。

另一次，服务员发现一位外国客人脱下外套后拿在手上仿佛在寻找什么，心里猜到一定是衣服上有问题，便过去询问，原来客人外套裂缝了，于是服务员主动找针线帮客人缝好。

两位服务员都能通过观察客人的行为，预感到客人的需求，并主动为客人提供服务，这既让客人感到满意，又使客人感受到服务的真诚。

3. 真实性

大量的心理试验证明，体态语言比有声语言要真实得多，它是人们内心世界的昭示和真实情感的流露。这种真实性是任何人都无法掩饰的。正因为如此，在人际交往中有"鉴貌辨色"之说。对于旅游服务人员来说，面对客人时要礼由心生，不管以何种礼仪对客人进行服务，服务意愿都要发自内心。首先，表情要放松自然。其次，表情要互动。此外，服务人员要注意自己的肢体语言应落落大方，不卑不亢，让客人感到一种平等互动的服务氛围。

二、旅游服务中的动态体语

在旅游服务过程中，服务人员的热情不能少，真情更可贵。热情很容易做到，要做到真情自然流露在服务的全过程中，就要求每一个服务人员应把客人当做自己的亲人一样看待，真心诚意、心甘情愿为他们服务。就旅游服务过程中，动态体语中运用最多的是眼神和手势。

(一)眼神的运用

"眼睛是心灵的窗户"。达·芬奇的这一名言,不仅说明了人的眼睛在人际交往中能够传达非常丰富的信息与情感,而且也说明人们对眼神的解读能力非常强,正如劳夫·爱默生所说:"人的眼睛和舌头所说的话一样多,不需要字典,却能够从眼睛的语言中了解整个世界。"

服务从眼神开始。礼貌,这就说明了礼由貌显,尊重从你的眼神开始。每一个动作都要符合你的身份。在无法大声说话的情况下,你可以用眼神来交流,告诉顾客有关你愿意为他服务的信息。但时间的合理安排非常重要。我们建议采用 10 秒钟规则。即使你在忙于招待另外一个人,也要在 10 秒钟内用眼神与顾客交流。如用口头问候一样,你不必打断与顾客正在进行的服务。只是暂停一下或看一眼就能抓住新顾客,而大大减少顾客被冷落而引起的投诉与不满。在旅游人际沟通中目光投向的部位应根据双方的关系密切程度,以及沟通场合、语境等来确定,一般适用社交区域。

经典案例 9-17

周总理用眼神指挥服务员

一次,周总理陪同越南领导人长征吃工作餐。女服务员端来擦手毛巾。周总理使眼色叫她先给长征。可是,这名女服务员没经验,她见周总理一个劲使眼色,只是发傻,还是给周总理递毛巾。周恩来突然发火了,这在他是绝少发生的事,他只带着怒气说了一声:"岂有此理!"正因为周恩来极少发火,所以女服务员就觉得受不了,跑下来哭。科长问:"怎么了?"女服务员抽泣道:"总、总理说我,我岂有此理……""你出什么问题了?"科长深知总理轻易不会这样说。"我给,给他上毛巾,他就跟我,就那么使眼色……"围上来的老同志若有所悟:"你肯定是没给客人先上。""我看,我看那里就是总理官、官大。"科长说:"你不管谁官大,要先给外宾后给我们首长,这是起码的服务常识,没给你讲过吗?""没,没外宾,就一个首长,不知道哪个省的……""那是长征,越南。"女服务员一怔,不哭了。周总理送走长征之后,返回来批评服务人员:"你们这里归谁负责啊?哪位是负责人?"大家都低着头不敢吭气。"中国是礼仪之邦。你们对这件事要提高一下认识,吸取教训。"周恩来只批评这么一句。事后,服务人员讨论了这件事,提高认识总结教训。

延伸阅读 9-8

学会运用目光,读懂对方眼神

眼睛是心灵的窗户,而心灵也可以受到他人的影响。人们通常不愿盯住别人的眼睛不放(除非你在约会时),因为直接的目光接触具有威胁和"摆布"他人的意味。

当然,与交流伙伴保持目光接触有利于相互间的沟通,但紧盯对方的眼睛却有些不妥。你其实只需用眼睛看着别人的鼻梁,然后再用目光扫过他的整个面部。在双方保持近距离接触的情况下,即双方之间的距离在0.9米左右时,别人就看不出你是在看他的左眼、右眼,还是在看他的鼻子或下巴——只要你的眼睛不总盯着一个地方就行。尽量不要频繁眨眼睛,尤其当你处于具有潜在威胁的情况下,眨眼睛通常意味着紧张不安或恐惧,如果对方的目光犀利,那么你的内心情感就会暴露无遗。

在别人回答你提出的问题时,通过观察他的眼球运动,你就可以判断出他是在自己的记忆里寻找答案还是正在头脑中构建答案。其规律就是:如果一个人是在回忆某件事的时候,他(她)的眼球通常会向左侧移动;如果一个人是在编造某一件事的时候,他(她)的眼球通常会向右侧移动。

据统计,90%的人都符合这个"眼球运动定律",当然也会有10%的人刚好相反。如果要判断一个人是否在说谎,你可以先问他几个你知道答案的问题并观察其眼球运动,由此你就可以掌握对方的眼球运动规律。然后再问他一个你不知道答案的问题,注意其眼球运动并与上面得出的眼球运动规律对比。

另外,你还可以观察交流伙伴瞳孔的大小变化,在情感变化时,瞳孔会扩张或收缩:当人们进行亲密交谈或者谈兴正浓时,他们的瞳孔就会扩张;当人们"走神"时,他们的瞳孔就会收缩。

(二)手势语运用

就服务而言,手势语是使用频率较高的体态语言。服务人员在运用服务语言时,如果能恰到好处地发挥手势语的作用,将会大大提高服务语言的质量,强化与客人交流的效果,从而有效地在宾客心目中树立良好的服务形象,赢得宾客的好感和信任。

手势语如使用不当,很容易让客人感到不愉快或产生误解,所以在服务中,手势语的运用一定要注意以下问题:一是引导手势,要使用手掌,而不能仅用手指,因为用手指指点他人带有指挥、教训或傲慢之意;二是握手语。根据服务的主动性原则,服务人员在迎接宾客时,无论对方的性别、年龄和职务高低均应主动伸手,并用目光注视对方,稍稍欠身,微笑致意,以示欢迎。但饭店的礼宾员、行李员、前台接待员和客房、餐饮、康乐、商场等部门的现场服务人员,一般不主动向宾客行握手礼,而是用微笑、点头致意和"欢迎光临"等词语来替代,但如果宾客主动伸手,服务人员应热情大方地与之相握。

三、旅游服务中的静态体语

静态体语即人们身体或四肢保持某种状态的姿势。与有意控制的面部表情和动态体语不同,人们通常没有考虑自己的静态体语。因此,人们常常通过静态体语"暴露"出他们本来不打算泄露的信息。在旅游服务中,一般对服饰都有统一的要求,对旅游服务人员来说,只要保持干净、整洁即可。而体势语和界域语是旅游服务人员应加以注意的两个方面。

(一)体势语的运用

体势语的运用对旅游服务非常重要。首先,良好体势的培养能起到"修身养性"、塑造一个人良好自我形象的作用。

1. 立势语

旅游服务人员的立姿,应是庄重严肃和恭敬谦虚两种类型的结合。正确的站姿是抬头、目视前方、挺胸直腰、肩平、双臂自然下垂、收腹、双腿并拢直立、脚尖分呈"V"字形、身体重心放到两脚中间;也可两脚分开,比肩略窄,将双手合起,放在腹前或背后。除保持正确的站姿外,男职员两脚分开,比肩略窄,将双手合起放在背后;女职员双腿并拢,脚尖分呈"V"字形,双手合起放于腹前。

2. 坐势语

优美的坐姿应该让人觉得安详舒适,端庄稳重。正确的坐姿是上半身挺直,两肩放松,下巴内收,脖子挺直,胸部挺起,双膝并拢,双手自然地放于双膝或椅子扶手上。在回答顾客询问的时候,应站立或身体微微前倾,体现出对顾客的尊重和服务的诚意。

3. 走势语

在工作过程中,服务人员不可避免地要到处走动,因此,行走姿势也是需要加以美化。走路的时候,服务人员要抬头挺胸,不要驼背。

(二)界域语的运用

界域语也叫个人空间、人际距离、势力范围等,是交际双方通过距离的差异沟通情感、传递信息的体态语。人们可以有意识地利用个人空间——环绕一个人四周的直接区域——以传达某种意义。但是,在更多的时候,这样做通常是无意识的。人际距离通常用身体之间的空间距离来测量。人类学家爱德华·T. 霍尔(Edward T. Hall,1966)曾经对此进行了广泛而深入的研究。霍尔提出了一种理论,认为个人距离有四种基本类型:亲密距离、个人距离、社会距离、公众距离,每种类型的距离又都有其自己的活动和关系特征。人们选择特定的距离进行互动,不仅反映着,而且有时还形塑着他们之间的关系。

在亲密距离(Intimate Distance,从实际接触到彼此相距 18 英寸,大约 45 厘米)内,另外一个人的出现会让人不知所措。在这个距离内,一方可以感觉到对方的气息,并能详细地看到对方的身体。这就是求爱、安慰和保护的距离。尽管可以经常看到一些孩子们在各种公共场合保持这种距离,但是对于许多成年人而言,在公众场合保持这种距离是不合适的。

在个人距离(Personal Distance,从18英寸到4英尺的距离,大约122厘米)内,一般是与密友和相爱者进行互动。

在社会距离(Social Distance,从4英尺到12英尺的距离,大约365厘米)内,可以处理一些非个人事务。除非受到空间限制,人们在偶然的交际场合也保持这种距离。

12英尺以上的距离叫做公众距离(Public Distance),知名人士在给别人做演讲时,一般保持这个距离。

个人空间的文化也体现在人们对居室、房门和办公室的看法上。德国人觉得房门保持了房间的完整,并且提供了人与人之间的一条必要界线。例如,在德国人的办公室里,门一般是坚固的,并且总是关着。但是,在美国,关着门可能意味着屋里人不愿交际,甚至是一种搞阴谋的迹象。与此同时,美国人和德国人都倾向于把总经理的办公室安排在大楼的某个角落,而法国人则把正中央的办公室看作最受尊敬的。在法国,办公室和城镇通常都是围绕着某一中心向四周辐射,那些最重要的人以及最重要的地点和机构,都处在中心位置。

延伸阅读9-9

在沟通中学会观察

所谓观察就是对你听到和感受到的东西进行验证,即"用眼睛倾听"。当眼睛表达出的是一个意思而嘴上说的是另一个意思时,讲求实际的人最终相信的是前者。

非语言交流可以为你提供了解交流伙伴大量信息的线索,通过对非语言交流活动的观察,你可以提高直觉的准确性,从而获得更多新的见解、新的感受和新的发现。例如:

● 你的上司安慰你说公司最近虽然被兼并接管了但不太可能会裁员,可是为什么上司给你的感觉总是有些不太对头呢?

● 你出差回到公司,你向同事询问起办公室的事,他虽然嘴上这么说,但他的脸上不自然的神情却似乎在说根本不是那么回事!

眼见并不一定为实,但真实的东西却一定能看得见,在沟通中一定要注意谈话内容与非语言交流所传递出来的信息之间的联系。孤立的观察并没有太大的意义,只有将各种观察加以综合,你才会得到全面而准确的判断,由此产生很强的直觉。当你在沟通中观察他人时:

(1)要注意寻找你可以利用的行为、特点、模式和线索。
(2)分析你观察到的东西具有哪些延伸意义。
(3)通过提问的方法来验证自己分析的准确性。

在沟通中请注意对方的以下行为,并分析了解其内心状态和真实想法。见表 9-2。

表 9-2　沟通者内心状态与表现出来的行为信号

沟通者内心状态	表现出来的行为信号
对方喜欢与接受你	微笑,良好的目光接触 模仿你的姿态、行为与手势 身体向你靠近,直接面对你,表情自然 开放的身体姿态(没有双臂交叉现象)
他对你的想法感兴趣	身体前倾,想靠近你 表达方式变得丰富,交流更加流畅 身体向后靠,很放松 眼睛睁大,兴趣越浓,瞳孔越大
对你防备、怀疑或排斥	不用正眼看你 双手合拢,披上外衣,系上扣子 双臂或双腿交叉,不断变换体位 从你身边移开一段距离(通常向门的方向移动) 脸上的肌肉越绷越紧,不时触摸和轻揉鼻子 在嘴的周围打手势,似乎要掩盖什么

本章小结

在人际交往中,倾听是很重要的,占据了沟通中的绝大部分。作为旅游服务人员来说,倾听更是服务中不可缺少的一个重要因素。而语言的表达则是沟通中的重头戏,善于运用语言来服务客人,与同事、上级沟通,则会给你带来意想不到的效果。有效的说服则会解决在服务过程中所产生的投诉或可能产生的投诉问题。运用体态语言或表情来表传递信息,在旅游服务过程中往往能起到意想不到的作用和效果。掌握这些服务的技巧,能有效地提高服务质量。

经典案例 9-18

到东京迪斯尼乐园游玩,人们碰到经理的可能性很小,门口卖票和检票的工作人员也只会碰到一次,而碰到最多的是扫地的清洁工。所以东京迪斯尼乐园非常重视清洁工,将更多的训练和教育集中在他们身上。培训的内容如下。

● 学扫地:第一天上午要培训如何扫地。扫地有三种扫把:一种是用来扒树叶的;一种是用来刮纸屑的;一种是用来掸灰尘的,这三种扫把的形状都不一样。怎样扫树叶,才不会让树叶飞起来?怎样刮纸屑,才能把纸屑刮得很好?怎样掸灰,才不会让灰尘飘起来？这些看似简单的动作却都应严格培训。而且扫地时还另有规定：开门时、关门时、中午吃饭时、距离客人15米以内等情况下都不能扫。这些规范都要认真培训,严格遵守。

●学照相：第一天下午学照相。十几台世界最先进的数码相机摆在一起,各种不同的品牌,每台都要学,因为客人可能会带世界上最新的照相机,来这里度蜜月、旅行,会叫员工帮忙照相。如果员工不知道如何操作,就不能照顾好顾客,所以学照相要学一个下午。

●学包尿布：第二天上午学怎么给小孩子包尿布。孩子的妈妈可能会叫员工帮忙抱一下小孩,但如果员工不会抱小孩,动作不规范,不但不能给顾客帮忙,反而增添顾客的麻烦。抱小孩的正确动作是：右手要扶住臀部,左手要托住背,左手食指要顶住颈椎,以防闪了小孩的腰,或弄伤颈椎。不但要会抱小孩,还要会替小孩换尿布。给小孩换尿布时要注意方向和姿势,应该把手摆在底下,尿布折成十字形,最后在尿布上面别上别针,这些地方都要认真培训,严格规范。

●学辨识方向：第二天下午学辨识方向。有人要上洗手间,"右前方,约50米,第三号景点东,那个红色的房子"；有人要喝可乐,"左前方,约150米,第七号景点东,那个灰色的房子"；有人要买邮票,"前面约20米,第十一号景点,那个蓝条相间的房子"……顾客会问各种各样的问题,所以每一名员工要把整个迪斯尼的地图都熟记在脑子里,对迪斯尼的每一个方向和位置都要非常地明确。

东京迪斯尼乐园还有很多重视游客的规定。比如迪斯尼的员工碰到小孩问问题时,都要蹲下,眼睛要和小孩的眼睛保持同一个高度。因为小孩也是未来的顾客,将来可能都会再回来的,所以要特别重视。

问题

假如你是迪斯尼乐园的员工,你怎样在工作中运用好你的体态语？

第十章 旅游业中的实用沟通艺术

本章目标
- 了解与顾客相处的几种方式
- 了解与同行、领队相处的方法
- 了解处理顾客投诉的方法

本章重点
- 掌握与客人相处的艺术并在实践中灵活运用
- 在实践中能运用与同行、领队相处的技巧
- 能够妥善解决服务中遇到的顾客投诉
- 能够在心理上找准自己的角色定位

第一节 与顾客相处的艺术

一、留下良好的印象

现实生活中,我们每一个人与他人交往,总会有第一次,而第一次见面的效果,往往决定了有没有第二次和以后交往的机会。有的人给别人的印象是逐渐深入,"路遥知马力,日久见人心"。有这份从容和自信,建立良好的人际关系应该不成问题。但是,初次相识,给对方留下良好的第一印象,为日后的进一步交往打下良好的基础。这是一种社交技能。掌握这种技能,对今后进入社会的工作、生活都是必要的。

(一)生活中的第一良好印象

1.注意仪表

心理学研究发现,外貌、穿着、仪态、风度等,都是影响人际交往第一印象的因素。有魅力的人总是让人感到活泼、可爱,友善、合群;而衣着整洁大方、举止

自然亲和,会给人一种亲近感。

2.真诚、热情

对人讲话时,态度诚恳、谦逊,更容易使人接受你的观点。而真诚、热情往往会给人一种信赖感、亲近感,有利于交往的继续深入。

3.认真倾听

认真倾听常常会起到意想不到的良好效果,既可以促进对方的表达,又可以深入了解对方的观点和情绪体验,使谈话很好地发展下去。

此外,"SOLER"技术也是一种创建良好印象的方法:S(Sit)代表"坐要面对别人";O(Open)表示"姿势要自然开放";L(Lean)意思为"身体微微前倾";E(Eyes)代表"目光接触",谈话时要正视对方的眼睛,不要躲闪;R(Relax)表示"放松"。与人交往,有意识地运用"SOLER"方法,可以有效地增加好感,让别人更好地接纳自己。

(二)旅游服务中的良好印象

有一位企业管理专家曾经提出一个观点,认为企业的管理者或者关键人物往往是不会破坏企业品牌的。因为第一,企业品牌就是这些人创造出来的,就像自己的"孩子"谁不珍惜;第二,这些人对于品牌建设的理念已经非常到位了。而破坏品牌的,往往是你意想不到的人,比如:你的保安,你的清洁工,你的一线员工,他们破坏的方式就是两个字——细节。

旅游企业也一样,在旅游服务中,要想给对方留下良好的印象,就要注意细节。细节具有特殊的放大效应,只要我们比别人少做1%,就可能比别人少得到10%,我们比别人多做1%,就可能比别人多得到10%。旅游服务行业,形形色色的游客都有着不同的"小"需求,如果一件事处理不当,一个细节有所疏忽,都会引起游客的不满而远离企业。在行业竞争激烈的今天,客源就是财源。有调查表明,留住1位客人,他就会为你带来8位客人,而流失1位客人,就可能同时失去25位客人。要想留住客人就必须靠关注细节,精心设计旅游产品和体现细节的卓越服务。

经典案例10-1

旅游产品设计关注细节

中国旅行社国际会议奖励旅游中心接待了一家大型跨国电力企业在埃及的奖励旅游团,虽然团队规模不大,只有80人,但却是一个具备了奖励旅游各种要素的经典个案。他们精心设计安排客人驾驶四轮驱动沙地越野车,深入埃及腹地,探访当地部落和民居,还穿越浩瀚的东部沙漠来到红海之滨。沙漠与海水中间没有任何泥滩,让所有团员都感受到真正的"纯净"。

除此之外,全体团员还有机会乘潜水艇潜入海底,感受被红珊瑚和红海海水包围的异景奇观。而在被包租下的"金色法老"号游船餐厅里,参加主题晚宴的每位团员都穿上了特意为他们准备的阿拉伯大袍,当所有人都身穿当地特色大袍、伴着肚皮舞音乐入席时,人们恍若穿越时空,来到了古埃及。

无论是与消费者面对面的服务或是电话服务,细节通常也会给消费者带来较好的服务效果。

一个没有发展的企业不会在意服务细节,只有这家公司发现有持续高峰状态的大好契机与把握时,才会愿意花钱花时间花心力,从服务方面着手改进。一家成功的旅游企业对未来充满把握,相信自己的企业有余力、余钱,去建立自己的文化资产,去丰满自己的服务细节。

经典案例 10-2

品质旅游,服务中展现细节

一日桂林市旅游局接到四川游客莫日根寄来的一封感谢信,莫先生在信中高度赞赏了桂林市桃源旅行社导游周香宾。原来,10月13日~16日莫先生一行11人来到桂林旅游,作为地陪导游的周香宾以渊博的历史文化知识、热情细致而又贴心的服务给莫先生一行留下了美好而深刻的印象,尤其是10月13日晚为客人找回丢失的衣服一事,让客人们感动不已。

仔细阅读莫先生的感谢信我们发现导游周香宾在接待莫先生一行的整个游览过程中并没有做什么惊天动地的大事,也没有说什么煽情的话语,她只是以强烈的责任感、事业心周到地照顾好每一个游客,细致地做好每一个工作环节,给游客们留下美好的印象。"一滴水中见太阳",小小的一个例子,却让我们每一个旅游从业人员感慨颇多。

旅游业的发展给旅游企业及旅游从业人员提出了更高的要求,旅游竞争也日益激烈,要想在竞争中站稳脚跟立于不败之地就要时刻不忘职业操守,在全心全意做好自己的本职工作的同时,还要着重关注每一个服务细节。

二、发挥微笑的魅力

"微笑是通向世界的护照","微笑是友谊的桥梁","微笑是美好心灵的体现"。因此,微笑服务应该是旅游饭店的最基本要求,也是感情服务的主要组成部分。客人到饭店的需求,是要得到高档次的精神享受。这主要通过员工一句温馨的语言、一个亲切的微笑体现出来。遗憾的是,直至目前为止,微笑服务对国内饭店来讲仍然是一道难题。比如在杭州的一家酒店,一位日本客人对该酒店的总经理说,"论长相,中国服务小姐比我们日本姑娘漂亮得多。论微笑,我们每位日本姑娘都比你们笑得好"。确实,在国内的许多饭店,前台员工多数面部表情"冷冰冰、木呆呆、阴沉沉"。平时员工之间的交谈笑意盎然,一见到客人,就立即板起面孔,一本正经,客人感受不到温馨友善的气氛。

微笑给人以亲切、和蔼、热情的感觉,加上适当的敬语,会使客人感到亲切、安全、宾至如归。在商务场合,讲究严肃与庄重,所以此时不宜发出响亮的笑声。即使是爱笑的女士们也要特别保持克制,应当避免不论听到什么事情,都习惯地"咯咯咯"地笑个不停;而作为男士,即使是为人豪爽,经常开怀大笑,如果是在公众场合,也是不合时宜的做法。使用微笑服务的经营法则,应当明白以下几点。

1. 微笑服务的作用

微笑服务可以使顾客的需求得到最大限度的满足。顾客除物质上的需求外,也要求得到精神上、心理上的满足。实践证明,诚招天下客,客从笑中来;笑脸增友谊,微笑出效益。

2. 微笑要发自内心

笑有多种多样,要笑得亲切、甜美、大方、得体,只有对顾客尊敬和友善及对自己所从事工作的热爱,才会笑容满面地接待每一位顾客。

3. 微笑服务应当始终如一

微笑服务应作为一个规范,贯穿到工作的全过程,并应对所有宾客都一样。要让服务人员懂得:笑要自然,因为顾客是"上帝";笑要甜美,因为客人是"财富";笑要亲切,因为客人是嘉宾。因此,职业素质要求我们能做到一到岗位,就把个人的一切烦恼、不安置于脑后,振作精神,微笑着为每一位宾客服务。

经典案例 10-3

微笑的威力

从上海飞往广州的班机上有两位美国籍的金发女郎,她们一上飞机就百般挑剔,说机舱里有怪味,座椅太脏,甚至还用英语骂人。尽管如此,空姐还是面带微笑地为她们服务。飞机起飞后,空姐开始为乘客送饮料、点心。两位女郎各要了一杯可口可乐。还没开始喝,她们就发作了,说可口可乐有问题,并将饮料一下子全泼到空姐的身上。空姐强忍着愤怒,脸上仍然带着笑意,对她们说:"小姐,你说的对,这可口可乐可能是有问题。可是,这可口可乐是贵国的原装产品,也许贵国这家公司的可口可乐有问题,我很乐意效劳,将这瓶饮料连同小姐的芳名及在贵国的地址一起寄到这家公司。我想他们肯定会登门道歉并将此事在贵国报纸上大加渲染的。"两位金发女郎目瞪口呆,她们知道这事要是闹大了,说不定这家公司会走上法庭告她们诋毁公司名誉。在一阵沉默之后,她们只好赔礼道歉,说自己太苛刻了,并称中国的空姐微笑服务世界一流,无可挑剔。

三、提供个性化服务

要使顾客高兴而来、满意而归,光凭标准的、严格的、规范化服务是不够的,只有在规范化的基础上,逐渐开发和提供个性化服务,才能给客人以惊喜,才能让客人感觉到"宾至如归",才能使客人留连忘返。下面列举几个对客人的个性化服务项目。

(1)绝大多数客人晚上休息时,喜欢将客房的遮光窗帘拉好,才会睡得香甜,因而客房服务程序中规定对住客房间开夜床。然而有的客人却因一天的工作劳累,常常一觉到天明,为了不影响第二天的繁忙工作,希望将遮光窗帘中间留出一条缝,这就需要细心的服务员发现、判断,在夜床服务时提供客人满意的服务。

(2)服务员早上清扫房间时发现,客人将开夜床时已折叠好的床罩盖在床上的毛毯上,再看空调是23℃。这时服务员立即主动加一条毛毯给客人,并交待中班服务,夜床服务时将温度调到26℃左右。

(3)服务员为客人清扫房间时,发现客人的电动刮须刀放在卫生间的方石台面上,吱吱转个不停,客人不在房间。客人可能因事情紧急外出,忘记关掉运转的刮须刀,这时,服务员要主动为客人关闭刮须刀开关。

(4)服务清扫房间时,发现一张靠背椅靠在床边,服务员仔细地观察,才发现床上垫着一块小塑料布,卫生间还晾着小孩衣裤,服务员这才明白,母亲怕婴儿睡觉时掉到地上,服务员随即为客人准备好婴儿床放入房间。

(5)服务员清扫房间时,发现床单、毛毯、床垫等各处都有不同程度的秽污。服务员马上意识到,是客人外出游玩因饮食不慎引起肠胃失调。应将所有脏的物品更换一新,还应通过楼层主管及时与导游联系,并通知医生及时治疗,让客人得以康复。

(6)服务员清扫住房时,发现暖水瓶盖开着,不知是客人倒完开水,忘记盖好瓶塞,还是客人喜欢喝凉开水,故意打开瓶塞的?疑虑不解,难以断定。为满足客人的需要,服务员为客人送去了装满凉开水的凉水瓶;同时,暖水瓶照例又更换好了新的开水。

(7)服务员发现客房中放有西瓜,想必是旅客想品尝一下西瓜,绝对不会千里迢迢带个西瓜回家留个纪念。所以服务员主动为客人准备好了一个托盘、水果刀和牙签。

事例虽小,但常常使客人惊喜万分。一封封的表扬信,给客房服务员以肯定与鼓励;一张张的笑脸,拉近了双方的距离。要想为客人提供优质服务,做好个性化服务,请走近客人,细心观察,只有站在客人角度,去看待、点评、处理问题,才能收到实效。

经典案例 10-4

推测心理——提供个性化服务

一次,一家酒店的餐厅包厢内来了四位客人,其中一位穿着时髦的年轻妈妈带着一岁多的小孩来用餐。服务员微笑地迎上前去问好,引领客人到餐桌前,拉椅让座、倒茶、上毛巾。用餐过程中几位客人谈论着重要的事情,可小朋友却闲不住,一会儿拿餐具玩,一会儿拿口布玩,服务员小张看到此情景,马上挑了两朵用红萝卜雕成的装饰花拿给他玩。可这位小朋友玩了一会儿,又坐立不安了。他妈妈只好把他抱在怀里,哄他入睡。服务员无意间听到那位女士说小孩感冒还没好。她看到此情景,立即请一位同事帮忙去客房部借了小毛毯过来。当服务员小张把柔软的小毛毯送到这位女士面前,这位年轻的妈妈先是很惊讶,后来她一个劲地夸服务员细心。

现在,许多客人选择星级酒店,不仅是因为酒店的硬件设施先进,更重要的是他们需要个性化服务,也就是针对性的服务。不同的客人有不同的个性需求,服务员应认真地推测宾客的心理特点,提供个性化的服务。所以,在常规的基础上,换位思考是做好针对性服务的有效途径。

四、协调好各种关系

(一)妥善处理游客的特殊要求

在一个旅游团中,游客的共同要求主要体现为旅游活动计划中包含的内容,是游客在到达旅游目的地之前与客源地旅行社以合同形式确定下来的。但是,旅游团到达旅游目的地后的旅游过程中,个别游客或少数游客因旅游生活上的特殊需要往往临时提出个别要求,这就会出现多数游客和少数游客的利益产生冲突问题。旅游服务人员应当遵循"抓大管小"的原则,即在努力完成旅游计划任务的前提下,尽量满足少数游客合理而又现实的要求。

游客的个别要求多种多样,在时间上具有随机性,旅游服务人员在满足游客共同要求的同时,如何处理好游客的个别要求,不仅对旅游服务人员处理问题的能力是一个考验,而且也是对旅游服务人员服务质量的一种检验。因此,旅游服务人员对游客提出的个别要求,不管其难易程度如何,都应给予足够的重视,并及时、合情合理地予以处理。

(二)处理好与"群头"的关系

每个旅游团都会有自然产生一个或几个"头",这些"群头"大都好胜心强、好表现自己,某些"群头"喜欢出风头。这些人在旅游团队中一般有威望、影响大、说话灵,旅游团中的游客也都支持他们的所作所为。如果旅游服务人员在某些问题上的意见和游客不一致,并且在众人面前指责他们时,那么,这些游客就会煽动"群头"向导游发动反击和进攻;另一部分游客可能明知"群头"的做法不妥,为了顾全"群头"的面子,也往往会加入进攻队伍。要妥善处理好与"群头"的关系:一是要利用"群头"的特点来促使其积极配合旅游服务人员的工作,充分发挥

"群头"的"责任心";二是旅游服务人员应主动找"群头"商量,以满足"群头"的自尊心和荣誉感。

旅游服务人员与"群头"的关系处理好了,即使在以后的服务过程中出现一些遗憾和不足,由他们出面说几句话,遗憾和不足就会得到弥补,游客们的不愉快也会很快过去。

五、与客人的特殊沟通技巧

(一)切忌当场拒绝

在旅游过程中,游客们会有各种各样的要求提出来。这些要求有的马上能解决,有的不属于旅游服务人员管辖范围,有的合理且有可能办到,有的虽然合理但不可能办到,等等。虽然作为旅游服务人员应该尽力为游客服务,但帮助解决问题也必须有原则性,要根据实际情况和自己的能力来解决。为了将游客的遗憾降到最低限度,要学会适当拒绝,但要掌握一定的拒绝技巧。

正如以上所说,游客的所求是各种各样的。当游客向导游员提出自己所求时,如果当场说出"不"、"不行"、"不可能"、"办不到"等,就好比用一桶凉水从游客的头上浇到脚——全身都凉了。应该看到绝大多数游客是通情达理的,有些游客的请求也是出于无奈。由于受到各种客观条件的制约,一时半刻办不成事情,导游员也切记不要开口就说那个"不"字。要知道遭到拒绝的后果,游客轻则表现出失望、伤心,重则对导游大发雷霆,还有的则与你纠缠不休,一再讲些大道理,搞得你既伤心又费神,不知怎么办才好。

(二)如何婉拒客人

1. 如何拒绝

一般情况下,导游员应先向游客诚恳地表示尊重、同情和理解的态度,然后,积极地与游客一起商量、探讨所求问题的性质和难度,尽量做好说服工作,这样既不伤害游客的自尊心和感情,又能得到所求者的谅解和同情,从而增加导游和游客之间的友谊和感情。其实,导游工作就是在服务、操作、帮助、拒绝等过程中不断无序地循环着,带团时间越长,碰到的各种矛盾和问题就越多,这种循环速度就越快。

2. 拒绝方式

一般地说,原则要坚持,拒绝的方式方法可灵活多样。

比如当你敏感地意识到游客的要求完全不能接受时,态度不能含糊,但口气要委婉,坦诚相见地做好解释工作,此时的言行切忌模棱两可,不然会使游客产生误会,以为所求虽有难度但你仍有潜力和可能帮他解决。这样的后果势必给自己带来麻烦,给游客带来不满和反感。又比如,对待无理要求者,则可采用转移话题、推诿搪塞、答非所问的拒绝方法,也可采用"不大清楚"、"我要打听打听"等模糊方式加以拒绝。对待带有挑衅性者,则可采用"攻势",不但不给对方答复,而且给他来个下马威,提出一个极难答复的问题请他回答。例如曾经有一个旅游团中的一位客人在宾馆里用完早餐后就在旅游车上大声对导游说:"快拿消毒巾来,我的手碰到苍蝇了,我们那里的苍蝇都是洗过澡才飞出来的。"导游立刻听出他话里的挑衅意味,十分严肃地回敬道:"那么就请你抓个苍蝇,洗个澡给大伙儿看看!"车上的人都笑了起来,那位游客显得很尴尬。

对待合理而又可能办到的问题的提出者,导游员可以采用拒此应彼的做法,即在拒绝不可能办到的要求的同时,尽量努力满足其合理和可能的方面,以使游客遗憾和失望降低到最小限度。另外,也可用替游客想办法、出主意以及建议另求他人等方法。其次,游客如属开朗明理之人,导游员最好尽快坦言相告,希望他另作安排。总之,既然是拒绝,那就要多解释,多表达心有余而力不足,无论怎么说,总比给人一个冷冰冰的"不"字强得多。如果导游员不善于拒绝,哪怕只有一次拒绝,就足以伤透一个或者许多个游客的心,而好的导游员每天都在拒绝,但在游客心目中他仍是值得信赖的,很少因拒绝游客所求而带来不必要的是非和麻烦。

第二节 与同行协作的艺术

一、同行协作的基础

为了满足旅游者的各种需求,旅游服务工作要由许多不同的独立的旅游部门共同配合开展活动。游客对一次旅游活动的满意程度取决于其中的任何一个环节的"零缺陷"。旅游行业中,不同的企业、不同的部门承担着不同的服务任务,但其最终目的都是为了让旅游活动顺利开展。因此,同行之间的协作是有一些共同作为基础的。

(一)根本利益的一致性

旅游企业的根本利益就是存在并发展,任何一家旅游企业的根本利益都是一致的。这个利益的实现离不开旅游产业其他企业的配合,共同实现游客食、住、行、游、购、娱的要求。正是通过旅游企业之间的相互配合、共同为游客提供集群式服务,来实现各自的根本利益。根本利益的一致性不仅体现在一条旅游线路不同类型的各家企业之间,也体现在同一个旅游企业内部各个岗位之间。

企业内部的各个岗位可分为两类,即一线和二线。一线直接为游客服务,二线为一线服务,间接为游客服务。无论是一线还是二线,只要工作出了纰漏游客都不会满意。一线和二线员工既能各尽其职,又能互相补台,避免了相互脱节现象的发生,是一个旅游企业赢得游客的根本。

旅游企业赢利和发展靠的是稳定的客户关系,稳定的客户关系靠的是优质服务,而优质服务来源于岗位之间的密切配合和以客户为本的岗位设置。如果游客被旅游服务人员出色的服务所打动,就会建立一种和谐的关系,游客就成了该旅游企业的忠诚客户,他不但会经常来这家旅游企业消费,还会带动其他的客户来消费。这样的客户关系越长久,旅游企业赢利的可能性越大,经营就越具有持续性,从而旅游企业的根本利益才能得以实现。

如果游客因得不到他所期望的或更好的服务,他就可能不会是该旅游企业的回头客了,而且还可能会把这种坏的影响向外扩散,影响到更多的游客不来这里消费。通常挽回一个不满意的顾客比第一次投入的服务成本要大很多倍。

经典案例 10-5

部门之间的不协调引发的投诉

7月中旬的一天,有一个很重要的会议计划上午9点在一家酒店召开,负责会务工作的李先生早上8点就搬着一箱会议资料来到酒店,并想查看下会议室有没有问题。当李先生来到酒店门口时,就对旁边的行李员说:"请你帮我把资料搬到会议室。"行李员微笑着对他说:"对不起,先生。我们不负责为会议客人搬资料。"李先生顿时很不高兴,将手上的资料往地上一放,走向总台,总台服务员微笑地询问:"请问我能为您做点什么?"李先生说:"我想再查看一下会议室,麻烦你们开下门。"服务员非常客气地说:"对不起,先生,会议室不归我们管,您打电话到营销部问问吧。"李先生压住心里的火,板着脸对服务员说:"那么,请你打电话让他们开门。"服务员看李先生满脸怒气的样子,只好给营销部打了电话,然后告诉客人:"请您稍等,掌管会议室钥匙的人吃早餐去了。"

李先生再也按捺不住心里的怒火,责问服务员:"那么,我来这么早干什么?3分钟之内,让他到会议室!否则……"话没说完他就朝会议室走去。看着离去的李先生,总台服务员连忙打电话让同事去员工宿舍、食堂找人……会议结束后,李先生代表会议主办单位向酒店投诉,声称再也不会把会议放在如此糟糕的酒店。

在本案例中,正是由于部门之间的协作关系出现了失误,引发了客人的投诉,甚至于失去了这个客人。旅游行业各家企业之间、各岗位之间具有一荣俱荣、一损俱损的特点。因此,各企业、各岗位应加强协作,共同为客人提供优质的服务。

(二)现实利益的依赖性

游客外出旅游,追求的是精神愉快和物质享受,他们评价游玩效果的着眼点,就是是否愉快、舒适,这就要求旅游行业把服务工作做得严密周到,一环扣一环,使整个旅游行程都充满乐趣,没有任何差错。因为游客评价旅游活动的特点,就是对符合自己要求的事情不太留意,认为"我花了钱,应该这样",但对不合乎自己心愿的事情就十分在意,认为钱花得冤枉,没有得到应有的服务。所以,任何环节上的一点闪失,都会破坏游客的快乐心情,引起游客对整个旅游活动的不满。

旅游行业有一个著名的公式:"$100-1=0$"。这个公式包含三层含义:一是旅游企业有100项工作,99项工作做得很出色,仅有1项客人不满意,就等于客人都不满意;二是一项工作,做到了99%,但有1%没有做到,就等于工作都没做好;三是100项中有1项没做好,尽管不合格率为1%,但对于得到不良产品或服务的客人来说,却等于买了100%的不良产品(或服务),企业将失去这位客人及他所能影响的客人。

旅游企业现实利益的实现依赖于游客对旅游活动的满意度,而这种满意度取决于旅游企业间和旅游企业内部各岗位之间的合作。

旅游行业的工作具有综合服务的性质,由跨地区、跨行业的许多单位共同承担任务,这就很容易出现服务质量参差不齐的纰漏。比如,这个城市服务得很好,但到了另一个地方,一下车就被小贩包围起来,推推搡搡,强买强卖,把整个愉快的行程全破坏了。所以,如何使旅游服务的各个环节都符合质量要求,不发生任何差错,这是一项细致周密的工作,需要一线和二线的旅游服务人员协作完成。

二、同行协作的方法

由于旅游行业具有相互依赖的特点,行业之间以及企业内部各岗位之间都需要协调。在与同行协作的过程中,冲突是不可避免的现象,不可能完全消除。但是如果处理不当,它会严重影响组织工作,导致合作失败、破坏关系,甚至造成组织解散等不良后果。

(一)企业内部同行协助方式

现代社会中,人与人之间相处讲究平等已成为公认的基本原则。而工作中同级之间以及同行之间的相处,不仅要讲究平等,更应注重合作。

1.相互尊重

被尊重是人的一大需要。尊重人,满足人自尊需要,就能使人产生"知遇"的心情,从而对对方产生感激心理。因而高明的领导者都十分重视尊重人。同级之间相互尊重,对于协调彼此的关系同样十分重要。只有互相尊重,才能互相信任,平等合作,形成一种融洽的关系。

敬人者人恒敬之。只有尊重别人,才能受到别人的尊重。要使人们尊重自己,就必须首先尊重他人,尊重他的工作和劳动,尊重他的作用。自己目中无人,伤害了别人的自尊心,就不可能得到别人的尊重。现实工作中,工作者在出身、社会关系、资历、工作能力、工作实绩等方面的差异是客观存在的,这些客观存在确实容易助长条件优越者的自傲心理和条件不好的人的自卑心理,从而给互相尊重、平等合作造成心理障碍。因此,要实现相互尊重、平等合作,就必须消除这种心理障碍,特别是优越者的自傲心理。

2. 合理压抑自我的优越感

实践证明,交往中任何人都希望能够得到别人的肯定性评价,都在不自觉地强烈维护着自己的形象和尊严。如果谈话对手过分地显示出高人一等的优越感,那么无形之中就是对他人自尊和自信的一种挑战和轻视,排斥的心理,乃至敌意也就不自觉地产生了。在这样的心态下,双方当然也就不可能很好地合作了。

如同法国哲学家罗西法古所说:"如果你要得到仇人,就表现得比你的仇人优越吧;如果你要得到朋友,就要让你的朋友表现得比你优越。"让朋友表现得比自己优越,这是一种策略,自不必说;不要表现得比朋友优越,则是一种态度、一种涵养、一种平等待人的处世方法。因此,压抑自我的优越感对于实际工作中的同级关系来说,可以说是一个基本原则。大量的实践也证明,那些谦让、豁达,能平等待人的人总能赢得别人的尊敬。相反,妄自尊大、高看自己、小看别人的人总会引起别人的反感,最终会使自己在交往中陷入孤立无援的危险境地。

3. 善待失意者

平等合作,是战胜对手、取得胜利的关键所在。而对于失意中的人,领导者更要讲求平等,这不仅体现出了一个人的基本涵养,更是为自己储备人际资源的重要时期。

(二)企业外部同行协作方式

旅游服务人员在接待游客的过程中具有与相关接待单位协作的基础,也有以商业合同为基础的旅游接待计划的事先安排,但是,在接待游客的过程中仍需要旅游服务人员尤其是导游员做好同相关接待单位的协调工作。

1. 尊重对方人员及其劳动

尊重是协调的前提。旅游服务的集群性要求各个相关的接待单位应并肩作战,相互支持。尊重表现在以下几个方面。

(1)要有诚心,要把他们的劳动同自己的劳动同等看待,切忌以高人一等自居,发号施令。比如导游员不能把带团到相关单位消费看作一种恩赐,要摆正自己与相关单位之间的关系。

(2)要做好服务工作,为相关单位能及时、有效地向游客提供服务创造条件。如及时向他们通报游客的有关信息,协助他们做好服务缺陷的弥补工作等。

(3)对相关接待单位人员的劳动及其对自己工作的支持和配合表示诚恳的感谢,为建立长期的互相合作关系创造良好气氛。旅游服务人员在工作中经常遇到困难,需要得到相关单位人员的帮助。比如:导游人员带游客离开旅店去机场途中,发现重要物品遗留在客房中,需要饭店服务人员帮忙寻回并迅速送至机场等。

2. 及时、有效地进行沟通

及时、有效地进行沟通是旅游服务人员做好同相关单位协调工作的一个重要手段。及时是指在时间上不延后。一旦旅游团或旅游日程有什么变化,旅游服务人员要尽快通知相关接待单位,使他们在心理上、物质上、时间上有应付变化的准备。比如游客提出换餐要求,地陪应该在3小时前与餐厅联系,并按照有关规定处理。有效是指能实现预期目的的效果,即沟通的对象应是相关接待单位合适的人员。例如,旅游团关于餐饮方面的变化最好直接同饭店餐饮部联系,如果同前厅服务台联系,虽然服务人员记录下来,但可能会因一时接待工作忙而延误了转达的时间,或到了客人用餐的时间还未转达,必然无法达到预期的目的。

及时、有效的沟通包括服务前的沟通、服务中的沟通以及服务后的沟通。服务前的沟通是指旅游团游客未享用服务之前同相关单位同行的沟通,沟通的目的是为了使相关接待单位按游客的要求做好相应的服务准备。服务中的沟通是指游客享用相关接待单位提供服务过程中的沟通,目的是为了帮助解决服务中可能出现的问题。例如:游客入住客房时,发现客房卫生间不洁;游客在定点餐馆用餐时,感到菜肴太咸等。服务后的沟通是指游客享用相关单位提供的服务之后的意见、建议进行反馈,目的是为了帮助相关接待单位进一步改进工作。

经典案例10-6

送错房间的早餐——协作的失误

有一天,一位外国客人预订了第二天早上6:30的早餐。到次日早上6:30,送餐人员准时把预订的早餐送到房间门口。服务员敲了敲门,轻喊一声"送餐服务";等了几分钟没动静,又礼貌地敲了敲门,提高声音喊道"送餐服务"。这时房内有了动静,随即听到一声愤怒的粤语吼道:"等等!"门开了,出来的是一位我国香港地区客人,他穿着睡衣,冲着服务人员劈头盖脸地嚷了一通。原来他没订早餐,服务员敲门的时候他和太太正在酣睡。这位客人气呼呼地关上门,随即给总台打电话投诉。

接下来,酒店餐厅人员花了一刻钟的时间才搞清楚预订早餐的客人的房间号码,原来那位客人在订餐的当天下午换了房间,而前台没有及时通知餐厅,这时早餐已经有些凉了。订餐的那位外国客人满脸不高兴,问为什么这么晚才送来。服务员一个劲地道歉,告诉他这份早餐免费了。

旅游企业作为一个组织由发挥着不同作用的各个部门组成,如餐饮部、客房部、营销部等。其内部与外部之间的相互交流,为企业的正常运转提高了必要的信息,具有协调的功能。岗位与岗位只有相互沟通、协调配合,才能使客人得到及时、满意的服务,也才能使旅游企业的经营管理更加有效。

三、与领队共事的艺术

领队是由组团社派出的,代表组团社为旅游团的旅游活动提供专职服务的人员。一般领队对游客的情况比较了解,游客也将领队视为"保护神"和可信赖的人。因此,旅游目的地的旅游服务人员要做好服务工作,就要尊重领队,积极争取获得领队的支持和配合。

(一)领队的分类

尽管领队有不同的类型,但监督旅游协议的落实、保证旅游活动安全顺利的进行、使游客满意是领队的共同使命。由于旅游目的地不同,领队的来源不同,不同类型领队的行为特征也不同,旅游服务人员与其共事时应注意研究其不同的特征。

按旅游类别,领队可分为入境旅游团领队、国内旅游团领队和出境旅游团领队。

1.入境旅游团领队

入境旅游团领队是由海外旅行社派出的领队。由于来自不同的国家,他们的价值观、思维方式、行为方式和处事方法同我国的旅游服务人员有较大的差别。例如,我国的旅游服务人员通常认为,作为团队,个人的行为应与旅游团保持一致,个人的要求最好通过团长或领队反映,而有些国家特别是西方国家的领队则认为个人应该享有充分的自由权,团长或领队无权干涉;我国的旅游服务人员认为应该予以约束的行为,他们认为这是理所当然的;反之,我国的旅游服务人员认为是个人生活小节的事情,他们却十分看重;等等。旅游服务人员在同海外领队合作共事时,应先了解对方国家的文化及习俗,在处理问题时必须认真考虑这些差别,以便更好地进行合作。

2.国内旅游团队领队

国内旅游团队领队是由国内组团社派出的专职服务人员。虽然大家在价值观、思维逻辑上的差异并不太大,但因领队这个角色是由不同的人承担的,个性特征的差异很明显,从而导致行为方式和处事方法上存在差异。因此,旅游服务人员与其合作共事时应予以注意。

3. 出境旅游团领队

出境旅游团领队是由国家旅游行政部门批准有权出境旅游的旅行社派出的领队。不同的文化差异造成的区别相应也体现在领队与境外旅游服务人员的身上,因此,领队为了更好地完成旅游带团任务,应主动同旅游目的地国家或地区的旅游服务人员进行配合,搞好旅游对外宣传和调研工作。

(二)与领队合作的技巧

由于领队与旅游目的地的服务人员分别代表不同的单位,他们的隶属关系不同,维护的具体利益也不同,加上有些领队的个性,使他们之间在工作上有时难以形成主动的协调和配合,甚至还会出现一些矛盾和冲突。

一般来说,游客对领队的信任程度往往会超过对旅游目的地的旅游服务人员,所以领队对旅游团游客具有一定的影响力,在旅游团具有举足轻重的作用。如果领队同旅游服务人员合作,会使旅游服务人员的工作顺利许多;如果不合作,甚至对旅游服务人员的工作很挑剔,会给旅游服务人员的工作带来很多麻烦。因此,旅游服务人员要主动争取获得领队的配合,这就需要旅游服务人员在工作中讲究策略,注意方式和方法,常用的方法如下。

1. 常与领队磋商

由于领队更加熟悉和了解游客,更容易了解游客的意见、要求和反应。因此,旅游服务人员在旅游服务过程中,要保持与领队经常的沟通和磋商,这既有利于旅游服务人员提供有针对性的旅游服务和改进服务工作,又有利于获得领队的理解、支持和配合。

在旅游过程中,当发生意外事件或出现事故时,如游客钱物被盗、游客受伤住院等,旅游服务人员争取获得领队的配合就显得尤为重要。一方面,领队可以做好受损游客的工作,另一方面,可以安抚好其他游客的情绪。然而争取领队的合作,关键还在"平时",要经常征求领队对旅游服务工作的意见和建议,听取领队关于游客的反应。

2. 多给领队面子

旅游服务人员应利用适当的时机或创造必要的条件,多给领队"面子"和表现的机会,让其在游客面前表现出领队在旅游团中的地位和作用。只要旅游服务人员稍加注意,这种机会还是很多的。比如遇事先与领队磋商,多听取领队的意见和建议;旅游日程商定后,可由领队向全团宣布;每天的活动安排确定后,包括出发时间、集合地点,可由领队通知游客;旅游团入住酒店时的住房分配、离店时的注意事项、发出行李时间和行李的清点等都可以发挥领队的作用;如果领队多次陪团来到旅游目的地,对某些旅游项目比较熟悉,也可在出发前或前往目的地途中请领队进行简要介绍,为其提供表现的机会。

3. 支持领队工作

旅游服务人员应和领队互相支持,才能建立感情。领队的工作分为两大部分:一是同旅游活动相关的部分,如维护游客的安全、保持和协调游客行为在旅游团中的一致性、维护游客的合法权益等,对这方面的工作,旅游服务人员应予以协助,因为它与旅游服务的目标是一致的,有利于旅游活动的开展。二是旅游团的内部事务,包括领队与旅游团游客之间的关系以及旅游团游客之间的关系,对这方面的事情,旅游服务人员应尽量避免介入。但是,如果这种关系的发展影响到旅游活动的开展,旅游服务人员应协助领队做好必要的解释和调解工作,以缓和旅游团的内部矛盾。

总之,旅游服务人员与领队交往和合作的过程中应做到:一是主动,即主动争取领队的配合;二要尊重,尊重领队的人格和权限,支持领队的工作,避免与领队发生冲突;三要注意调动领队的积极性,给予其表现的机会。

对于不合作的领队,旅游服务人员更要注意策略、方式和方法,不能让这样的领队牵着鼻子走。首先要做好游客的工作,争取多数游客对旅游服务人员工作的理解和支持。同时要对执意挑剔和一味苛求的领队进行有理、有节的斗争。旅游服务人员应指出领队的苛刻超出了协议确定的内容,提醒对方自己是有理的。注意选择适当的时间,所谓"天时、地利、人和",而且还要注意适可而止。交谈时,情绪不要激动,语气要缓和,要始终坚持以理服人,不卑不亢,不可与之当面发生冲突,更不要当众羞辱领队,一般可采用伙伴间交谈的方式,适时地给对方台阶下,以争取在以后的工作中获得对方的配合与支持。

经典案例 10-7

获取游客的心——与领队相处的艺术

某年8月,北京的导游员董先生接待了一个外国旅游团。这个旅游团的领队是一个40多岁的妇女,在旅游活动中,她总是板着面孔,不停地埋怨、挑剔。在车上,董先生的讲解刚一停顿,她就责问他为什么不继续讲解,可等董先生接着讲解时,她又大声和别人说话。她一会儿说车里不舒服,一会儿又说饭店不豪华……总之,她什么都不满意。董先生劝告她要保持乐观精神,这样有利于身体健康,同时也不影响其他的客人,但她反说董先生服务不好。面对这种情况,董先生一方面不急不恼,继续对其进行耐心的说服工作,希望得到她的合作;另一方面,则保持热情的态度,积极为其他客人服务,对大家的要求从不拒绝。在临别的晚宴上,一位客人宣读了全团给董先生的感谢信,信中说他工作热情,耐心为大家服务,使这次旅游活动取得了成功,大家都非常满意。一位客人悄悄告诉董先生,他们喜欢他,而不喜欢领队,说她总是无理取闹,破坏大家的心情。董先生热情、认真的工作获得了大家的认可。

延伸阅读 10-1

如何应对抱怨者

我们都会与不好打交道的人接触,既然无法回避他们,那么我们就必需找到有效应对的方法。抱怨者是不好打交道的人当中较常见的一种,显然抱怨自己的不适是有教养的人和理智者都非常忌讳的话题。对于抱怨者你不妨尝试以下方法应对。

● 只倾听但不点头。

● 引导对方切入正题。

● 提醒对方言之有物,不要泛泛空谈。

● 对他们说过的话进行总结归纳。

● 敦促他们提出具体的解决方案。

● 向他们讲清抱怨无益,将其抱怨限定在一定的范围内。

第三节 解决服务投诉的艺术

即使世界上最负盛名的旅游企业也会遭到客人投诉。成功的旅游企业善于把投诉的消极因素转化为积极因素,通过投诉来促使自己不断改进,防止同类投诉再次发生。

一、常见的宾客投诉

在实际工作中,旅游企业的服务不可能是完美无缺的,尽管企业不断要求进步,还是很可能会碰到客人的投诉。美国饭店质量咨询公司,于 1987 年对各种类型的饭店进行了服务质量调查,从而发现以下常见的饭店客人投诉例子。

1. 餐务部

餐厅服务员将客人所点菜单与其客人所在餐桌席号搞错,最终出现服务员上菜与客人事先所点菜点不符,引起客人极大不快。

宾客订餐或宴会订餐,没有存档记录客人的订餐,更没有按时按日提供客人的订餐需求,从而造成客人的极大不满和投诉。

当客人只是被告知,所点菜点佳肴由于某些原材料暂缺,一时不能提供客人所点菜点;但是客人并没有再次被照顾或提供服务,也没有被问明或被建议再改点其他菜点,加之服务员又去忙于其他客人,再也没有第二次回来为客人点菜服务;从而使客人被置于无人服务的冷遇境地,自然引起客人的不满和投诉。

由于服务不认真,向客人提供不洁净的酒杯、饮料杯、餐盘或其他不干净的餐具等,从而引起客人的不快和投诉。

餐厅服务员或清桌员没有认真、洁净地清桌,餐桌上仍然留有菜点脏物、水珠、面包碎屑等。这种情况下也会引起客人的投诉。

餐厅服务效率低,即没有向客人提供快速敏捷的服务。如厨房厨师不能按时出菜或者是由于餐厅服务员较少,客人较多,客人所点的菜点久等不能服务上桌,因而引起客人的投诉。

送餐服务怠慢。送点服务也有服务效率问题,即客人用电话在客房内点菜用餐,一般来讲,从客人用电话点菜开始,送餐服务效率标准的限定时间为:早餐30分钟、午餐35分钟、晚餐35分钟。超出服务效率限定时间被列为冷遇客人或低劣服务。

厨房备菜员没有及时通报当班主厨或厨师长有关食品原材料的变化和短缺问题,从而造成有些菜点不能提供。这样也就出现了一线餐厅服务员与后台厨房备菜员之间的脱节,从而造成客人在餐桌席位上久候菜点不能到桌,客人的就餐情绪低落,最后是不满、抱怨和投诉。

知识链接 10-1

处理顾客投诉"十注意"

● 提早起立问候。

● 学会道歉。面对客人指出的、不可推卸的错误,必须做到不厌烦、不狡辩、不推脱。

● 设法解决客人问题。

● 注意聆听。

● 注意平息客人的怒气,不与客人争辩。

● 通过岔转话题,转移客人怒火。

● 向客人提出新建议,并指出新建议的好处。

● 站在客人立场考虑问题(换位思考)。

● 通过倒茶、送水果等物质手段向客人致歉,缓和气氛。

● 有始有终,以告别语给客人留下好印象。

2. 客房部

客人房间没有及时整理,使客人感到下榻环境脏乱,这样就会引起客人的抱怨和不满。

由于客房卫生间浴巾、面巾、浴皂、面皂短缺,从而引起客人的不愉快和投诉。

客房服务员整理房间后,未能及时汇报客房设施的失灵及维修,如淋浴喷头失灵不好用、电视无显影无声音等等;这一切均会影响客人的下榻生活及精神需求。因此客人不满和投诉是自然的事情。

3. 前厅部

客人持有客房确认预订单,但是来到饭店时,却没有可提供的房间下榻,前厅部主观认为客人可能不会到来,因此将房间另外出租给别人,这样就引起客人的不满和投诉。

客人持有客房确认预订单,但是在客人步入前厅部办理迁入登记时,饭店前厅部接待人员找不到客人的预订客房记录卡,这样也就引起客人的不愉快以致出现后来的客人投诉。

有时护送客人前往下榻房间的中厅杂役员或客人本身,被前厅部交给一个与客人下榻房间号码不符的客房钥匙,因此中厅杂役员或客人本人又不得不再回到前厅部换取钥匙。这种情景也会引起客人的不满和投诉。

由于等候迁入登记下榻或者是结账迁出离店的客人较多,等候时间(均限定在60秒之内)过长,客人感到烦恼也会引起客人的投诉。

客人抵达饭店并来到所要下榻的房间,可是发现客房还没有整理;这是因为客房部和前厅部之间工作不协调所致,从而给客人较坏的第一印象,并引起投诉。

由于前厅部粗心,客人迁入登记时没有验证客人的正式证件(护照、汽车驾驶执照或其他的身份证件),加之又将客人的名字搞错,为此客人在饭店内的下榻及其费用账目的收集出现麻烦,最后在客人离店结账时出现很大的麻烦,以致引起客人的投诉。

客人在饭店内产生的费用,前厅部既不确认也不核实,因此客人的一切费用账目无法收集起来,最后只能推给总经理去处理、解决。

由于没有足够和完善的预订控制系统,从而导致超额预订,使正式预订的人没有客房下榻,造成客人不满和投诉。

4. 财务部

有些客人在饭店下榻期间,由于在其他一些部门的费用,如在餐厅的就餐费用,直到客人已经办理完了迁出结账以后,才转到财务部;此时要客人补交餐厅就餐费用账目,客人不但拒付而且心里感到极大不愉快,抱怨饭店,这是不时出现的情况。

有时候,在客人的费用会计款凭证单上,忘记让客人在产生费用时签字;以后客人对此费用账目拒付,同时客人还向饭店反问道:"你能对没有经过和当场验证的费用付款吗?"这是财务部出现客人投诉的第二种情况。

经典案例 10-8

财务收银结算引发的投诉

某日中午,一批来自某厅局的客人来餐厅用餐。餐后客人提出该单位在我店约有两万元内存,要求签单。经信用结算组查阅,发现客人所报金额与签单人姓名均与原始记录不符。为维护签单人权益,信用结算组便通知餐务中心该单位并无内存,而宾客坚持称确有内存,一定要签单。餐务中心与客人协调,提出先将本次餐费结清,由账台出具收条,待有确切证明能够签单,再退还此款,在内存中结算餐费。客人当时表示同意。

过两天,经该厅局存款当事人与饭店联系,说明上次餐费可以签单,饭店立刻退还了钱款。而此时宾客以我店工作有疏漏为由提出投诉,并要求餐费折扣。餐务中心与信用结算组共同向客人解释了缘由,再三说明这也是维护该单位内存的安全以及保密性而执行的一项工作制度,对于此事给宾客造成的不便表示歉意,餐务中心给予该单位用餐8.8折优惠,信用结算组也提出将尽快改进工作方法,避免类似的误会发生。最终,宾客满意而归。

在事件发生过程中,信用结算组在宾客提供的资料与记录不相符时,严格执行专人签章有效制度,是正确的。当发生宾客投诉时,两部门并没有互相推诿,而是开展了主动性工作,协力处理好宾客善后事宜,使宾客满意而归。

5. 销售部

由于饭店销售部人员没有及时了解客源市场的变化及宾客的需求,因此使饭店提供的一切服务项目,其中包括服务质量和各项价格均不被客人喜欢和满意。

销售部人员所做的销售许诺,即优惠价格或优惠项目,未能在实际中兑现,使客人来到饭店下榻以后感到失望,造成客人不满和投诉。

饭店各部门之间工作及服务协调网络脱节,从而影响客源市场销售,影响客人满意程度。

6. 工程维修部

客人用电话直接告知工程部或前厅部,说明客房内有需要维修的项目,然而工程部维修人员没有立即作出回答并及时前来客人的房间进行检查或维修,从而引起客人投诉。

工程部弱电工程人员,没有按照会议的需求,及时安装好会议通信系统,如主席台所用话筒、同程翻译接收耳机、中央空调系统以及与会议相关的一些设施设备等;从而引起会议组织者的抱怨和投诉。为此,一些饭店经常委派工程部的专职人员负责会议期间的工程维修和有关方面的服务工作。

由于工作疏忽,列明需要维修的客房房间号码搞错,所以未能及时提供客房维修,因此也会造成客人的投诉。为了避免这类事件的发生,客房部经理、工程部及前厅部经理要协调一致,全面控制和保证客房的及时维修,从而使客人享有一种舒适、安全的下榻环境。

客房中央空调失灵,造成客人身体不适,因此引起客人投诉,这也是经常发生的事情。

客人迁出离店以后,客房服务员没有及时回调空调旋钮,造成能源浪费。这里反映出工程部人员没有做好能源控制系统,达到节省能源费用开支的根本目的。

7. 其他有关部门

饭店员工不熟悉宾客服务项目,如客人干湿衣服务、饭店汽车出租服务以及客房送餐服务等。当客人问明有关服务项目时,员工回答"不知道"或"不熟悉",引起客人的不满,造成投诉。

饭店公共场所设置的自动售货机(Vending Machines)不好用,不能方便客人自由投硬币选购小食品、水果和香烟。为此引起客人投诉。

饭店员工或服务人员随意冷遇客人,引起客人投诉。

当客人抵达饭店时,其客房租用价格与原来旅行社提供的价格不符,使客人感到不愉快,引起客人投诉。

知识链接 10-2

酒店投诉处理"五字诀"

酒店如何正确对待、处理客人的投诉,以便达到快速而又满意的效果呢?根据以往经验,可以将投诉处理的整个过程概括为五个字,即"听、记、析、报、答"。

●听。对待任何一个客人的投诉,不管鸡毛蒜皮的小事件,还是较棘手的复杂事件,我们作为受诉者都要保持镇定、冷静、认真倾听客人的意见,要表现出对对方高度的礼貌、尊重。这是客人发泄气愤的过程,我们不应也不能反驳客人意见,这样客人才能慢慢平静下来,为我们的解释提供前提条件。

●记。在听的过程中,要认真做好记录。尤其是客人投诉的要点,讲到的一些细节,要记录清楚,并适时复述,以缓和客人情绪。这不仅是快速处理投诉的依据,也为我们以后服务工作的改进做铺垫。

●析。根据所闻所写,及时弄清事情来龙去脉,然后才能作出正确的判断,拟定解决方案,与有关部门取得联系,一起处理。

●报。对发生的事情、作出的决定或是难以处理的问题,及时上报主管领导,征求意见。不要遗漏、隐瞒材料,尤其是涉及个人自身利益,更不应该有情不报。

● 答。征求领导的意见之后，要把解决方案及时反馈给客人，如果暂无法解决的，应向客人致歉，并说明原委，请求客人谅解，不能无把握、无根据地向客人保证。

二、处理投诉的方法

(一)分析顾客投诉的目的

不同的顾客其投诉的目的是不同的，主要有以下几个方面，一是希望得到经济补偿。根据"公平理论"，宾客花了钱而没有获得相应的利益，如价格不合理、服务设施不完善、服务环境差，就会表现出不公平感，从而希望旅游企业对其精神和物质上的损失给予经济上的补偿。二是希望求得心理上的平衡。顾客在消费旅游产品过程中，如果他认为有挫折感，就会产生"抱怨"心理，这种抱怨发展到一定程度就会产生投诉活动。顾客利用投诉的机会把自己的烦恼、怒气、怒火发泄出来，以维持其心理上的平衡，满足自己受到尊重的心理需求。三是综合性的目的，即既有经济上的需求，又有心理上的需求，但往往这两方面的需求是有主次的。我们必须在分析顾客投诉心理的基础上来确定对顾客进行补偿的方式，使企业所给予的补偿方式与客人的心理预期相一致。

(二)分析顾客的投诉成本

投诉成本是指顾客在投诉行动中所付出的费用、精力、时间。如顾客为投诉而发生的交通费用、通信费用，为投诉而耽误的工作时间等。很多旅游企业在补偿顾客时只考虑到服务失败给顾客带来的直接损失，而不考虑客人的投诉成本。这样做会导致以下后果：一是客人不愿意投诉，使企业不能及时获得顾客的信息资料；二是即使顾客获得了赔偿，依然对企业极其不满意，使企业付出了代价依然没有达到挽留顾客、得到好的口碑的目的。所以，旅游企业在处理顾客投诉时不应该仅仅是"退赔"，而应在分析顾客的投诉成本的基础上予以一些额外的补偿，这种额外补偿不一定是经济上的，也可以是精神上的，应根据客人的投诉目的来确定具体采取哪种方式。

(三)提供一定的超额补偿

超额补偿是指不仅弥补顾客因服务失败而遭受的损失，还要从心理角度满足顾客投诉的目的。旅游企业可通过为顾客提供额外礼物来使顾客感受到因服务失败而致歉的真挚性。但旅游企业在提供超额补偿的数量和具体方式上不能盲目，也不能对任何顾客都采取同样的方式。从顾客方面来说，如果旅游企业给其的补偿超过其付出的代价，则该顾客就会觉得获得了超额补偿，从而觉得很满意。其次从旅游企业方面来说，其付给顾客的补偿就是其处理投诉的成本，而顾客的价值就是处理该次投诉的收益,旅游企业作为一个营利性的组织,只有当收益大于成本时,该经济行为才是可行的。故旅游企业在处理投诉时必须在分析不同顾客价值的基础上进行成本—收益分析,来选择令客人和旅游企业均满意的处理方式。

(四)适当的一线员工授权

我国许多旅游企业管理组织的特点是与顾客直接联系的一线服务人员权限很小,不能直接处理顾客的投诉问题,而有权处理问题的人员不直接与顾客打交道。这就使得对顾客投诉的问题从接受到处理完毕需要较长的时间,这增加了顾客的投诉成本,从而加剧了顾客的不满。故应该对一线员工进行适当程度的授权,使小问题、一般性的问题一线员工就能解决,这样既降低了顾客的投诉成本,也降低了企业的补偿成本。在对具体的顾客投诉事件进行以上分析的基础上,结合本企业的经营特点来确定具体的处理方式和程序,从而达到使企业和顾客都满意的目的,使不愉快的事件得到圆满的解决。

经典案例 10-9

接受投诉也是一种服务

一日早晨,酒店大堂热闹非凡,客人都开始退房了。这时,大堂收银处有一位 8622 房的小姐在办退房手续,并大声地与收银员说:"请找你们酒店经理来,给我们赔偿损失,我不付房费。"这时大堂值班的大副看到了,急步地走了上去:"小姐,有什么事需要我帮忙吗?""你是大堂经理吗?你们给我这样一个设施的房间给我们住,还收钱?""对不起,请问小姐房间有什么问题吗?""问题大着呢!你们那空调晚上不制冷,弄得我整夜没有休息好,早晨也没有空调,今天我怎么有精神去旅游呢?同时我也向你们酒店昨晚当值的经理反映过,不信你去查一下!"客人仍气怒未消地说到。

暂时安排好客人以后,大副迅速与当值了解昨晚的有关情况。确实 8622 房的空调不好,后给维修好,酒店到凌晨 1:30 后将主机关闭了,后经当值经理协调只开到早晨 8:00 后就关闭了,而客人是在早晨 9:00 多开始退房的。难怪客人投诉拒不付房费,还要求赔偿损失,同时,大副也将此事及时上报了给薛总,并得到了一定的授权。大副走上前去,充满歉意地向客人说道"不好意思,因为我们的设备出现了故障,影响了对您的服务,也给您的休息带来不便,在这里代表酒店向您表示歉意,至于费用,我们会给你打个折,这是我们的过失,欢迎您再次光临。"礼貌而得体的语言,使客人怒气烟消云散。一次严重的投诉,也被这春风化雨的语言消散得无影无踪。

在美国的利兹—卡尔顿酒店,他们有一个黄金标准——授权行为,其中有数条都与授权和用权者有关。例如,不管哪个员工,如果接到客人投诉,他便拥有这个投诉,即他有权,也必须去处理它。利兹—卡尔顿酒店在 20 世纪 80 年代曾获得美国国家技术与标准学会颁发的全美最高最有权威的国家质量奖——梅尔考姆·贝特里奇质量奖。本案例中的李副理,正是遵循了这一原则,使客人的投诉迅速得到解决。由于酒店设施的故障,而导致客人的投诉,事属平常。关键在于端正我们的意识,必须要认识到:接受投诉也是一种服务,而且是一种更高意义上的服务,这必须成为酒店专业人士的共识。

第四节　服务沟通中的角色问题

一、找准自己的角色定位

(一)交往中的人及其所扮演的角色

人际交往之所以使人觉得复杂,就交往的主题而言,这是因为人际交往既是"某人与某人"之间的交往,又是"某种角色与某种角色"之间的交往;交往中的人和人所扮演的角色既有区别,又有联系。

为什么说人际交往既是"某人与某人"之间的交往,又是"某种角色与某种角色"之间的交往呢?以导游员小张和旅游者王先生的交往为例,这是小张与王先生这两个人之间的交往呢,还是"导游员"与"旅游者"这两种社会角色之间的交往呢?当然,这既是小张与王先生这两个人之间的交往,也是"导游员"与"旅游者"这两种社会角色之间的交往。

旅游服务人员在与服务对象和合作者的交往中,既不能"只认人,而不区分人所扮演的角色",也不能"只认角色,而不区分扮演角色的人"。例如,同一位王先生上一次他是旅游团中的一位旅游者,而这一次他却是旅游团的领队,这就是导游员不可以忽视的区别。又如,同一家酒店的同一个餐厅,以前是某某先生在这里当经理,而现在换了某某女士在这里当经理;以前那位经理文质彬彬,而现在这位经理却颇为傲慢,这当然也是一种不可忽视的区别。

(二)角色定位对沟通的影响

同一对象在不同的环境里往往表现为不同的角色,彼此的关系也随之发生变化,这种变化往往是通过语言表现出来,不然就会发生角色错位。

经典案例 10-10
角色定位的小故事

英国的维多利亚女王与其丈夫阿尔伯特相亲相爱,感情笃深。维多利亚女王乃是一国之王,成天忙于公务,出入于社交场合,而她的丈夫阿尔伯特却和她相反,对政治不太关心,对社交活动也没有多大的兴趣,因此两人有时也闹些别扭。

有一天,维多利亚女王去参加社交活动,而阿尔伯特却没有去,已是夜深了,女王才回寝宫,只见房门紧闭着。女王走上前去敲门。房内阿尔伯特问:"谁?"女王回答:"我是女王。"门没有开,女王再次敲门。房内的阿尔伯特问:"谁呀?"女王回答:"维多利亚。"门还是没有开,女王徘徊了半晌,又上去敲门。房内的阿尔卡特仍然问:"谁呀?"女王温柔地回答:"你的妻子。"这时,门开了,阿尔卡特伸出热情的双手把女王拉了进去。

同样是维多利亚,在社交场上是女王,回到寝宫就是妻子,她的语言形式一定要符合自己转换的角色身份。所以说角色影响沟通。扮演什么样的角色,在什么样的场合,就要运动什么样的角色语言,而且角色语言也要与个性特征结合起来,才能显得生动活泼。

(三)旅游服务人员的角色定位

旅游服务是"以人为本"的工作,旅游服务人员面对客人的基本角色就是服务员,服务员要为客人提供的是"到我为止的服务"。"到我为止的服务"即首问负责制,是指第一接受客人咨询或要求的人,就是解决客人咨询和提出要求的首问责任者。首问责任制要求任何一名员工,只要有客人提出服务需求,不管与自己的岗位、职责、业务范围有无关系,都应该主动地把自己当成实现客人需求的第一责任人,自觉地想尽办法力争在第一时间内给客人以满意的答复,不允许以任何理由或借口予以推脱或指点客人如何去做。

在旅游服务过程中落实首问负责制,应坚持以下原则。

第一,职责范围内,立即答复,妥善解决,当客人提出的问题或要求属于自己职责范围内时,服务人员要立即给客人以满意的答复。

第二,职责范围内,但原因不清,待查明原因后马上为游客解决。当客人提出的问题或要求在自己职责范围内,但是因为自己对客人提出的问题不清楚,要细心向客人解释,并在了解相关情况后,立即为客人解决。

第三,职责范围外,不得推诿,要积极联系相关部门或人员予以解决。当客人提出的问题或要求不在自己职责范围内时,作为"首问责任者"也不能推诿,要积极与有关部门联系,为客人解决问题。

要在旅游企业贯彻首问负责制,应注意三点:第一,要让员工尤其是一线员工清楚地了解到各个岗位的服务内容和服务项目,以及相互衔接的关系,并在为宾客服务中熟练运用,这是实行首问负责制的基础;第二,旅游企业管理要不断推出科学的创新制度,不断地完善企业规范;第三,要有相应的检查进度和处罚制度,不但要规范员工,更要规范管理者本身,每天都要及时地进行反馈和总结。

二、了解双方的角色认知

(一)角色认知

角色学习是指个体为了使自身行为符合某一社会角色的行为规范而进行的社会性学习。角色学习包括两个方面:一是学习角色的责任、权利和义务;二是学习角色的态度和情感。

旅游服务人员为使自己的言行符合角色要求,按照游客的需要提供高质量的旅游服务,就必须不断地进行角色学习,即学习旅游服务工作所需要的知识、技能,培养对游客服务的情感和态度。

(二)角色认知

根据个体表现出来的行为来认识其社会身份、地位,叫做角色认知。角色认知包括对角色规范的认知、对他人和自身行为是否符合角色规范要求的判断。

旅游服务人员要有意识地培养角色认知能力。旅游服务人员在工作中,要接触来自不同社会阶层、不同职业的游客,只有根据不同游客的言行、举止准确地判断他们的社会地位和身份,才能针对不同社会地位和身份的人的不同心理需要提供个性化的服务。比如:客人到餐厅就餐,在落座之后,根据客人落座的位置以及客人的交谈内容,服务员就应当明确地知道谁是主人、谁是客人。通过观察客人言谈举止来决定该怎么样提供服务,客人才能更满意。

三、解决服务中角色冲突

(一)由旅游服务人员角色人格和真实人格之间的矛盾所引发的角色冲突

旅游服务人员的职业角色需要旅游服务人员待人热情、大方、开朗、健谈,要有较强的观察能力,要善于发现游客的需要并及时予以满足。如果一个旅游服务人员性格内向,不善言谈,也不会关心别人,就不容易扮演好旅游服务人员的角色。此时旅游服务人员的真实人格与其角色人格便产生了不一致,从而形成了角色冲突。在这种情况下,旅游服务人员应通过主观努力完善自己的人格,逐渐缩小真实人格和角色人格间的差距。如性格内向的人应主动和游客多交往、多交谈,以免给游客以"自视清高"的感觉;不善言谈的人要加强语言基本功和演讲能力的训练,以便在工作中能与游客进行清晰、流畅的交流。

(二)由游客心理需求的多样性所引起的角色冲突

游客的心理需求多种多样,各不相同。旅游服务人员在提供服务时,要面对所有的游客。如果旅游服务人员只能满足部分游客的需要,而不能照顾每一位游客,就会招致一些游客的不满,旅游服务人员自身也会觉得委屈、沮丧。以导游员为例,在游览时,有些游客希望导游员能选择重点景点进行详细的讲解,不一定每个景点都走马观花似的必须走到、看到;而另一些游客则不愿意在一个景点花太多时间,而是希望游览速度快一些,尽可能多看一些景点。如果导游人员只满足前者的需要,就会引起后者的不满;而只照顾到后者的需要,又会引起前者的不满。在这种情况下,需要旅游服务人员做好游客的说服工作,协调游客间的不同意见,争取旅游团中绝大多数人的支持和理解,使自己的服务让绝大多数游客满意。

与游客的沟通和协调能力是旅游服务人员必须掌握的基本功之一,也是解决由于游客意见不一致引起旅游服务人员角色冲突的制胜法宝。旅游服务人员在工作中,要努力培养和锻炼同游客的沟通和协调能力。

(三)工作角色和生活角色之间的矛盾所引起的角色冲突

一个人在一定时间内扮演的社会角色可能不止一个,这是由个人所处社会关系的复杂性和多变性决定的。旅游服务人员在工作中负担着为游客服务的角色,但在生活中则扮演着不同的角色。如果工作角色和生活角色都需要占用旅游服务人员很多时间和精力,就容易导致角色冲突。例如,一个导游员是一位年轻的母亲,在带团的过程中突然接到家里的电话,得知孩子生病了,急需人照顾,这时就出现了工作角色和生活角色的冲突。一方面导游员正在带团过程中,不可能弃团而去;另一方面孩子生病又急需人照料。在这种情况下,解决冲突的办法是暂时放弃一个角色,认真完成另一个角色。此例中,如果孩子病情不重,可让家中其他人员代为照料,导游员一般不应该擅自离岗,放弃工作角色。

(四)固有角色和临时角色之间的矛盾所引起的角色冲突

旅游服务人员在工作中,为了更好地完成为游客服务的任务,有时需要进行角色转换,暂时退出固有角色,扮演所需要的临时角色。固有角色即旅游服务角色,这是服务人员非常熟悉的工作角色,临时角色则是旅游服务人员不很熟悉的角色。如在旅游团中有游客突患重病,在游客亲属不在身边的情况下,导游员需要暂时担任医院陪护的角色。由于导游员一般没有受过医护方面的专业训练,接受这一角色具有一定的挑战性,也易引起角色冲突。在这种情况下,需要导游员实现对临时角色有足够的准备,平时多积累一些可能用到的临时角色知识,在扮演临时角色的时候,要尽心尽力,恪守新的职责。

四、满足顾客的角色期待

(一)角色期待的含义及其干扰因素

所谓角色期待是指当某人扮演着某种社会角色时,别人期待他表现出与他所扮演的社会角色相符的一系列行为。通俗地说,角色期待就是要求一个人演什么像什么。

旅游者期待旅游服务人员为他们提供优质的功能服务和心理服务,其他旅游接待单位的同行期待旅游服务人员与他们同心协力,既各负其责,又互相配合、互相支持、互相帮助。值得注意的是,旅游服务人员在与服务对象和同行的交往中,可能会受一些因素的干扰而不能满足他人对自己合理角色期待。

第一种干扰因素是:旅游服务人员未能正确理解"平等"的含义,错误地把自己为游客提供服务的行为看成是"低三下四"。

第二种干扰因素是:旅游服务人员未能充分理解游客在与旅游服务人员"短而浅"的交往中,会更多地注意交往的"层面功夫"而不是"心理层面",误以为游客是把自己"不当人",只当"工具"来使。

第三种干扰因素是:某些游客或合作者不尊重旅游服务人员,对旅游服务人员提出不合理的要求,引起旅游服务人员的反感。而反感一旦形成,许多旅游服务人员会过多地把注意力集中于人际交往的"心理层面"而忘记了自己在"功能层面"应该做和必须做的事情。

(二)抗干扰的办法

正确理解"平等"的含义。平等待人是旅游服务人员在与服务对象和同行的交往中必须坚持的一项基本原则。要做到平等待人,首先要对"平等"的含义有一个正确的理解。

"人人平等"并不意味着人与人可以不分场合,永远"平起平坐",这是因为虽然人与人是平等的,但当人们扮演着不同的社会角色进行交往时,往往是不能"平起平坐"的。例如,"提供服务者"和"接受服务者"这两种社会角色在他们的交往中就不可能"平起平坐"。

从心理学角度来看,人与人之间的"平等"是通过人与人的"互相尊重"来体现的。不管你扮演什么角色,我扮演着什么样的社会角色,只要你我互相尊重,我们就是"平等"的。

要坚持平等待人,就应该在处理意见分歧时坚持以下三点:一是属于个人的事,你的事情你做主,我的事情我做主;二是涉及两个人的事情,一定要商量着办,不能一个人说了算;三是超越个人利益的事,双方都要按原则办事,不能只要求别人按原则办事,而自己不是。

正确处理"功能层面"和"心理层面"的关系。旅游服务人员在与游客相处的过程中,也是一个人际交往的过程。这里除了"工作上的问题"之外,还会有许多"人与人之间的问题"。实际上,关系搞不好,工作也不可能搞好。

然而,在现实工作中,旅游服务人员与某种类型的游客合不来是很正常的事情,沟通的层次本来就有深浅不同之分。如同每个人不可能和任何人都是知己一样的道理。这时旅游服务人员应牢记服务的功能层面,而"忽视"心理层面,即使某些游客不尊重你,对你提出不合理的要求,极大地引起了你的反感,你也应该牢记服务的"功能层面",做好自己应该做和必须做的事情。但对于绝大多数游客,旅游服务人员则不应忽视这种"短而浅"的交往,在做好"功能层面"上的服务后,应更多地关注"心理层面"的事情。

本章小结

本章主要介绍了在旅游服务过程中,服务人员与顾客相处的艺术,包括如何给客人留下好印象,发挥微笑的魅力,为客人提高个性化的服务以及协调好旅游服务中的各种关系;在旅游服务中,不仅要与客人相处,与同行的协作也是很重要的;而在服务过程中遇到服务投诉的问题,要采取一定的方法去解决,挽留住客人;最后服务人员要找准自己的角色定位,以此来加深自己的服务意识,满足顾客的角色期待。

经典案例 10-11

某年 4 月,北京的导游员孟小姐接待了 5 位从西安来的加拿大的游客。客人一下飞机便显得满脸不高兴。原来他们在西安遇到了不愉快的事情:本应从那里转机去重庆旅游,最后才飞到北京,但由于误机,重庆没去成,而直接飞到了北京。孟小姐在听了他们的诉说后,对他们的不愉快表示同情,并表示要积极为他们服务,让他们在北京尽量多玩一些地方。她想:这些客人不远万里来到中国,目的就是要了解中国的历史文化,参观各地的名胜古迹,结果却在西安遇到了接待上的不周,这样很容易使他们对中国的旅游业产生误解。因此,一定要通过热情的服务和友好的接待,改变他们的印象。于是她积极与组团社联系,站在客人的立场上陈述了他们的不满,并建议组团社能为他们多安排一些活动,以弥补他们心理上的失衡。组团社的王先生已经了解了此事,也表示一定要尽量满足客人们在北京的一切要求,并允许安排他们去承德旅游,作为补偿。

当孟小姐把组团社的安排告诉客人后,大家心情平静了很多,对孟小姐说话的语气也变得平和了。在接下来的一星期里,孟小姐带着客人去了北京所有能去的地方,还陪同他们到承德旅游。最后,客人们似乎忘记了在西安的不愉快,对北京和孟小姐的印象非常好,临别时依依不舍。

问题

1. 孟小姐的成功之处在什么地方?
2. 今后遇到类似问题我们应该注意什么?

参考文献

[1] 马宜斐.旅游人际沟通[M].北京:中国人民大学出版社,2007.

[2] 李舟.饭店康乐中心服务案例解析[M].北京:旅游教育出版社,2007.

[3] 孙艳红.旅游礼宾原理与实务[M].河南:郑州大学出版社,2004.

[4] 杨宏建.酒店服务礼仪培训标准[M].北京:中国纺织出版社,2006.

[5] 李欣.旅游礼仪教程[M].上海:上海交通大学出版社,2004.

[6] 孙乐中.导游实用礼仪[M].北京:中国旅游出版社,2005.

[7] 许凌志,李华丽.酒店服务员培训与管理[M].广州:广东经济出版社,2004.

[8] 孙雪琼.旅游饭店客房服务实训教程[M].福州:福建人民出版社,2004.

[9] 章洁.新编现代酒店礼仪礼貌服务标准[M].北京:蓝天出版社,2004.

[10] 陈静和.礼仪与服务艺术[M].厦门:厦门大学出版社,2004.

[11] 张四成,王兰英.现代酒店礼仪规范[M].广州:广东旅游出版社,2003.

[12] 金正昆.服务礼仪[M].北京:北京大学出版社,2005.

[13] 金正昆.公关礼仪[M].北京:北京大学出版社,2005.

[14] 贺湘辉.酒店培训管理[M].北京:中国经济出版社,2004.

[15] 国家旅游局.旅游服务礼貌礼节[M].北京:旅游教育出版社,1999.

[16] 何丽芳.酒店礼仪[M].广州:广东经济出版社,2005.

[17] 奥香内西著.宋献春译.旅游职场规划[M].北京:旅游教育出版社,2004.

[18] 李娌.导游服务案例精选解析[M].北京:旅游教育出版社,2007.

[19] 夏林根.旅游服务语言艺术[M].太原:山西教育出版社,2003.

[20] 孔永生.前厅与客房细微服务[M].北京:中国旅游出版社,2007.

[21] 天宇.人脉关系大赢家[M].北京:中国致公出版社,2008.

[22] 彭于寿.商务沟通[M].北京:北京大学出版社,2006.

[23] 秦明.旅游心理学[M].北京:北京大学出版色.2005.

[24] 张卫东.这样沟通最有效[M].北京:华文出版社,2003.

[25] 马丽.沟通的艺术[M].北京:中国协和医科大学出版社,2004.

[26] 丁凡.沟通的真理[M].北京:九州出版社,2003.

[27] 彭彩云.实用社交口才[M].长沙:中南大学出版社,2004.

[28] 刘君政.人际关系与沟通[M].北京:清华大学出版社,2004.

[29] 余世维.有效沟通:管理者的沟通艺术[M].北京:机械工业出版社,2006.

[30] 卡耐基著.刘祜译.卡耐基沟通的艺术[M].北京:中国城市出版社,2007.

[31] 陈耀南.中国人的沟通艺术[M].北京:中国人民大学出版社,2008.

[32] 徐守森.你会交往吗:沟通的艺术[M].北京:科学出版社,2004.

[33] 王峰.沟通有艺术[M].北京:中国华侨出版社,2006.

[34] 陈翰武.语言沟通艺术[M].武汉:武汉大学出版社,2006.

[35] 马蒂布朗斯坦.有效沟通[M].北京:机械工业出版社,2004.

[36] 柳青.有效沟通技巧[M].北京:中国社会科学会出版社,2003.

[37] 皮斯著.王甜甜,黄佼译.身体语言密码[M].北京:中国城市出版社,2007.

[38] 金正昆.商务礼仪:金正昆教你学礼仪[M].西安:陕西师范大学出版社,2007.

[39] 宋丽萍.礼仪与沟通教程[M].上海:上海财经大学,2006.

[40] 孔秋英.电话礼仪与沟通技巧[M].上海:上海远东出版社,2004.

[41] 玛丽·米歇尔著.丁宁等译.完全傻瓜系列:商业礼仪[M].沈阳:辽宁教育出版社,2002.

[42] 潘肖珏.商务谈判与沟通技巧[M].上海:复旦大学出版社,2006.

[43] 刘墉.说话的魅力——你不可不知的沟通技巧[M].南宁:接力出版社,2006.

[44] 马修麦凯.人际沟通技巧[M].上海:上海社会科学院出版社,2005.

[45] 周丽君.人际沟通交流技巧[M].上海:复旦大学出版社,2008.

[46] 汝勇键.沟通技巧[M].北京:旅游教育出版社,2007.

[47] 舒伯阳.旅游实用礼貌礼仪[M]2版.天津:南开大学出版社,2008.

[48] 彼得·厄斯·本得.面对面交流秘诀[M].北京:中信出版社,2002.

[49] 天宇.一分钟说服——世界上最棒的话术[M].北京:中国致公出版社,2002.